新疆维吾尔自治区软科学项目“丝绸之路经济带建设背景下新疆沿边地区开放开发研究”（项目编号：201542107）和新疆维吾尔自治区“高层次人才培养计划”联合资助。

闫海龙 ◎著

The Silk Road Economi
New Opportunities for the Opening-up and Development of Xinjiang, China

丝绸之路经济带

——新疆开放发展新机遇

图书在版编目（CIP）数据

丝绸之路经济带：新疆开放发展新机遇/闫海龙著. —北京：经济管理出版社，2016.8
ISBN 978-7-5096-4524-6

Ⅰ.①丝… Ⅱ.①闫… Ⅲ.①区域经济发展—研究—新疆 Ⅳ.①F127.45

中国版本图书馆 CIP 数据核字（2016）第 187807 号

组稿编辑：杨雅琳
责任编辑：杨雅琳　高婷婷
责任印制：黄章平
责任校对：雨　千

出版发行：经济管理出版社
（北京市海淀区北蜂窝 8 号中雅大厦 A 座 11 层　100038）
网　　址：www. E-mp. com. cn
电　　话：（010）51915602
印　　刷：北京玺诚印务有限公司
经　　销：新华书店
开　　本：720mm×1000mm/16
印　　张：14.5
字　　数：277 千字
版　　次：2016 年 12 月第 1 版　　2016 年 12 月第 1 次印刷
书　　号：ISBN 978-7-5096-4524-6
定　　价：58.00 元

序　言

丝绸之路，一条东西交流的通道；丝绸之路，一段兴衰演替的历史！

交流交往作为人类社会的一种必然，自古至今从未停息。数千年来，亚欧大陆上勤劳勇敢的人民共同努力，探索、开辟出多条连接东西方的贸易和人文交流通道，这就是我们今天所说的丝绸之路。这条被世人所赞誉的东西方交流的大动脉，联通了当时亚、欧、非三大人类文明发源中心，促进了四大文明古国以及古罗马、古希腊的文明交流，推动了世界三大宗教的传播和扩散，在人类文明发展史上具有重要影响。通过丝绸之路，东西方在亚、欧、非三大洲之间交换货物、交流情感。然而，随着19世纪世界工业化的蓬勃发展，世界权力与商业中心向西方转移，相应地，行走于丝绸之路、连接中国和阿拉伯世界的中国商人、沙漠驼队逐渐消失，沧海桑田的变迁掩盖了古丝绸之路的辉煌痕迹。

但是，作为千百年来东西方交流的重要通道，丝绸之路沿线区域，尤其是中亚区域，今天依然是国际政治的“枢纽”地带，英国地理学家与地缘政治家哈尔福德·约翰·麦金德甚至将其定位为“世界岛”核心区，该区域特殊的战略地位以及丰富的自然资源，使得该区域始终受到国际社会的高度关注。美国、日本、俄罗斯、印度等都期望增加其在该区域的影响力和话语权，目的是借丝绸之路谋求这一地区的主导权，由于与古丝绸之路历史上的友好精神相违背，因而也就没有获得丝绸之路沿线国家的认可。

进入21世纪，在以“和平、发展、合作、共赢”为主题的新时代，面对复苏乏力的全球经济形势，纷繁复杂的国际和地区局面，传承弘扬“和平合作、开放包容、互学互鉴、互利共赢”的丝绸之路精神就显得尤其重要和珍贵。2013年9月和10月，中国国家主席习近平在出访中亚和东南亚国家期间，先后提出共建丝绸之路经济带和“21世纪海上丝绸之路”的重大倡议，得到国际社会高度关注。中国国务院总理李克强在2013年中国—东盟博览会上强调，加快“一带一路”建设，有利于促进沿线各国经济繁荣与区域经济合作，加强不同文明交流互鉴，促进世界和平发展，是一项造福世界各国人民的伟大事业。

新疆维吾尔自治区（以下简称新疆）自古便是丝绸之路东西方贸易往来、文化交流的中心，在今天丝绸之路经济带建设过程中依然具有举足轻重的地位，是丝绸之路经济带的核心区。作为我国向西开放的窗口，新疆拥有着巨大的发展潜力，依托丰富的自然资源、优越的区位条件、19 省市的强力援疆以及正在快速增长的经济技术实力和产业基础，完全有机会、有能力在丝绸之路经济带建设中发挥自己的作用，使新疆在国家向西开放总战略格局中的经济增长极和桥头堡地位的重要性更加凸显。中央政治局委员、自治区党委书记张春贤明确指出：丝绸之路经济带的重大战略构想是新疆的重大历史机遇，新疆要以高度的政治敏锐性、强烈的机遇意识和担当精神，认真研究贯彻落实具体举措，当好建设丝绸之路经济带的桥头堡、主力军、排头兵。要深刻理解这一重大战略构想的深远意义，把它摆到事关新疆全局的战略高度来认识和把握，新疆改革发展稳定的各项工作都要从这个新的背景去考量，都要从这个新的平台去推动，更加自觉地以国际视野、世界眼光谋划新疆的跨越式发展和长治久安战略。

习近平在 2014 年考察新疆时指出，新疆社会稳定和长治久安，关系全国改革发展稳定大局，关系祖国统一、民族团结、国家安全，关系中华民族伟大复兴。要坚定不移地实现新疆跨越式发展，同时必须紧紧围绕改善民生、争取人心来推动经济发展，全面深化改革，积极参与丝绸之路经济带建设。第二次新疆工作座谈会上，李克强也特别指出，以通道建设为依托扩大对内对外开放，加强铁路等基础设施建设，发展现代物流，立足区位优势，建设好丝绸之路经济带核心区。

丝绸之路经济带将是未来相当长一段时期内引领我国西部地区开放发展的主要指导战略，建设丝绸之路经济带是优化全方位对外开放新格局、进一步提高我国开放型经济水平的重大战略部署，对于打造新时期中国经济的升级版，实现中华民族伟大复兴的中国梦，有着极其重大而深远的战略意义。新疆作为国家实施陆上开放战略的重要支点，如何利用地缘优势、扩大沿边开放、发展外向型经济、积极提升对外开放水平，是亟待解决的重大问题，也是新疆经济走向 21 世纪持续发展的必由之路。

本书就是在“一带一路”重大倡议的基础上，重点分析认识丝绸之路经济带建设的内涵、特征、原则和重点，从力求将国家战略与新疆实际有机融合探讨新疆参与丝绸之路经济带建设，实现“政策沟通、设施联通、贸易畅通、资金融通和民心相通”，打造丝绸之路经济带核心区的基本路径方向。

目　录

第一章　丝绸之路经济带建设是时代发展的必然要求

第一节　丝绸之路的历史与回顾

形成于中国秦汉时期的丝绸之路，是一条“古代和中世纪从黄河流域和长江流域，经印度、中亚、西亚连接北非和欧洲，以丝绸贸易为主要媒介的文化交流之路”，成功连接了亚欧大陆上古代中国、印度、波斯、希腊、罗马以及埃及文明。数千年来，丝绸之路一直是东西方经济、文化和人员交流的大通道，对其沿线所经过的亚欧大陆诸文明的发展起到了不可估量和无法替代的促进作用，对推动世界历史的演进也起到了不容忽视的积极作用。

丝绸之路是古代东西方之间经济、政治、文化交流的主要通道，对推动人类文明进步产生了深远影响。2100 多年前，西汉张骞凿空西域，在亚欧大陆上形成了横贯东西的交通大动脉，由于丝绸是东西方交通大道上交易的重要商品，因此后世称为“丝绸之路”。“丝绸之路”一词的由来和广为传播应归功于德国学者费迪南·冯·李希霍芬（Ferdinand von Richthofen）与阿尔伯特·赫尔曼（Albert Herrmann）。1877 年，德国地理学家、地质学家李希霍芬在其所著的《中国——亲身旅行的成果和以之为依据的研究》一书中，首次将“自公元前 114 年至公元 127 年间连接中国与河中以及印度的丝绸贸易的西域道路”称为“丝绸之路”（Seidenstrassen）。1910 年，德国历史学家赫尔曼在其所著的《中国与叙利亚间的古代丝绸之路》一书中，主张把丝绸之路的含义“一直延长到通向遥远西方的叙利亚”。1915 年，赫尔曼在《从中国到罗马帝国的丝绸之路》一书中，进一步把“丝绸之路”作为中国与希腊—罗马社会沟通往来的交通路线的统称。在此之后，“丝绸之路”一词被普遍接受。改革开放之前，中国学者大多把丝绸之路称作“中西交通”；20世纪80年代之后，国内学者开始广泛使用“丝绸之路”一词，“丝绸之路”在中国逐渐成为固定称谓。通过丝绸之路，中国与中亚、西亚、南亚、欧洲、北非等地区建立起密切的商贸联系，促进了东西方文化交流和生产力发展。在商贸往来方面，从公元前126年张骞凿空西域到陆上丝绸之路衰落前，中国的丝绸、瓷器、茶叶等商品通过陆上丝绸之路源源不断地输往西方，西方的皮毛制品、珠宝、香料、核桃、胡萝卜等物产输入中国，丰富了亚欧国家的物质文化生活。在文化交流方面，丝绸之路连通了古中国文明、古罗马文明、古伊斯兰文明和古印度文明等世界主要文明体系，西方的佛教、伊斯兰教等宗教思想传入中国，中国的汉文化传播到西方，推动了人类文明的交流与融合。在生产力发展方面，中国的造纸术、雕版印刷术等伟大发明传到西方，西方的天文历法、建筑工艺、制糖法、酿酒术等技艺输入中国，推动了沿途各国的经济社会发展和生产力水平的提高。尽管陆上丝绸之路逐渐衰落，但它作为亚欧大陆文明交流的典范，对当代亚欧国家的经贸合作仍有深刻影响。鉴于此，在推动中华民族伟大复兴、实现“中国梦”的时代背景下，建设丝绸之路经济带就具有重要意义。

一、古丝绸之路的起源与发展

1. 历史回顾

丝绸之路是一条具有深远历史意义的国际通道，是连接中国和西方世界的第一座桥梁，通过这条古道，各地区、各民族间在政治、经济、文化方面进行着广泛交流。

早在上古时期，虽然人类面对着难以想象的天然艰险的挑战，但是欧亚大陆东西之间并非像许多人想象中那样的隔绝。在尼罗河流域、两河流域、印度河流域和黄河流域之北的草原上，存在着一条由许多不连贯的小规模贸易路线大体衔接而成的草原之路，这就是最早的丝绸之路的雏形。在公元前15世纪左右，中原商人就已经出入塔克拉玛干沙漠边缘，购买产自现新疆地区的和田玉石，玉石大量流入中原内地，同时出售海贝等沿海特产，同中亚地区进行小规模贸易往来。这条从中原地区经河西走廊到新疆塔里木盆地南缘的通道，就是张骞打通的西域丝绸之路的前身。当然，这时“丝绸之路”上并不是以丝绸为主要交易物资。

随着公元前5世纪左右河西走廊的开辟，带动了中国对西方的商贸交流，西域地区诸如鄯善、龟兹等国家纷纷在这一时期逐渐出现。而当时的欧洲国家已经出现了“赛里斯”（Seres，源自希腊语言“丝”，从汉语“丝”的音转化的“Ser”）——对中国的称呼。这种小规模的贸易交流说明在汉朝以前东西方之间已通过早期“丝绸之路”经过各种方式进行持续、长时间的贸易交流。

到了公元前2世纪，中国的西汉王朝经过文景之治后国力日渐强盛。第四代皇帝汉武帝刘彻为打击匈奴，计划策动西域诸国与汉朝联合，于是在建元二年（前139年）派遣张骞前往此前被冒顿单于逐出故土的大月氏。张骞一行在途中被匈奴俘虏，遭到长达10余年的软禁。他们逃脱后历尽艰辛又继续西行，先后到达大宛国、大月氏、大夏。在大夏市场上，张骞看到了大月氏的毛毡、大秦国的海西布，还有汉朝四川的邛竹杖和蜀布，可见当时双方已经有了贸易往来。公元前126年张骞几经周折返回长安。史书上把张骞的首次西行誉为“凿空”，即空前的探险。这是历史上中国政府派往西域的第一个使团。

公元前119年，时任中郎将的张骞第二次出使西域。经四年时间他和他的副使先后到达乌孙、大宛、康居、大月氏、大夏、安息、身毒等国。自从张骞第一次出使西域各国，向汉武帝报告关于西域的详细形势后，汉朝对控制西域的目的由最早的制御匈奴，变成了“广地万里，重九译，威德遍于四海”的强烈愿望。为了促进西域与京师长安的交流，汉武帝招募了大量身份低微的商人，利用政府配给的货物，通过“丝绸之路”到西域各国经商。这些具有冒险精神的商人中大部分成为富商巨贾，从而吸引了更多的人从事丝绸之路上的贸易活动，极大地推动了中原与西域之间的物质文化交流。同时，汉朝在收取关税方面取得了巨大利润。出于对匈奴不断骚扰与丝绸之路上强盗横行的状况考虑，为加强对西域的控制，公元前60年（汉宣帝神爵二年），设立了汉朝对西域的直接管辖机构——西域都护府。以汉朝在西域设立官员为标志，丝绸之路这条东西方交流之路开始进入繁荣时代。

张骞两次出使西域，开通了中国与亚欧大陆间的贸易通道，建立了中国与中亚、西亚、南亚和欧洲地中海沿岸的丝绸贸易关系，标志着“丝绸之路”的全线开通，“丝绸之路”也从此正式成为中国联系东西方的“国道”。

西汉末年，特别是王莽代汉建新后，中原陷入严重的社会政治危机，西域局势逐渐失去控制，西域诸小国重新落入匈奴控制之下，与中原的联系，丝绸之路受到严重梗阻。东汉建立后，经过与匈奴反复较量，直到公元73年，东汉班超才重新打通了隔绝58年的西域，重新恢复了丝绸之路的畅通。公元97年，东汉将军班超在重新建立起汉朝在中亚地区的主导地位后，派甘英携带大量丝织品到达条支（据考可能是今日土耳其的安条克），虽为风浪所阻，“临西海而还”，没有达到预期的目的，但甘英到达了地中海，也进入了欧洲腹地，使丝绸之路到达欧洲，中国使臣第一次到达西方，之后中西双方相交开始。据《后汉书》记载，公元166年罗马使节还通过丝绸之路来到中国东汉京师洛阳觐见了大汉皇帝。

张骞、班超出使西域各国后，通过丝绸之路的交流与贸易在中国、印度、东南亚、斯里兰卡、中东、非洲和欧洲之间迅速发展。无数新奇的商品、技术与思想相互交流、融合，大陆之间的贸易沟通在丝绸之路上变得规则而有序。丝绸之路的开辟和发展，不但大大增进了东西方各国人民的相互了解和友谊，而且大大丰富了东西方人民的物质和精神生活，对社会经济的发展和人类文明的进步做出了巨大贡献。

从东汉末年到隋朝统一期间的300多年里，中国再次陷入长期分裂混战的局面，中原王朝对西域的控制和影响能力急剧下降，从蒙古草原兴起的一些游牧民族纷纷入侵西域，如此一来，中原与西域间的交流受到严重限制。直到公元618年，唐朝建立后，随着国力的迅速强大，西北丝绸之路再度引起了中原政权的关注。为了重新打通这条商路，唐朝统治者借击破突厥的时机，一举控制西域各国，并先后设立了安西都护府和北庭都护府，唐朝的直接管辖区域也扩展到了天山以西，超过了西汉时期。丝绸之路也再次恢复畅通，并且还打通了天山北路的丝路分线，将西线延至中亚。公元8世纪中叶，唐帝国达到空前强盛，丝绸之路也进入了一个全新的繁荣时期。

丝路商贸活动的直接结果是大大激发当时的消费欲望，因为商贸往来不仅带给人们物质上的富足，而且不同的商品来源地域也带给人们精神差异的影响。丝绸之路上的商贸活动可谓奇货可点，令人眼花缭乱，从外奴、艺人、歌舞伎到家畜、野兽，从皮毛植物、香料、颜料到金、银、珠宝、矿石、金属，从器具、牙角到武器、书籍、乐器，几乎应有尽有。而外来工艺、宗教、风俗等的随商进入更是不胜枚举。

自唐末“安史之乱”以后，中原各地战火纷飞，国力快速衰退，逐渐失去对西域的控制，丝绸之路再次受阻。直到13世纪蒙古人征服中亚，随着蒙古帝国的建立，蒙古铁骑横扫亚欧大陆，形成了规模空前的大帝国，从中原到西亚、欧洲甚至到北非的丝绸之路几乎都处于蒙古帝国的控制之下，这也在无意中完成了一项前所未有的伟业，即长期以来梗阻不畅的丝绸之路变得空前畅通了。而且，蒙古帝国还摧毁了以往在丝绸之路上的大量关卡和腐朽的统治，令丝绸之路的通行比以往各个朝代都要方便一些。中国、欧洲以及中亚、西亚的不同民族、种族的人民都能沿着漫长的丝绸之路古道相对自由地往返，交流更加容易。但在这一时期，沿着丝绸之路前进的人们，更多已经变成了以宗教信仰及其他文化交流为使命的人们，而不再是单纯地以经济贸易为目的的商贸往来了。

到了明清时朝，中原的中央政权对西域的控制影响能力又一次减弱，特别是公元18世纪中后期，周边崛起的国家，如俄国开始南下入侵中亚，到公元19世纪，甚至掠夺了中国西北边境的大片领土，使得中国通过丝绸之路与中亚、西亚和欧洲的交流联系再次陷入停滞和衰退状态。同时，欧洲的地理大发现也成功开辟了联系世界的新航路，随着航海知识的发达与造船技术的不断进步，运量大、没有关卡而且相对便捷、安全的海上运输很快取代了丝绸之路的陆上运输，这也

进一步加速了丝绸之路的衰落。

2. 发展特点

受地理条件、政治格局等诸多因素影响，丝绸之路线路变动较为频繁，甚至在不同时期有着不同的分支线路，但在2000多年的变迁发展过程中，丝绸之路的主干道走向基本保持不变，东方的起点一般都认为是在古代都城长安，因为该区域地处古代中华文明的核心区域，也是汉唐盛世时期中国的政治经济文化中心。西方的终点在不同历史时期略有变化，但也是始终在古罗马、古希腊文明的中心，丝绸之路的主干道就是连接东西方文明的一条交通、贸易、人文交流大通道。

在丝绸之路的历史变迁演替中，可以发现，古称西域的新疆始终是丝绸之路干道甚至各条支线的必经之地。丝绸之路在新疆境内的线路随着自然环境条件和政治军事格局变化而变化，多数学者认可的三条线路如表1－1所示①。可以看出，以新疆为主的中国西部地区，在千百年前有着辉煌的历史，是古代亚洲东部和地中海之间使节往来、商品交换、宗教传播、文化交流的必经之地和核心区域，有着令世人瞩目的繁荣与文明。

表1－1　汉代和唐代丝绸之路线路演变

	北道	中道	南道
汉代丝绸之路	长安（西安）—安定（泾川）—姑臧（武威）—张掖—酒泉—敦煌—楼兰（罗布泊附近）—车师（吐鲁番）—东且弥（乌鲁木齐附近）—康居（哈萨克斯坦地区）—黑海—地中海东岸	长安（西安）—安定（泾川）—姑臧（武威）—张掖—酒泉—敦煌—楼兰（罗布泊附近）—焉耆—龟兹（库车）—姑墨（阿克苏）—疏勒（喀什）—大宛（费尔干纳盆地）—波斯湾—地中海东岸	长安（西安）—天水—狄道（临洮）—姑臧（武威）—张掖—酒泉—敦煌—且末—皮山—葱岭（帕米尔高原）—身毒（印度）
唐代丝绸之路	长安（西安）—泾州（泾川）—凉州（武威）—甘州（张掖）—肃州（酒泉）—沙州（敦煌）—玉门关—伊吾（哈密）—蒲类海（巴里坤）—庭州（吉木萨尔）—热海（伊塞克湖）—碎叶（托克马克市附近）—怛罗斯（塔拉兹附近）—里海—黑海—君士坦丁堡（伊斯坦布尔）	长安（西安）—泾州（泾川）—凉州（武威）—甘州（张掖）—肃州（酒泉）—沙州（敦煌）—玉门关—伊吾（哈密）—高昌（吐鲁番）—焉耆—龟兹（库车）—姑墨（阿克苏）—喀什噶尔（喀什）—撒马尔罕—马什哈德—巴格达—大马士革—弗斯塔德（开罗）或罗马	长安（西安）—秦州（天水）—临州（临洮）—兰州—凉州（武威）—甘州（张掖）—肃州（酒泉）—沙州（敦煌）—阳关（敦煌西南）—且末—于阗（和田）—葱岭（帕米尔高原）—地中海沿岸或天竺（印度）

① 资料来源于新疆维吾尔自治区“十三五”规划前期研究——《加快丝绸之路经济带建设发展研究》，2014年。

（1）北道：经伊吾（哈密）、蒲类海（巴里坤）、庭州（吉木萨尔），沿天山北麓至热海（伊塞克湖），一直向西到君士坦丁堡（伊斯坦布尔）。这是汉唐去西域路程最短的交通线，但沿途干旱缺水，补给条件较差。

（2）中道：经伊吾（哈密），走高昌（吐鲁番）、焉耆、龟兹（库车）、姑墨（阿克苏）、疏勒（喀什），至费尔干纳盆地，然后一直向西至地中海东岸和北非地区。这条通道路程适中，但自然环境较差。

（3）南道：出阳关（敦煌西南），经若羌、且末、于阗（和田）、皮山、叶城、莎车、塔什库尔干，过葱岭（帕米尔高原），向西至地中海，向南至天竺（印度）。历史上南线自然环境和后勤补给条件较好，是使用频率最高的线路。

对于2000多年前亚欧大陆上就已经探索开辟的丝绸之路来说，其不仅是古代东西方重要的商品贸易通道，更是东西方政治、民族、文化以及包括宗教在内的人类文明的重要交流通道。丝绸之路连通了当时亚、欧、非三大人类文明发源中心，促进了四大文明古国以及古罗马、古希腊的文明交流，推动了世界三大宗教的传播和扩散，在人类文明发展史上具有重要影响。

3. 丝绸之路的衰败

18、19世纪，近代技术工业的诞生和发展对传统的手工产业商品产生了极大冲击。中国作为一个自给自足的封建传统国家，由于社会分工的制约以及生产力的低下，农民不可能生产更多的商品进入流通领域。而欧洲在中世纪后，历经文艺复兴开始觉醒，工业革命浪潮席卷欧洲各国，生产力水平大幅提升，中国传统商品难以与各种工业产品相竞争，手工商品逐渐被机械化生产的商品所替代。缺少了商品的交易和流动，作为商道的丝绸之路便失去了传统上的意义与价值。因此，丝绸之路延续了2000多年，却在人类文明走进近代之时，逐渐地消失在大漠的风沙之中。当然上述变化只是丝绸之路衰落的一个原因。另外，航海技术的发展和进步对世界交通运输格局的改变，中国中央政权对丝绸之路沿线西部区域的影响和控制能力减弱，中国国内经济中心移至东部、南部沿海区域以及中亚区域地理环境变化等也是影响丝绸之路兴衰变化的重要原因，而且丝绸之路衰败是多种原因综合作用的结果。

以丝绸贸易为主要媒介的丝绸之路所反映的不仅是东西方的经济交流，更重要的是东西方文明之间的联系和交流，这也是丝绸之路的价值所在。正因为如此，在丝绸之路逐渐衰落的数百年后，冷清多年的丝绸之路又重新回到了人们的视野。以斯文·赫定为代表的一批西方探险者深入亚洲腹地，重新来发现和认识丝绸之路，随着研究的深入，出现了玉石之路、宝石之路、皮毛之路、瓷器之路、佛教之路、丝绸之路等不同的命名，虽然众说纷纭，但最终被普遍接受的还是丝绸之路，应当说“丝绸之路”的名字比较准确地表达了中西方文化交流的内涵。

二、新时期丝绸之路的兴起

在漫漫的历史长河中，连接东西方的古代丝绸之路逐渐衰落，但东西方交流的需求并没有改变，而且这种需求还在日益加强，新时期东西方经贸往来的新通道也就应运而生，这也就是20世纪70年代开始建立的亚欧大陆桥，实现了亚欧大陆新的贸易方式和运输通道。1971年，苏联全苏对外贸易运输公司正式确立第一条亚欧大陆桥（西伯利亚大陆桥），即通过苏联西伯利亚铁路，把远东与欧洲、中东地区连接起来，建成了世界上最著名的国际集装箱多式联运线之一，该大陆桥在东段与在中国东北的铁路干线相连，重新开辟了中国向西通往欧洲的陆路新通道。

1990年9月，东起江苏连云港，西出新疆阿拉山口直通荷兰鹿特丹的新亚欧大陆桥正式运行，它以中国、苏联和欧洲的铁路为陆上桥梁，穿越中国、哈萨克斯坦、俄罗斯、白俄罗斯、波兰、德国、荷兰7个国家，有效辐射30多个国家和地区，把太平洋与大西洋以及波罗的海、黑海连接起来，成功构建了亚欧陆路运输最便捷、最经济的国际过境集装箱运输陆路通道，被誉为“新丝绸之路”（见图1－1）。作为我国向西开放的桥头堡，新疆在“新丝绸之路”带动下，对外开放步伐大大加快，贸易往来和人员交流更加频繁。

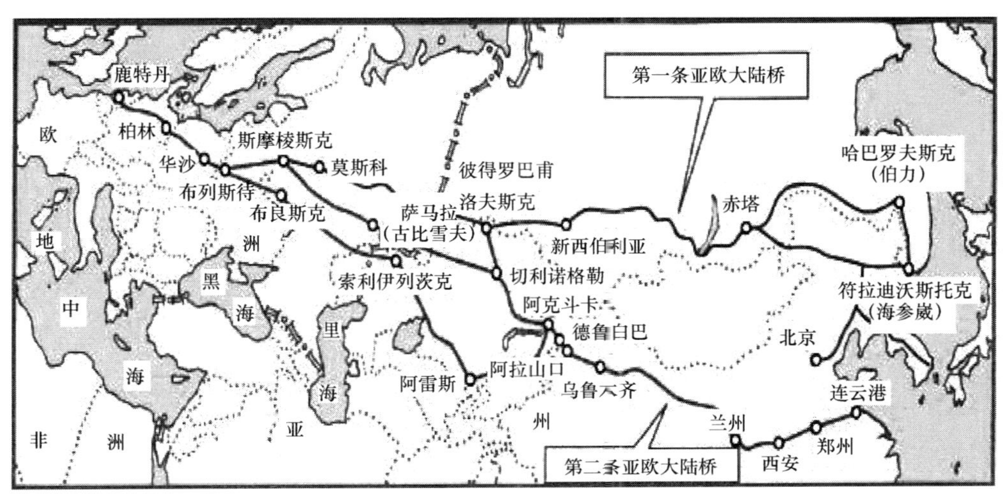

图1－1　亚欧大陆桥示意图

随着经济全球化进程的不断加快，中国与国际市场的联系更加紧密，中欧班列（指中国开往欧洲的快速货物班列，适合装运集装箱的货运编组列车）开始运行，2011 年 3 月，第一列中欧班列“渝新欧”开通，目前已经开通的西、中、东 3 条通道中欧班列运行线包括：西部通道由我国中西部经阿拉山口（霍尔果斯）出境，中部通道由我国华北地区经二连浩特出境，东部通道由我国东南部沿海地区经满洲里（绥芬河）出境。主要线路班列开行情况如下：

重庆—杜伊斯堡：从重庆团结村站始发，由阿拉山口出境，途经哈萨克、俄罗斯、白俄罗斯、波兰至德国杜伊斯堡站，全程约 11000 公里，运行时间约 15 天。货源主要是本地生产的 IT 产品，首列于 2011 年 3 月 19 日开行。

武汉—捷克、波兰：从武汉吴家山站始发，由经阿拉山口出境，途经哈萨克斯坦、俄罗斯、白俄罗斯到达波兰、捷克斯洛伐克等国家的相关城市，全程 10700 公里左右，运行时间约 15 天。货源主要是武汉生产的笔记本电脑等消费电子产品以及周边地区的其他货物。首列于 2012 年 10 月 24 日开行。

长沙—杜伊斯堡：始发站在长沙霞凝货场，具体实行“一主两辅”运行路线。“一主”为长沙至德国杜伊斯堡，通过新疆阿拉山口出境，途经哈萨克斯坦、俄罗斯、白俄罗斯、波兰、德国，全程 11808 公里，运行时间 18 天，2012 年 10 月 30 日首发。“两辅”一条经新疆霍尔果斯出境，最终抵达乌兹别克斯坦的塔什干，全程 6146 公里，运行时间 11 天；“两辅”另一条经二连浩特或满洲里出境后，到达俄罗斯莫斯科，全程 8047 公里或 10090 公里，运行时间 13 天或 15 天。

成都—罗兹：从成都城厢站始发，由阿拉山口出境，途经哈萨克斯坦、俄罗斯、白俄罗斯，至波兰罗兹站，全程 9965 公里，运行时间约 14 天。货源主要是本地生产的 IT 产品及其他出口货物。首列于 2013 年 4 月 26 日开行。

郑州—汉堡：从郑州圃田站始发，由阿拉山口出境，途经哈萨克斯坦、俄罗斯、白俄罗斯、波兰至德国汉堡站，全程 10245 公里，运行时间约 15 天。货源主要来自河南、山东、浙江、福建等中东部省市。货品种类包括轮胎、高档服装、文体用品、工艺品等。首列于 2013 年 7 月 18 日开行。

苏州—华沙：从苏州始发，由满洲里出境，途经俄罗斯、白俄罗斯至波兰华沙站，全程 11200 公里，运行时间约 15 天。货源为苏州本地及周边的笔记本电脑、平板电脑、液晶显示屏、硬盘、芯片等 IT 产品。首列于 2013 年 9 月 29 日开行。

西安—鹿特丹（长安号）：长安号国际货运班列总体规划为“一干两支”，其中“一干”为西安新筑站—阿拉山口—哈萨克斯坦—俄罗斯—白俄罗斯—波兰—德国—荷兰鹿特丹，连接 7 国，全长 9850 公里，运行时间 18 天。“两支”一是西安新筑站—阿拉山口—阿克斗卡—阿拉木图—热姆，其中，西安至阿拉木图全长 3866 公里，运行时间 6 天，西安至热姆全长 5027 公里，运行时间 10 天；二是西安新筑站—阿拉山口—阿克斗卡—阿斯塔纳—莫斯科，全长 7251 公里，运行时间 14 天。首趟国际货运班列“长安号”列车于 2013 年 11 月 28 日从西安

港务区出发，前往哈萨克斯坦的阿拉木图市。

义乌—马德里：自义乌铁路西站始发，作为铁路中欧班列重要组成部分，义乌—马德里班列贯穿于丝绸之路经济带，从义乌铁路西站到西班牙马德里，通过新疆阿拉山口口岸出境，途经哈萨克斯坦、俄罗斯、白俄罗斯、波兰、德国、法国、西班牙，全程13052公里，运行时间约21天。首列于2014年11月18日开行，是目前中国史上行程最长、途经城市和国家最多、境外铁路换轨次数最多的火车专列。

已经开通运行的中欧班列在物流方面显示出了非常明显的综合优势，其物流运输时间只有海运时间的1/3，但物流运输价格却只有航空价格的1/5，并因为班列化、客车化开行的组织方式，吸引了越来越多城市、省份乃至亚洲、欧洲国家纷纷加入中欧班列，班列总量增长迅速。目前已经开行了包括重庆、郑州、成都、武汉、西安、苏州、义乌、合肥等城市，并以这些城市为中心向外延伸覆盖到全国主要经济区域，此外，还有更多城市正在计划或即将开通。

中欧班列的开通运行，进一步丰富了丝绸之路的内涵，使丝绸之路焕发出新的活力。新疆作为“新丝绸之路”的桥头堡，不但有效地发挥了桥梁、通道作用，还在“新丝绸之路”发展中加快了向西开放步伐，从乌鲁木齐、奎屯、库尔勒等城市出发的西行班列出境后形成面向中亚、西亚、东欧等多条分支线路，大大提升了新疆参与国际市场的竞争力和影响力。

第二节 丝绸之路经济带重大倡议的提出

一、丝绸之路经济带的提出

2013年9月7日，中国国家主席习近平在哈萨克斯坦纳扎尔巴耶夫大学发表演讲，提出共同建设丝绸之路经济带的战略构想。9月13日，在上海合作组织成员国元首理事会第十三次会议上，习近平再次谈到丝绸之路经济带，指出，上海合作组织6个成员国和5个观察员国都位于古丝绸之路沿线，我们有责任把丝绸之路精神传承下去，发扬光大。为了使欧亚各国经济联系更加紧密、相互合作更加深入、发展空间更加广阔，我们可以用创新的合作模式，共同建设丝绸之路经济带。以点带面，从线到片，以加强“政策沟通、道路联通、贸易畅通、货币流通和民心相通”为基础，逐步形成区域大合作。

2013年10月24~25日，习近平在中央召开的周边国家外交工作座谈会上再次强调，“要同有关国家共同努力，加快基础设施互联互通，建设好丝绸之路经济带，要以周边为基础，加快实施自由贸易区战略，扩大贸易、投资合作空间，构建区域经济一体化新格局”。11 月，在《中共中央关于全面深化改革若干重大问题的决定》中提出要支持内陆城市增开国际客货运航线，发展多式联运，形成横贯东中西、联结南北方对外经济走廊。要加快同周边国家和区域基础设施互联互通建设，推进丝绸之路经济带、海上丝绸之路建设，形成全方位开放新格局。12 月，中央经济工作会议又把“不断提高对外开放水平”作为2014 年经济工作的六大主要任务之一，并再次强调“推进丝绸之路经济带建设，抓紧制定战略规划，加强基础设施互联互通建设”。

2014 年 5 月，习近平在亚信峰会上做主旨发言时再次强调：中国将同各国一道，加快推进丝绸之路经济带和 21 世纪海上丝绸之路建设，尽早启动亚洲基础设施投资银行，更加深入参与区域合作进程，推动亚洲发展和安全相互促进、相得益彰。

不难看出，加快推进丝绸之路经济带规划建设已成为中国经济发展和对外开放的重要内容。这一跨越时空的宏伟构想，从历史深处走来，融通古今、连接中外，顺应和平、发展、合作、共赢的时代潮流，承载着丝绸之路沿途各国发展繁荣的梦想，赋予了古老丝绸之路崭新的时代内涵。

二、丝绸之路经济带倡议产生的时代背景

当今世界经济格局正在发生着深刻变化，随着国际金融危机深层次影响的持续显现，国际投资贸易格局和多边投资贸易规则正在进行着深刻的调整，世界经济在缓慢复苏的同时，经济发展正在分化，区域合作持续深入的同时，竞争也在不断加剧，在追求和平安定的同时，不得不面对可能的恐怖威胁。在此背景下，中国负责任地提出了共建丝绸之路经济带重大倡议，秉持开放包容的区域合作精神，致力于维护全球自由贸易体系和开放型世界经济，顺应了世界多极化、经济全球化、文化多样化、社会信息化的趋势潮流，符合当前国际社会的根本利益，彰显了人类社会的共同理想和美好追求，是国际合作以及全球治理新模式的积极探索。

1. 世界范围

从世界范围来看，丝绸之路沿线尤其是中亚区域，更是以其特殊的区域战略地位和丰富的自然资源，受到了国际社会的高度关注，中国应该也必须融入。一是经济全球化与区域经济一体化相互激荡，单极化与多极化相互较量，霸权与反霸权、恐怖主义与反恐的斗争相互交织，政治交锋与经济合作的形势更加复杂。但世界各国相互联系日益紧密，相互依存日益加深，求和平、谋发展、促合作已成为时代潮流，国际形势保持总体和平、缓和、稳定的基本态势。二是随着我国

综合国力、核心竞争力、抵御风险能力显著增强，我国的国际地位和国际影响力显著提高，中俄战略伙伴关系更趋紧密，中欧、中非、中拉（美）合作关系加强，中国与周边大多数国家的睦邻友好和对话关系进一步发展，战略回旋空间不断扩大，“和平、发展、合作、共赢”的道路已日益得到更多国家的理解和支持。三是国际政治领域竞争博弈更加复杂，美国霸权主义抑制我国和平发展的战略意图更加明显，通过强化其联盟体系，推行亚太“再平衡”战略，加大对我国进行战略遏制和围堵。同时，由于中东、南亚和中亚恐怖主义、分裂主义、极端主义活动猖獗，对新疆渗透影响的威胁增大，增加了我国安全的不稳定性和不确定性。四是国际金融危机影响深远，全球需求结构出现明显变化，围绕市场、资源、人才、技术、标准等的竞争更加激烈，气候变化以及能源资源安全、粮食安全等全球性问题更加突出，各种形式的保护主义抬头，我国发展的外部环境更趋复杂。

2. 周边区域

从周边区域来看，丝绸之路经济带主要是我国通过陆路向西全面开放，其核心在新疆。因此，以新疆为重点，加强同周边国家特别是中亚国家的合作，对丝绸之路经济带核心区建设，拓展我国发展空间、提高国家能源资源安全保障以及全国的稳定与发展具有重大的战略意义。一是区域联系紧密，中国与哈萨克斯坦、吉尔吉斯斯坦、塔吉克斯坦等中区区域山水相连，自古以来，就一直保持着密切交流，特别是新疆，作为古丝绸之路的必经之地和重要枢纽，东西方的不同文化、不同民族在这里融合发展，共同创造了辉煌灿烂的历史。二是区域合作日渐深入，中亚作为中国的外交优先方向，近年来通过双边和上海合作组织框架，在经贸往来、能源合作、交通建设等方面进行了深入合作，中国已成为中亚各国最重要的贸易伙伴或投资来源国，这是开展丝绸之路经济带建设的现实基础。三是中亚及其周边国家具有丰富的自然资源、良好的经济基础和充足的国外投资，经济增长潜力巨大，近年来中亚各国经济继续保持增长，为我国特别是新疆外向型产业发展带来稳定的需求。四是中亚与我国特别是新疆风俗相近、语言相通，既有开放发展的强烈政治意愿，又有民族、宗教、文化上的相互认同，传统友谊源远流长，这种得天独厚的人文优势有助于开展区域经济合作，更有助于双方在科技、教育、文化等方面深入交流，进一步增强双方互信合作的基础。五是区域合作不断加强，2001 年6 月15 日，中国、俄罗斯、哈萨克斯坦、乌兹别克斯坦、吉尔吉斯斯坦、塔吉克斯坦在“上海五国”机制的基础上成立了上海合作组织，致力于加强成员国之间的全方位合作。在此之后，印度、伊朗、巴基斯坦、阿富汗、蒙古5 国成为上海合作组织的观察员国，土耳其、斯里兰卡和白俄罗斯3 国成为对话伙伴国。此外，该地区还建立了以俄罗斯、白俄罗斯、哈萨克斯坦、吉尔吉斯斯坦和塔吉克斯坦5国为成员国，以亚美尼亚、乌克兰、摩尔多瓦3国为观察员国的欧亚经济共同体。上海合作组织和欧亚经济共同体的成员国、观察员国、对话伙伴国大多位于古丝绸之路沿线，以这两个组织为基础推进区域经济合作，可以密切亚欧国家的经济联系，进一步提升发展空间。

3. 自身发展

从国内自身发展看，我国区域经济在“沿海、沿边、沿江、沿线”“四沿”战略的指引下，逐步形成了东部沿海经济带、长江经济带、京九经济带“三大条带”，以及长江三角洲、珠江三角洲、环渤海经济圈等经济带动和辐射点，并通过西部大开发、振兴东北老工业基地、打造北部湾经济圈等举措激活腹地经济和欠发达地区，取得了举世瞩目的巨大成就，但是经过30多年高速增长，支撑我国经济快速增长的各种要素也在发生深刻变化，传统红利将逐步消失或弱化，劳动力、土地等要素成本上升，低成本优势相对减弱，资源环境约束明显加强，过度依赖投资和出口拉动的发展模式难以为继，增长速度换挡期、结构调整阵痛期、前期刺激政策消化期“三期”叠加，倒逼经济结构优化升级，经济发展将逐步从外延型增长为主升级为内涵型增长为主，从低劳动成本、低附加值为主升级为知识型劳动和较高附加值的技术推动型为主，从过于依靠外需拉动的速度型增长为主升级为内需外需协调拉动的高质量增长为主，从过于依靠投资拉动的速度型增长为主升级为投资和消费共同拉动的速度和效益有机结合的内生型增长为主，中国经济必然从高速增长转向中高速增长的新常态阶段，从结构不合理转向结构优化，从要素投入驱动转向创新驱动，从隐含风险转向面临多种挑战，中国经济必须进入并且适应新的运行轨道。

第三节　关于丝绸之路经济带的理解认识

一、丝绸之路经济带与区域的过往认识

1. 美国的“新丝绸之路”计划

“新丝绸之路”构想最初由美国约翰·霍普金斯大学中亚高加索研究所所长弗雷德里克·斯塔尔（Frederick Starr）提出，美国战略与国际研究中心（CSIS）也参与了战略的制定。根据CSIS的报告，“新丝绸之路”计划是一个覆盖欧亚空间的跨地区贸易网络，打造这一网络有助于确认美国在欧亚地区的经济存在，巩固在阿富汗“反恐”行动的成果，从而实现美国广泛的战略目标。2010年，“新

丝绸之路”战略得到了美国中央司令部的支持。2011 年 9 月，美国国务卿希拉里正式提出“新丝绸之路”战略，其主要目标是将阿富汗打造为地区的交通贸易枢纽，推动南亚、中亚的经济一体化和跨地区贸易。学者们对该战略的研究：Simon Kennedy、Matthew Bristow 和 Shamim Adam 的《新丝绸之路并不通往美国》（2010）提出“新丝绸之路”计划的战略意义以及美国虽想要在“新丝绸之路”分一杯羹，但中国依然是其中最主要的玩家。Don E. Schultz 的《社会化媒体对营销和传播的启示：全新的数字化丝绸之路》（2012）中指出，古丝绸之路中中国和印度是发源地，但在当今这种数字化的年代新丝绸之路应该利用全新的数字化技术面向发达的西方以及全球。

2. 俄罗斯的中亚战略

俄罗斯与中亚的经济联系是在苏联的基础上长期发展中形成的，先天优势明显。中亚各国虽然在独立后寻求自身独立发展，但俄罗斯与中亚经济文化有天然向好性，俄罗斯对中亚的影响根深蒂固，中亚各国依然对俄罗斯有很强的依赖性。尤其是俄罗斯有自己完全掌控连接俄罗斯与中亚的合作平台，如独联体、独联体集体安全条约组织、俄白哈关税同盟以及其力图建立的欧亚联盟等，俄罗斯以此维护本国与中亚的合作关系及其在中亚利益。

3. 中国的丝绸之路经济带倡议

中国的丝绸之路经济带倡议与俄罗斯的欧亚联盟以及美国的新丝绸之路愿景相比，三者共同点在于都要通过中亚连接这一区域，不同则是欧亚联盟是以俄罗斯为主导连接欧亚，建立同中国的关系；新丝绸之路愿景试图阻隔中国甚至俄罗斯，连接中亚和南亚（阿富汗、巴基斯坦），建立以美国为主导的南北通道，形成其亚太战略的重要组成部分。而中国的丝绸之路经济带战略构想则是一个包容性、开放性的战略构想，并不排斥愿意参与其中的任何一方。

二、西方学者对丝绸之路经济带倡议的主要研究

丝绸之路经济带倡议提出后，西方迅速出现了有关丝绸之路历史的、从各自不同国家立场解释新丝绸之路及丝绸之路经济带的、有关大国博弈以及经济带对于相关国家影响的研究。James A. Millward 的《丝绸之路——一个非常简短的介绍》（2013）一书中介绍了丝绸之路的历史、文化、贸易路线，并提出在地理、军事、贸易等诸方面新丝绸之路的重要性。Younkyoo Kim、Fabio Indeo 的《2014 年后中亚的新博弈：美国的“新丝绸之路”战略与中俄对抗》一文中提出，随着 2014 年美国和北约从阿富汗撤军，中亚自己的未来越来越不确定，大国都在竞相加强各自在中亚的影响力。Rahman. Khalid 的《新丝绸之路提议与中巴关系》（2013）一文中指出新丝绸之路的提出对于巴基斯坦的重要性。2013 年 10

月25日，美国詹姆斯顿基金会发起了“区域一体化、贸易与经济的展望”会议，讨论美国在中亚的主要挑战，美国在中亚的战略利益，新丝绸之路的前景，美国在国际经济中所扮演的角色和美国继续参与该地区经济的需要。美国学者 Simon Denver（2013）指出：丝绸之路经济带的提出使美国意在重振阿富汗连接中亚和南亚作用的美国版新丝绸之路黯然失色，彰显北京在亚洲与日俱增的势力如何向华盛顿发起挑战。Jane Perlez（2013）认为，丝绸之路经济带，中国意在加快强化与中亚的经贸和战略关系，希望油气供应多元化并缩减运输距离。

三、国内关于丝绸之路经济带的研究认识

1. 倡议提出之前的相关研究

早在1988年，鲜肖威（1988）认为由于大西北向西的陆上国际通道——欧亚陆桥的作用和走向与古丝绸之路相同，因而提出了新丝绸之路的观点。杨守业、阎衍（1995）也指出，新亚欧大陆桥为西北经济发展提供了有利条件，沟通了西北经济区与中亚、西亚以及欧洲大陆诸国的陆路联系，形成了一条巨大的大陆桥辐射带，是一条新丝绸之路。曹鸿、严国荣和席平（2001）指出，中亚和欧洲等曾经受惠于古丝绸之路的国家和地区对于其巨大的影响力和作用仍然记忆犹新，因而“新亚欧大陆桥”已被国际通行统一叫作新丝绸之路。但柳丰华（2007）认为新丝绸之路是一个更加广泛的概念，它是铁路、公路、管道等现代交通设施将欧、亚、非连接起来的陆上贸易通道，不只包括以铁路为主的新亚欧大陆桥。李忠民等（2011）提出了新丝绸之路中国段路线的涵盖范围以及新亚欧大陆桥路线总体路线。2006年，朱显平和邹向阳提出了新丝绸之路经济发展带，主要是指一个跨国的中国—中亚带状经济合作区，它包括五个要素：目的——实现快速增长和关联带动作用；展开空间——新丝绸之路综合交通通道；手段——区域经济一体化安排；依托——沿线交通基础设施和中心城市；动力——域内贸易和生产要素自由流动优化配置，并认为经济带内的资源、城市、产业等支撑条件已初具规模，另外也有学者对新丝绸之路经济带的形成原因以及交通基础设施、空间溢出效应与经济增长之间的关系进行理论分析与实证检验，揭示新丝绸之路经济带交通基础设施在要素区域间流动中的基础性作用，解释交通基础设施与经济增长之间的影响路径。

2. 倡议提出之后的相关研究

习近平主席提出丝绸之路经济带战略构想以后，再次引起国内学术界研究热潮，专家学者们纷纷从不同侧面、不同层次、不同空间研究丝绸之路经济带构建及其作用，对完善丝绸之路经济带建设建言献策。中国社会科学院的邢广程（2014）指出，丝绸之路经济带是欧亚大陆空间所生活的各国进行互利合作的网

络，是以中国为出发点，以俄罗斯和中亚地区为桥梁和纽带，以欧洲为落脚点，以北部非洲为延长线，在欧亚大陆形成一个比较畅通的交通网络和比较便捷的贸易通道；同时邢广程也提出构建丝绸之路经济带的两个最主要的方面是欧亚大连通和投资贸易便利化，并着重强调了新疆在构建丝绸之路经济带中处于不可取代的地位和作用。兰州大学杨恕（2013）提出，应当以丝绸之路经济带为依托，带动中国西部地区向西开放，加强西北省区与中亚、欧洲的经济交流与合作，推动中国的西部大开发向更高水平发展，惠及西部地区的各族民众。杨恕（2014）还在第二亚欧大陆桥全线开通的基础上，论述了沿途地区的经济发展是丝绸之路经济带的客观基础，经济带沿线各国在经济发展、基础设施建设、国家间的沟通、协调与合作等方面的合作进展是丝绸之路经济带建设的依据，该区域的经济合作是一个可期待的目标，但丝绸之路经济带的实现非一日之功，必须做好短期规划和中长期规划，分期、分段来实现这一战略构想。胡鞍钢（2014）认为，中亚经济带是丝绸之路经济带的核心区，环中亚经济带是丝绸之路经济带的重要区，亚欧经济带是丝绸之路经济带的拓展区；丝绸之路经济带的特征表现为国家安全战略的一系列转型，具体如下：从消极性战略防御到主动性战略进取，从单一性边疆安全到多维度全面合作，从内政外交相分离到内政外交一体化；他指出，丝绸之路经济带的重要战略意义在于：性质上是集政治经济、内政外交与时空跨越为一体的历史超越版，内容上是集向西开放与西部开发为一体的政策综合版，形成上是历经几代领导集体谋划国家安全战略和经济战略的升级版；提出要在战略框架上以上海合作组织为主、多机制并进，在战略步骤上先易后难、稳扎稳打，在战略内容上以经贸为主、多维度推进打造丝绸之路经济带。何茂春和张冀兵（2014）从历史传承与国际合作两个维度对丝绸之路经济带的构想进行梳理，在纵向与横向的比较中进一步认识其内涵，评估其发展可能面临的潜在挑战，进而判断未来走势。刘华芹（2014）认为，上海合作组织是丝绸之路经济带建设的重要平台，深化该组织区域经济合作将带动更多发展中国家以及新兴经济体参与丝绸之路经济带区域经济合作，并为此提供合作经验与典范。王争鸣（2014）通过对铁路在交通走廊中核心作用的研究，从战略层面提出国际、国内铁路通道的布局方案，并对国内联通道路网构成及重要节点的规划方案进行深入研究，为丝绸之路经济带铁路通道的规划建设提供决策意见和建议。王保忠、何炼成和李忠民（2013）认为，在一体化战略实施的初级阶段，应着重推进交通、能源、产业、城市一体化，高级阶段应重点关注贸易和金融一体化。当前的重点是能源一体化，优先方向是交通运输一体化。为推进丝绸之路经济带一体化战略实施，首先应加强政府间政治互信和务实合作，其次是加快推进操作层面的体制机制建设步伐。诸多新疆学者也就丝绸之路经济带构建的机遇与挑战，新疆在经济带建设中的定位、作用、选择等进行深入分析。

3. 丝绸之路经济带相关研讨会

丝绸之路经济带重大倡议一经提出，就引起了国内的高度关注。各科研机构、学术组织包括各级政府在内，纷纷举办各类研讨会，来交流探讨这一全新的重大战略倡议。

2013 年 10 月，新疆自治区党委党校和新疆日报社联合主办了丝绸之路经济带与新疆使命理论研讨会，与会专家从国际视野、经济方发展、文化交流等不同角度进一步厘清了丝绸之路经济带的概念和战略定位，认为丝绸之路经济带将成为世界经济新的增长点，全球经济新格局的重要组成部分。从中国国家层面看，是打造中国经济升级版、实现中国梦的现实版，是中国向西开放的重要通道，是中国实现中国能源资源渠道多元化的重要基础；从新疆层面看，将有助于新疆利用亚欧大陆中心的地理优势，通过国际能源资源通道和重要能源资源基地建设，发展新疆交通、能源资源开发等产业，建设纺织品等消费品国际加工基地，形成向西开放的产业基地，实现新疆优势资源转换战略，提升新疆国际形象和国际地位。2013 年 11 月，新疆大学举行“经济带——挑战与希望”研讨会，潘志平教授从地缘政治的角度阐述和分析丝绸之路经济带，认为丝绸之路经济带是国家走的一条大发展、大开放之路，政治沟通与合作之路，物质与精神结合的文明之路；同时也认为丝绸之路经济带在实施的过程中会面临着一些地缘政治上的挑战。何伦志教授做了“东西协同、立足新疆、直面中亚、走向世界”——对构建丝绸之路经济带战略认知的报告，认为应从能源大通道建设、国际商贸中心建设和自由贸易区通道建设三个方面来实施丝绸之路经济带的战略构想。刘迪生着手于新疆在丝绸之路经济带中的定位，应通过“转方式、调结构”，有效调整产业的发展而不是单纯地追求 GDP 的增长来发展。应旭东从新疆是如何参与新经济带国家分工入手，分析了新疆在今后的发展中扮演的角色，强调应该加强经济合作。新疆伊宁也在 2013 年 11 月举办了“丝绸之路经济带发展研讨会”，来自欧洲、中亚五国、俄罗斯和国内的客商、学者及专家齐聚新疆伊宁市，共商丝绸之路经济带战略构想下伊宁市经济发展及其所处的战略位置、产业发展及发展前景。2013 年 12 月，乌鲁木齐“经济带城市合作发展论坛”在新疆国际会展中心举行，来自中国、哈萨克斯坦、吉尔吉斯斯坦、塔吉克斯坦、土库曼斯坦、格鲁吉亚、土耳其、伊朗 8 个国家、24 个城市的 300 多位代表和专家学者齐聚一堂，达成“乌鲁木齐共识”。与新疆一样，丝绸之路经济带沿线其他省区也纷纷行动。2013 年 10 月，西安市宣传部、西安市社会科学院、西安日报社共同举办了“丝绸之路经济带与西安发展研讨会”，从政治、经济、历史、文化和社会发展等方面为西安当好建设丝绸之路经济带排头兵提供理论支持。2013 年 12 月，中

国社会科学院世界宗教研究所伊斯兰教研究室主办了“伊斯兰教与经济带”学术研讨会，讨论了区域文化合作、区域经济合作与区域安全合作三个议题。2014年2月，河南省科协召开了丝绸之路经济带院士专家智库沙龙，众多院士、专家、学者为河南省谋划利用丝绸之路经济带建设的河南战略集思广益，为带动全省产业突围和转型升级建言献策。2014年1月，西安培华学院联合举办“经济带研讨会”，西北大学召开了“经济带：发展选择与陕西对策”研讨会，围绕加快构建内陆型经济开发开放战略高地，就西安与丝绸之路沿线国家务实合作等方面，展开了深入的研讨。2014年3月，东中西部区域发展和改革研究院召开“丝绸之路经济带建设的本质、问题和对策”专家研讨会，在回顾丝绸之路经济带提出的背景、内涵、意义的基础上，对丝绸之路经济带建设的发展方向和热点问题进行了分析。来自中央部委、科研院校、智库机构以及国防安全领域战略专家一致认为，研究或构建“一带一路”战略，需要从全新的角度来做，一定要站在发展的整个大系统上去把握全局，要从历史、世界、国家、地区等大系统上综览本地区的变化与发展。中央职能部门和地方领导不能只着眼于西北五省发展和本区域发展，也不能局限于中亚或欧亚，研究各国丝绸之路战略部署不可或缺。这部分恰恰是我们地方政府所缺失的。丝绸之路经济带建设要做好顶层设计、稳步推进，处理好经济发展与生态保护、民族与宗教、走出去与国家安全等多种复杂关系。

四、国际对丝绸之路经济带倡议的关注

共建丝绸之路经济带倡议提出后，域内沿线各国纷纷响应，中亚及俄罗斯等国媒体给予了极高的关注。

从中国到欧洲的丝绸之路经济带的建设，有利于上海合作组织的所有成员(俄罗斯中俄商会)。俄罗斯中俄商会秘书长谢尔盖·萨纳科耶夫认为，丝绸之路经济带指的是创建一条几乎穿越整个欧亚大陆的跨国运输走廊，通常而言，这样的运输通道不仅意味着商品和服务的流通成为可能，而且将创造出由新兴的、科技含量高的产业集群所组成的国际产业链。这是中国在上海合作组织框架下倡议的具有广阔合作前景的创举。上海合作组织将首先合作建设丝绸之路的交通走廊。可以肯定，丝绸之路经济带的建设，有利于上海合作组织的所有成员，但更有利于哈萨克斯坦，因为哈萨克斯坦利用其地理位置已经在布局丝绸之路经济带。

哈萨克斯坦快报指出，伟大的丝绸之路将在当代复兴，诚如在过去的世纪一样，经由哈萨克斯坦连接东西方。习近平在对哈萨克斯坦的国事访问中提出了新的合作模式——丝绸之路经济带，并指出要实现这样的规划，首先需要建立一个

从太平洋到波罗的海共同的交通基础设施，加强贸易关系，消除障碍，提高交货速度。总统纳扎尔巴耶夫对于该提议表示赞同，并认为，在两国的贸易、经济、投资、农业、边境、文化和人道主义，以及国际和地区安全的合作中，“我们合作的优先领域是经济领域，在我看来，我们取得了杰出成就”。

构建丝绸之路经济带，哈萨克斯坦、中国、俄罗斯战略利益相同。哈萨克斯坦央行行长格里戈里·马尔琴科指出，在20世纪60~70年代的苏联时期，我们与中国的所有边境被关闭。当时苏联是欧洲的中心国家，因此，我们所有的发展方向都是向西，从20世纪90年代我们取得独立以来，我们改变了近百年的向西战略，开始修建与中国连通的管道、天然气、铁路、口岸等，即投入巨资进行向东的基础设施的建设与发展。中国在过去30年存在着同样问题，即偏重东部沿海的发展，东西发展水平与速度差距很大，因此他们现在的任务是发展中西部，尤其是西部的基础设施建设。大部分东部发往欧洲的产品要通过海运，如果通过铁路经哈萨克斯坦、俄罗斯，那么存在不同的备选方案，同时时间缩短到2周之内。所以这就是我们的发展方向，并且从20世纪80年代后期已经开始正在实施的计划。在丝绸之路经济带计划中，哈萨克斯坦、中国、俄罗斯的战略利益相同，对所有国家都有利。

对于共建丝绸之路经济带，乌兹别克斯坦有着很高的热情与愿望，并为此做积极的准备，总统卡里莫夫早在2009年10月第51届世界铁路运输联盟大会上的开幕词中就提到：乌兹别克斯坦自古以来，就在伟大的丝绸之路上占有重要的战略地位，是主要贸易航线，是不同文明之间深入交流的通道。今天，乌兹别克斯坦仍然有显著的过境交通和通信潜力，境内有东、西、南、北铁路干线连接。在当今世界，尤其是在我们中亚地区有丰富的自然和矿产资源，为我们提供了可持续发展的动力，但现有的运输走廊难以满足需求，必须合理开发新的有效通道，以连接当今的主要经济体和新兴市场，加快乌兹别克斯坦经济的发展。卡里莫夫总统表示，乌兹别克斯坦支持建设中国—吉尔吉斯斯坦—乌兹别克斯坦的铁路路线。作为配套，乌兹别克斯坦实施 Ангрен－Пап（昂仁—佩普）铁路项目，给中国到南亚的铁路直通创造条件。

吉尔吉斯斯坦比什凯克晚报指出：对于中国国家主席习近平提出的复兴丝绸之路的计划，总统阿坦巴耶夫在与习近平会晤期间，表示吉尔吉斯斯坦支持复兴丝绸之路的计划。吉尔吉斯斯坦的专家几乎一致认为，习近平主席的丝绸之路经济带倡议，对吉尔吉斯斯坦具有巨大光明前景，尤其在多边框架下与中国之间的双边合作将更加深化。

俄罗斯和中国的战略合作研究所副主任安德鲁认为，习近平主席的倡议，标志着中国与亚欧的关系将发展到一个新水平。丝绸之路经济带将吸引世界各地的

注意。

伊斯兰堡战略研究所主任哈克认为，丝绸之路经济带倡议的提出显示了中国国家主席对发展中的中亚经济一体化的激励作用。经济带的创建将促进区域经济的发展，特别是对中亚的内陆国家，将起到巨大的激励作用。

印度尼西亚外交部部长理事会执行委员会主席优素福·易卜拉欣认为，中国丝绸之路经济带的政策，有助于加强中国和该地区国家之间的睦邻关系。

第四节 丝绸之路经济带的内涵与特征

一、丝绸之路经济带的内涵

1. 丝绸之路经济带内涵

丝绸之路经济带是在古丝绸之路概念基础上提出的一个新的经济发展区域。其东边牵着亚太经济圈，西边系着发达的欧洲经济圈，有效辐射东亚、中亚、西亚、南亚和欧洲以及北非区域，是横跨亚欧大陆的、世界最长、最具发展潜力的经济大走廊。其实质是通过现代化的综合交通通道和信息网络通道将丝绸之路沿线国家紧密联系起来，以沿线基础交通设施和区域中心城市为依托，以域内贸易和生产要素自由流动及优化配置为动力，以创新合作模式为根本，以推进“政策沟通、道路联通、贸易畅通、货币流通和民心相通”为目标，最终实现沿线各国平等互利、共赢发展的新经济合作发展区域。

对外来说，丝绸之路经济带倡议体现的是与时俱进的创新思维，是中国坚定不移奉行的“与邻为善、以邻为伴”以及“亲、诚、惠、容”外交理念的具体实践。它以广阔的欧亚地区为合作平台，以互利共赢、平等开放为合作原则，持续深入推动区域合作发展。因此，丝绸之路经济带不仅仅是静态的，而且还具有丰富的动态含义：一是共建丝绸之路经济带，经济建设是首位，通过我国同沿线国家特定区域的经济建设来带动政治、社会、文化和反恐等领域的合作与发展。丝绸之路经济带沿线区域，特别是中国西部及中亚区域，由于地处内陆，经济发展相对滞后，与东部的亚太经济圈和西部欧洲经济圈相比，形成了明显的“经济凹陷带”。该区域以资源性产品为主，缺少生产各种制成品的能力，发展的意愿非常强烈，而我国与中亚各国有着非常明显的互补性，双方在经济发展领域的合作前景非常广阔。通过丝绸之路经济带建设，使沿线国家形成命运共同体。2013年9月，联合国开发计划署署长海伦·克拉克在第三届中国—亚欧博览会上指出：“亚欧地区已经成为整个世界的重要发展引擎。”借助丝绸之路经济带将亚欧区域有效连接，必将有力带动区域综合发展，成为区域经济一体化发展的典范和经济全球化中的重要新成员。

对内来说，丝绸之路经济带将带动培育我国开放型经济发展新优势，进一步推动我国西部地区的跨越式发展和长治久安。党的十八大报告提出“着力培育开放型经济发展新优势”。自改革开放以来，我国开放型经济发展主要依靠传统优势取得了举世瞩目的成就，如低成本优势、汇率优势和政策优势等。然而，在新阶段，我国应积极创新开放型经济发展的路径、培育开放型经济发展的新优势，从而在复杂多变的国际形势下巩固和扩大市场份额，提升国际竞争力和可持续发展能力。共建丝绸之路经济带并发挥其辐射引领作用，可以在继续发挥改革开放传统优势的基础上，培育西部地区开放型经济发展的新优势，更好地“带动”西部地区的跨越式发展，促进社会稳定和长治久安。

2. 丝绸之路经济带范畴与通道

综合考虑亚欧大陆经济、贸易、交通、资源现状以及未来亚欧经济发展战略格局的变化趋势，根据当前我国经济发展的整体格局和向西开放的通道建设情况，初步认为可由三大通道来贯穿整个丝绸之路经济带：即分别由中国东部的三大经济圈出发，依托国内现有交通干线，按照北、中、南三条通道自东向西，齐聚新疆，再西延连通中亚、西亚、南亚和欧洲①。

北道：京津唐地区（环渤海经济圈）—大同—呼和浩特—包头—额济纳—伊吾—巴里坤—将军庙—富蕴—北屯（阿勒泰）—布尔津—吉木乃—厄斯克门（原哈萨克斯坦的乌斯季卡缅诺格尔斯克）—鄂木斯克（俄罗斯）—莫斯科（俄罗斯）—圣彼得堡（俄罗斯）—赫尔辛基（芬兰，波罗的海）。北通道支线：准东—克拉玛依—塔城—阿亚古兹（哈萨克斯坦）—卡拉干达（哈萨克斯坦）—车里雅宾斯克（俄罗斯）—莫斯科（俄罗斯）—明斯克（白俄罗斯）—华沙（波兰）—柏林（德国）—鹿特丹（荷兰，大西洋）。

中道：上海（长三角经济圈）—郑州—西安—兰州—哈密—吐鲁番—乌鲁木齐—奎屯—精河—霍尔果斯或阿拉山口—阿拉木图（哈萨克斯坦）—塔什干（乌兹别克斯坦）—捷詹（土库曼斯坦）—马什哈德（伊朗）—德黑兰（支线通波斯湾沿岸霍梅尼港）—安卡拉（土耳其）—巴黎（法国，大西洋）。中通道支线：吐鲁番—库尔勒—喀什—奥什（吉尔吉斯斯坦）—安集延（乌兹别克斯坦）—塔什干（乌兹别克斯坦）。

南道：广州（珠三角经济圈）—长沙—怀化—重庆—成都—阿坝—格尔

① 引自新疆发改委经济研究院内部研究报告。

木—若羌—且末—和田—喀什—伊斯兰堡（巴基斯坦）—卡拉奇（巴基斯坦）—瓜达尔港（巴基斯坦，印度洋）。南通道支线：吐鲁番—库尔勒—阿克苏—喀什—瓜达尔港。

当然，丝绸之路经济带的三条通道并不是绝对的，相互之间也不是孤立的。习近平在提出丝绸之路经济带倡议时指出，“打通从太平洋到波罗的海的运输大通道，逐渐形成连接东亚、西亚、南亚的交通运输网络”。因此，丝绸之路经济带是多走向的，沿线区域是连通的，辐射范围是极其广泛的。

二、丝绸之路经济带的基本特征

1. 全面开放的新型国际合作模式

丝绸之路经济带倡议体现了鲜明的独立自主的和平外交思想，是一种全面开放的新型国际合作模式。丝绸之路经济带不针对任何第三方，不搞排他性制度设计，向所有国家开放，无论是沿线国家还是域外国家，都能平等地肯定、接纳其在本地区内的存在。最大限度地发挥各方力量，强化地区的一体化趋势。所有的参与方最终实现的是非零和博弈，各方都是在平等、互利、共赢的基础上，寻求利益契合点和合作的最大公约数。

2. 具备可实现的制度设计

丝绸之路经济带坚持的是文明融合而非文明冲突。不仅强调合作各方的政治协调、经济交流，也强调安全合作、制度建设，更突出区域各方的民心相通。丝绸之路经济带遵从由点及面、从线到片的扩散效应原理，以加强“政策沟通、道路联通、贸易畅通、货币流通和民心相通”为基础，逐步形成区域大合作。“五通”建设中，软件建设与硬件建设相辅相成，消除贸易壁垒与加强金融制度建设相得益彰，经济交往与民心交流并行不悖。这些都为丝绸之路经济带的建设实施创造了良好的制度基础。

3. 充分兼顾了各方的战略需求

丝绸之路经济带是迄今为止世界最大的跨区域合作，贯穿亚欧非三个大陆，两端分别是当今国际经济最活跃的东亚经济圈和世界经济最发达的欧洲经济圈。中间广大腹地是包括中亚、西亚、南亚、北非等人口众多、资源丰富，但同时发展相对滞后、发展意愿极为强烈的发展中国家。因此，东西方需要加强经济联系，发展中国家需要加快自身发展，中国需要全面扩大开放走向世界，世界需要更加深入了解中国，搭乘中国发展的高速列车的战略需求，都在丝绸之路经济带建设中得到了考虑和体现。

4. 具有全面均衡的持续发展目标

丝绸之路经济带的最终目标是实现区域大合作，参与各方成为共享发展利益，实现互利共赢的命运共同体。这里的互利共赢不是零和博弈，是可持续的、均衡的、全面的非零和合作，是团结所有合作伙伴，共同化解危机问题，推动建立公正、合理的经济新秩序和新格局的新型国际合作。丝绸之路经济带是以经济合作为先导与基石，以政治合作为前提与推进手段，以促进文化交流、化解安全风险为追求的具有高度前瞻性、战略性的国际合作倡议，与政治、经济、安全、文化领域深层次合作的均衡目标并行不悖。

第五节　丝绸之路经济带区域其他发展计划

由于丝绸之路沿线地区具有重要的区位优势、丰富的自然资源和广阔的发展前景，20 世纪 90 年代以来，相关大国纷纷提出了针对这一区域的战略构想，目前该区域存在着不同版本的丝绸之路计划（设想）。其中影响比较大的有联合国的“丝绸之路复兴计划”，美国的新丝绸之路计划，日本的“丝绸之路外交战略”和俄罗斯、印度、伊朗三国的“北南走廊计划”等（见表 1－2）。这些计划（设想）为我们认识丝绸之路经济带战略构想提供了参照系，也是今天丝绸之路经济带建设实施必须要面对和处理的关键问题之一。

表 1－2　世界相关“丝绸之路”建设计划（设想）

计划（设想）名称	提出国家或组织	提出年份	主要目的	推进策略
“丝绸之路外交战略”	日本	1997	保障能源来源多元化，强化其在中亚地区的政治与经济影响力	提供开发援助，帮助丝绸之路沿线国家完善公路、铁路等基础设施
“北南走廊计划”	俄罗斯、印度、伊朗	2002	抗衡美国影响力	修建一条从南亚途经中亚、高加索、俄罗斯到达欧洲的货运通道
“丝绸之路复兴计划”	联合国	2008	在丝绸之路推动经济发展，主要目的是跨国国际合作	启动丝绸之路区域合作项目
“新丝绸之路计划”	欧盟	2009	降低对俄罗斯油气资源的依赖	修建“纳布卡天然气管线”这一能源运输南部走廊，加强与中亚及周边国家在能源、商贸、人员、信息等方面的联系

续表

计划（设想）名称	提出国家或组织	提出年份	主要目的	推进策略
"新丝绸之路战略"	美国	2011	推动实现"能源南下"与"商品北上"的目标，建立以美国为主导的新秩序	推行"大中亚"计划，援助中亚国家基础设施建设
丝绸之路经济带	中国	2013	以点带面，从线到片，逐步形成区域大合作，形成全方位开放新格局	推进"五通"建设

注：根据公开资料整理所得。

一、"丝绸之路外交战略"

1997 年，日本桥本龙太郎内阁开始重视与中亚及其周边国家的交往，把中亚及南高加索 8 国称为"丝绸之路地区"，提出了"丝绸之路外交战略"。日本实施"丝绸之路外交战略"，一方面是为了加强日本与中亚国家的经济合作，提升中亚各国的经济发展速度和国际化水平；另一方面是为了增强日本在这一地区的政治和经济影响力，开发该区域丰富的油气资源，保障日本的能源供应安全。在此之后，日本对"丝绸之路地区"提供了大量政府开发援助，促进了相关国家的铁路、公路、电力等基础设施建设，加快了该区域的经济发展进程。自 2004 年开始，日本推动设立了"中亚 + 日本"外长定期会晤机制。通过这一机制，日本与中亚国家的联系得以加强。日本政府的开发援助为日本在这一地区赢得了好名声。但日本"丝绸之路外交战略"进展并不理想。除了近年来日本经济陷入衰退外，"中亚 + 日本"机制越来越难以与上海合作组织等合作框架的影响力相媲美。此外，日本缺乏与中亚开展外交的地缘条件，同时本地区与日本的宗教文化差异较为明显，而且日本外交缺乏自主权，往往为了配合美国的意识形态而开展外交活动，日本的"丝绸之路外交战略"也带有鲜明的政治干涉色彩，这也使得"丝绸之路外交战略"实施效果大打折扣。

二、"北南走廊计划"

2002 年，俄罗斯、印度和伊朗三国共同发起了"北南走廊计划"，旨在通过修建一条从南亚经中亚、高加索、俄罗斯到达欧洲的货运通道，提出修建从印度经伊朗、高加索、俄罗斯直达欧洲的国际运输通道，该运输通道包括铁路、公路、海运等多种形式，可以降低沿途国家尤其是印度通往欧洲的货运成本，提高相关各国商品的国际竞争力。俄罗斯作为“北南走廊计划”的主导国家，意欲通过修建“北南走廊”，抗衡西方国家主张的绕开俄罗斯的东西“欧亚经济走廊”，保持俄罗斯在这一区域的传统影响力。该计划提出后，中国和中亚国家也对此表现出较大兴趣。然而，该计划自提出以后，由于资金迟迟不能到位，政治分歧久难弥合，一直进展缓慢，甚至一度被搁置。2012 年 1 月召开的“北南走廊”14 国专家会议上，印度表示可以承担伊朗境内的铁路与公路建设，这也是该计划向前推进的最新动向。

三、“丝绸之路复兴计划”

2008 年，联合国开发计划署发起“丝绸之路复兴计划”，该计划共计有中国、俄罗斯、土耳其等 19 个国家参与，此计划由 230 个项目组成，投入 430 亿美元，预计 2014 年前大体完成，即将打造的这条“现代丝绸之路”全长 7000 多公里，是一个庞大的区域概念，投资主要建造公路和铁路，目的在于激活古丝绸之路和其他一些古老的欧亚大陆通道。这些通道路线并不是完全按照古代丝绸之路的路线来修建的，而是由一系列的大小道路组成的。主要包括 6 条国际走廊，其中包括中国至欧洲、俄罗斯至南亚以及中东铁路和公路的建设体系等，在欧洲方面，这些走廊将南至土耳其，北达俄罗斯。通过改善古丝绸之路等欧亚大陆通道的公路、铁路、港口、入关等软硬件条件，将会对促进沿线地区的交流和经济发展起到很大作用，使 2000 年前的丝绸之路重现辉煌。

四、“新丝绸之路计划”

2009 年，欧盟为降低对俄罗斯油气资源的依赖，提出了“新丝绸之路计划”，即通过修建“纳布卡天然气管线”这一能源运输南部走廊，加强与中亚及周边国家在能源、商贸、人员、信息等方面的联系。“纳布卡天然气管线”全长 3300 公里，从中亚里海地区经土耳其、保加利亚、罗马尼亚、匈牙利延伸至奥地利，并把中东地区作为潜在的天然气来源区域。通过实施“新丝绸之路计划”，欧盟一方面可以加强与中亚国家的油气资源合作，保障欧盟能源供应安全；另一方面可以拓展欧盟与中亚及其周边国家的全方位合作，增强欧盟在中亚地区的影响力。

五、“新丝绸之路战略”

2007 年，美国约翰·霍普金斯大学中亚高加索研究所所长弗雷德里克·斯

塔尔（Frederick Starr）率先提出“新丝绸之路”构想，主张通过加强交通联系建设“大中亚”经济圈。之后，美战略与国际研究中心（CSIS）也参与了丝绸之路战略的制定，旨在建立一个覆盖欧亚空间的跨地区贸易网络，巩固在阿富汗反恐行动的成果，实现美国广泛的战略目标。2010 年，“新丝绸之路计划战略”得到了美国中央司令部的支持。2011 年，时任美国国务卿希拉里正式提出“新丝绸之路战略”，其主要目标如下：一是将阿富汗打造为地区的交通贸易枢纽，推动南亚、中亚的经济一体化和跨地区贸易；二是可以提升印度的发展空间，加快印度经济崛起，使印度在地区和国际层面发挥更大作用；三是可以加强美国与中亚国家的经贸合作，开发中亚地区丰富的油气等矿产资源。由此可见，美国“新丝绸之路战略”的实施，可以削弱中国和俄罗斯等大国在中南亚的影响力，建立美国主导的中亚和南亚新秩序。由于美国的“新丝绸之路战略”带有较强的意识形态色彩，实际上违背了促进地区一体化的战略目标，其真实的实施成效难以期待。

六、欧亚经济联盟

2014 年 5 月 29 日，俄罗斯、白俄罗斯和哈萨克斯坦三国总统在哈萨克斯坦首都阿斯塔纳签署《欧亚经济联盟条约》，宣布欧亚经济联盟将于 2015 年 1 月 1 日正式启动。根据条约，俄罗斯、白俄罗斯和哈萨克斯坦三国将在 2025 年前实现商品、服务、资本和劳动力的自由流动，终极目标是建立类似于欧盟的经济联盟，形成一个拥有 1.7 亿人口的统一市场。条约涉及能源、交通、工业、农业、关税、贸易、税收和政府采购等诸多领域，还列出了自由贸易商品清单，但其中不包含烟酒等敏感商品。这是俄罗斯继“北南走廊计划”后，从地缘政治与经济整合的角度出发，提出的新的区域合作计划。与“北南走廊计划”相比，欧亚经济联盟中，俄罗斯先从对周边地区（主要是独联体国家）的战略主导权与经济整合入手，收缩了盘面、降低了风险因素，实施成效远远大于“北南走廊”计划。

七、其他计划

此外，2012 年，哈萨克斯坦总统纳扎尔巴耶夫在外国投资者理事会第 25 次全体会议上宣布开始实施“新丝绸之路”项目，提出要将哈萨克斯坦建设成中亚地区最大的过境中心及欧洲和亚洲间独特的桥梁。2013 年 11 月，韩国提出建设从韩国经朝鲜、俄罗斯、中国、中亚，直到欧洲的“丝绸之路快车”，以及“欧亚能源网”、“欧亚经济统合”三大“欧亚计划”。这些不同版本的“丝绸之路”都是为有效拓展本国经济辐射圈、保障能源安全服务，但在实际中，由于种种原因，这些“丝绸之路”计划或设想都面临着重重困难。当然，在区域经济联系不断加强、大国丝绸之路战略竞争日趋激烈的背景下，中国作为古丝绸之路的起点和主要国家，也有必要提出自己的丝绸之路战略。

第六节 丝绸之路经济带的影响意义

一、对世界经济格局的影响意义

1. 开辟区域经济合作的新空间

随着生产社会化和国家之间经济联系的加强，区域经济合作方兴未艾，加强区域经济合作，已逐渐成为世界经济增长的最重要途径之一，区域合作组织也成为推动经济全球化和参与国际活动的重要力量。丝绸之路经济带作为世界范围内面积最大、覆盖人口最多、经济总量增长最快的区域经济合作组织，有着巨大的发展潜力和空间，未来可以预见，建成后的丝绸之路经济带将与欧盟、北美自由贸易区形成“三足鼎立”的态势，有助于加快形成国际经济新格局。丝绸之路经济带建设的目标不但要实现新优势区域的快速发展，还要带动有关区域和产业实现全面发展，使各个部分、各个层面互动融通，形成区域大合作的局面。丝绸之路经济带建设，将为参与各方启动国内需求，创造就业，特别是通过“互联互通”设施建设，增强沿线国家参与区域合作的自我“造血”功能和实现未来可持续发展的潜力，为区域合作开辟新空间。

2. 形成国际经济复苏新动力

2008 年国际金融危机爆发后，世界经济复苏需要新动力，世界经济增长需要新空间，亟须通过建设新兴增长区域带动世界经济走出困境。丝绸之路经济带横贯亚欧大陆，东西两端分别连接着世界经济最活跃和最发达的亚太经济圈和欧洲经济圈，但在中间地段，包括中国西部地区和中亚国家在内的广大区域经济发展相对滞后，形成了一个经济凹陷区域。近些年来，日本、韩国及欧盟经济增长乏力，而处于丝绸之路中间经济凹陷区域的发展中国家，凭借着丰富的资源和巨大的发展潜力，却始终保持了较为强劲的发展势头。因此，通过丝绸之路经济带建设，进一步深化沿线区域的全方位合作，进一步激发丝绸之路经济带中间经济凹陷区域的发展活力，一方面，能够为发达经济体找到继续发展的空间；另一方面，也有助于发展中国家获得更多的发展机会，最终在丝绸之路经济带凹陷区域形成世界新兴增长区域，带动丝绸之路经济带乃至全世界的经济增长，助推世界经济摆脱低迷发展状态。

3. 推动地区安全与世界和平

丝绸之路沿线国家和区域地理形势、民族关系、宗教信仰极其复杂。特别是近些年来，中亚地区的极端主义、恐怖主义、分裂主义威胁明显呈上升趋势。恐怖主义和恐怖活动的跨国性、关联性、模仿性、突发性和国际化发展态势使得整个地区的社会安全风险水平短期内难以降低，安全稳定充满诸多变数，已经开始威胁区域经济社会的健康发展，甚至波及周边国家乃至威胁世界安全。在这种背景下倡导共建丝绸之路经济带与上海合作组织框架下的“反恐机制”和“安全合作机制”相结合，是确保民生安全、国家安全、地区安全和世界和平的有效途径之一。

二、对沿线区域合作的影响意义

1. 带动沿线国家经济发展

我国向西发展，不仅是为了寻求突破，更是基于经济全球化发展的新趋势。在世界经济低迷的背景下，加强我国与上海合作组织成员国间的经济联系，不仅能够加快我国西部和中亚地区“经济凹陷带”的发展，而且可借助新丝绸之路经济带的崛起，将包括东南亚、俄罗斯、东欧地区以及非洲等国家和地区融入经济全球化中，进而带动沿线国家经济实现整体发展，提高区域经济一体化的速度和质量。

2. 扩大深化区域交流合作

打造丝绸之路经济带，有利于深化区域交流合作，通过互利共赢的经贸文化交流，密切我国同中亚国家的关系，进而推动欧亚大陆经济合作的深化。丝绸之路经济带的形成和拓展将使中亚国家可以便利地通往世界上经济发展最活跃的亚太地区。同时，也将促进中国的向西开放。在欧美市场普遍不景气的背景下，拓展中亚、西亚和南亚市场，无疑对我国的出口具有积极意义。

3. 实现区域资源整合和资源有效配置

由于各个国家实现的发展目标和资源条件都存在差异，国与国之间的经济发展能够互补，实现互利共惠。我国可以从国外引进稀缺资源，而我国相对盈余的资源由于别国的需要也能实现贸易往来。在这样经济一体化和市场一体化的背景下，各个国家都能充分发挥本国的优势。这样不仅可以使国内外的利益最大化，同时对于各国经济的稳固发展也是十分有利的。

三、对中国全面开放的影响意义

1. 有利于拓展我国的战略发展空间

无论从地理方位、自然环境还是相互关系看，发展周边外交对我国都具有极为重要的战略意义。以立体、多元、跨越时空的视角思考周边问题，开展周边外交是我国新时期外交和对外开放的关键。丝绸之路经济带战略的提出正是顺应了这一新的历史要求，通过统筹经济、贸易、科技、金融等方面资源，发挥好人才、资金、技术领域的比较优势，积极参与区域经济合作，找准深化同周边国家互利合作的战略契合点，把“中国梦”同周边各国人民过上美好生活的愿望以及地区发展前景对接起来，让命运共同体意识在周边国家落地生根。对于我国实现“两个一百年”奋斗目标和中华民族伟大复兴，在我国发展的重要战略机遇期，维护国家主权、安全、发展利益，形成我国同周边国家政治关系更加友好、经济纽带更加牢固、安全合作更加深化、人文联系更加紧密合作的新格局具有重要的战略意义，构建丝绸之路经济带必将会进一步拓展我国的战略发展空间，从容应对日趋复杂的国际新形势。

2. 有利于保障我国能源资源的战略安全

作为世界主要能源消费大国，我国原油供应来源单一，且大部分经霍尔木兹海峡、马六甲海峡等地带从海上进行运输，能源安全面临潜在危机。丝绸之路经济带沿线国家作为世界能源资源最富集的区域，将在未来国际政治、经济格局中发挥更加重要的作用。同时，新疆作为丝绸之路经济带上的核心区，在立足自身能源资源开采利用和加工转化的基础上，把握丝绸之路经济带战略构建的重大机遇，尽快打通向北、向西、向南的战略资源供应通道，对于促进我国与中亚、西亚、俄罗斯及里海产油国的能源合作，实现能源供应的多元化和开辟新的安全便捷的战略能源资源大通道具有重要意义，也是我国规避潜在风险、保障国家能源资源安全的重要战略抉择。

3. 有利于增强我国在国际铁矿石市场中的话语权

从2003年开始，我国成为世界第一大铁矿石进口国，但与我国进口地位不相匹配的是，我国在铁矿石进口上缺乏定价权，铁矿石谈判始终受制于人。究其原因，除了我国钢铁行业扩张过快、自身铁矿石品位低、分布不均外，国外铁矿石资源进口来源地过于单一、供应方高度垄断也是重要因素。铁矿石价格的上涨造成钢铁企业成本增加，产品竞争力不足，严重影响了我国钢铁行业的健康发展。与中国相邻的俄罗斯、哈萨克斯坦、吉尔吉斯斯坦等国家拥有丰富的铁矿石资源，特别是哈萨克斯坦和吉尔吉斯斯坦两国的铁矿石资源分布邻近新疆，借助共建丝绸之路经济带的契机，全面加强与周边国家在铁矿石等矿产资源开发利用领域的合作，为中亚国家矿产资源提供广阔的消费市场，不但可以实现双方的互利共赢，还可以增加我国铁矿石资源进口的来源，打破巴西、澳大利亚等主要矿石出口国的价格垄断，提高我国在国际铁矿石市场上的话语权和定价权。

4. 有利于加快我国经济转型升级和产业结构调整

构建丝绸之路经济带战略的提出，是我国及沿线各国共同面临的全新发展机

遇与合作契机。建设丝绸之路经济带将会有效地带动中国和沿线各国铁路、公路、航空、电信、能源、文化旅游、商贸物流、金融服务、现代农业等众多行业的发展，特别是随着区域各国合作交流的深入，必将会为钢铁、水泥、装备制造等行业开拓新的国际市场，进一步提高我国战略新兴产品在中亚、西亚、南亚乃至欧洲的市场竞争力和占有率。共建丝绸之路经济带将会为国内产业提供更广阔的发展空间。

5. 有利于实现我国产能释放和转移

构建丝绸之路经济带势必会进一步加强我国与中亚、俄罗斯各国在能源资源开发利用领域的合作，从中亚国家发展的实际和现实需求考虑，我国可以更多地“走出去”，利用我国的资本、技术优势，参与周边国家的开发建设，实现资源原材料的就地加工转化，并依靠我国广大的市场消化这些成品和半成品。通过这种产业转移，一方面可以增加当地就业、造福百姓，加快区域的开发发展，满足中亚国家的诉求；另一方面扩大对资源性产品成品、半成品的进口，也会在一定程度上缓解当前我国环境保护的压力，有助于节能减排目标任务的实现。

6. 有利于促进我国区域经济协调发展

丝绸之路经济带自东向西，通过陕西、宁夏、甘肃、青海和新疆等西北欠发达省区，作为连接我国沿海发达区域和中亚、西亚、南亚、欧洲的必经之道，西部各省区在这一战略的构建实施过程中将面临前所未有的机遇，不仅为西部地区产业升级提供了可靠保障，对西部地区能源及相关基础设施建设也是强有力的促进。通过西部地区产业的发展和基础设施建设水平的提高，西部欠发达地区发展的基础也会进一步夯实，自我发展能力也会不断提升，最终通过丝绸之路经济带的建设，形成东部带动西部、西部加快发展的新格局，促进区域经济协调发展。

7. 有利于维护我国国防安全和社会稳定

我国周边国家情况复杂，特别是在与新疆相邻的八国中，既有“三股势力”频繁活动的区域，也有与我国存在领土纠纷的国家，国家的国防安全和社会稳定在本区域尤其重要。构建丝绸之路经济带，加快推进经济带上关键通道建设工作，一方面，能够在上海合作组织平台下，与周边国家进行全面的安全合作，共同打击“三股势力”，维护地区安全稳定；另一方面，也可以通过我国与吉尔吉斯斯坦、巴基斯坦等国家跨国铁路、公路通道设施的建设和投用，提高我国在区域安全保障中的快速反应能力，增强我国在区域安全的影响力。同时，还能为应对和解决中印问题提供支撑和保证，确保国家战略安全和社会稳定。

第二章　新疆在丝绸之路经济带建设中的地位和布局

第一节　新疆在丝绸之路经济带中的地位

新疆地处我国西部边陲，位于世界两大经济圈（亚太经济圈与欧洲经济圈）的中间位置。作为丝绸之路的必经区域和核心区域，新疆是构建丝绸之路经济带战略最直接的参与者、推动者和受益者，也是丝绸之路经济带建设发展的核心区，有着独特、不可替代的地位和作用。

一、我国对外开放的重要门户

新疆地处亚欧大陆中心，毗邻八国，拥有17个国家一类陆路开放口岸和2个航空口岸，是我国拥有陆路口岸最多的省区之一。随着新亚欧大陆桥的贯通，新疆已成为我国东联内地、西通亚欧最便捷的区域。近年来，随着对外开放的全面深入，喀什、霍尔果斯经济开发区，中哈霍尔果斯国际合作中心，阿拉山口保税区以及20个国家级开发区，62个自治区级开发区等平台快速建设发展，为吸引内外资、发展外向型经济提供了重要载体；以乌鲁木齐为中心，连接内地，辐射中亚、西亚、南亚，公路、铁路、航空和管道“四位一体”的便捷、安全的综合交通运输网络和区域性国际商贸中心、出口商品加工基地、物流通道建设初具规模，全方位、多元化的区域开放系统逐步形成。未来在丝绸之路经济带战略构想和我国全方位对外开放战略的深入实施下，新疆向西开放的核心主导作用、经济走廊作用、重要门户和桥头堡作用将更加凸显，有力助推我国全面向西开放进程。

二、我国推进欧亚合作的战略前沿

丝绸之路北、中、南三条通道全部穿越新疆境内，并在此汇集。新疆是我国

通往波罗的海、英吉利海峡、波斯湾和印度洋四大出海陆路通道的战略前沿，更是我国内地与中亚、西亚、南亚和欧洲、北非各国之间开展贸易、金融、交通、文化交流合作，实现“政策沟通、道路联通、贸易畅通、货币流通、民心相通”的核心区域，具有明显的地缘优势、资源优势、政策优势、后发优势和人文优势。在能源、金融、贸易、文化以及次区域合作模式等方面，新疆具备先行先试的基础和条件，将在实现丝绸之路经济带合作共赢、共同发展进程中，发挥“排头兵”的引领作用。

三、我国经济转型升级的新增长极

新疆资源丰富，目前已发现的矿产有 139 种，其中 41 种的保有储量居全国前十位；石油资源量占全国陆上石油资源量的 30%，天然气资源量占全国陆上天然气资源量的 34%，煤炭预测资源量占全国陆地煤炭预测量的 40%，风能、太阳能等清洁可再生能源可利用量居全国前列，是我国重要的能源接替区。同时，与新疆毗邻的中亚诸国和蒙古国等国家也是世界上能源资源最富集的区域之一，仅中亚五国 2008 年的石油资源探明储量就达到了 273. 37 亿吨，天然气储量 34. 38 万亿立方米，居世界前列。在煤炭资源方面，中亚五国和蒙古国煤炭地质储量超过 3600 亿吨。此外，中亚区域还具有丰富的铁、铜、铀、铅、锌、锰、铝、镍、铬、钨、金、银、钼等黑色和有色金属资源，其中铁矿、铜矿、镍矿、煤矿、铅锌矿、铀矿等资源都是我国急缺矿种或对外依存度较高的关键矿种。在上述能源、资源的有力支撑下，新疆利用相对完善的产业配套设施，完全能够在承接产业转移，进一步化解产能过剩的过程中发挥重要作用。丝绸之路经济带的构建，还会进一步促进太平洋沿岸与西亚、欧洲的贸易往来，新疆的地缘优势和区位优势将表现得更加突出。在差别化产业政策以及税收、金融、土地等优惠政策的扶持下，借助“中国—亚欧博览会”等众多与周边国家经贸合作的重要平台，新疆的出口加工产业和战略性新兴产业发展前景广阔。因此，构建丝绸之路经济带，对新疆扩大开放，加快经济发展提供了难得的机遇，为我国的经济转型升级赢得了时间和空间。新疆必将成为我国经济转型升级的新增长极和未来丝绸之路经济带建设的主力军。

四、我国向西跨境大通道上的交通枢纽

改革开放以来，新疆境内交通运输业的规模、质量、技术装备水平发生了翻天覆地的变化，基本形成了铁路、公路、民用航空和管道四种运输方式共同组成的综合运输网，为国民经济和社会的持续发展奠定了坚实的基础。交通基础设施建设是区域经济一体化发展的最基本条件，新疆在欧亚大陆的核心区位条件和连

接四大经济增长轴的枢纽地位优势，在未来中国和世界经济格局中的作用将日益显现。亚洲大陆中心的特殊地理位置，使其具备了发展成为欧亚大陆航空中心枢纽的区位条件。从航空距离来看，乌鲁木齐与周边国家经济中心城市之间的航空距离，只相当于与中国东部经济中心城市之间航空距离的1/2；与欧洲主要城市之间的航空距离，只有北京、上海、广州和西安这几大中国门户城市距欧洲各城市的2/3，更接近世界最大的消费市场。新疆具有开发欧洲市场的巨大潜力——新亚欧大陆桥（又称“第二亚欧大陆桥”），随着其建成开通，为新疆和西部的对外开放插上了翅膀。新亚欧大陆桥为中原、西北、西南地区通向欧洲和中亚、西亚提供了最短的陆上通道，也为我国中原和西北地区提供了较近的出海口，新疆由此成为我国开拓中亚、南亚、西亚市场和向西开放的桥头堡和重要门户。同时，由于中亚各国没有出海口，经由中国新疆、甘肃，取道连云港通往太平洋的“新亚欧大陆桥”就成为中亚国家主要的出海通道，新疆在其中作为交通中心发挥作用。

五、我国向西开放的引领示范区

我国对外开放战略的核心是建立以特区为先导、沿海为从地、内地为辐射面的多层次的对外开放格局。但在当前经济全球化和区域经济一体化深入发展的新形势下，我国要在对外开放的深度和广度上谋发展，必须要提高向西开放水平，构建西部沿边开放与东部沿海开放并进的对外开放格局。我国的向西开放战略，是促进东、中、西部互动，构建全方位对外开放格局的重要部署。新疆地处我国西部边疆，远离经济发展中心，长期在国家经济版图中处于劣势地位。但是，在经济全球化和区域经济一体化的今天，这种劣势已一跃成为参与跨国区域经济合作的优势。新疆东与内地其他省区相连，西与中亚、南亚、西亚相连，是连接中国与中亚、南亚、西亚乃至欧洲的必经之地，在我国向西开放战略中处于特别重要的地位，是国家向西开放的前沿阵地和主战场。自西部大开发战略实施以来，中央和自治区陆续出台了一系列旨在促进新疆对外开放的优惠措施、政策，为加强新疆与中亚国家的经贸合作提供了政策保障。新疆“东联西出”的作用越来越得到充分的发挥，一方面作为东部地区的出口中转站，另一方面加强自身基础设施建设，建成为出口商品加工基地，其日益成为中国向西开放的主导力量。新疆要充分发挥独特的区位优势，构筑经济社会发展高地，形成与周边国家相比较高的竞争优势，要通过口岸城市—便捷经济合作区、综合保税区、自由贸易区和物流立体交通，实现“东联西出”、互利共赢、务实合作，促进生产要素在更大范围内的优化配置，扩大影响力和聚合力，承担起国家赋予的历史重任，提升对外开放水平，成为国家向西开放的引领示范区。

第二节　丝绸之路经济带新疆段的布局构想

新疆地处亚欧大陆腹地，位于世界两大经济圈（亚太经济圈、欧洲经济圈）的中间位置，是丝绸之路经济带的必经之地和核心区域，北、中、南三条通道在此汇聚。因此，在丝绸之路经济带新疆段的整体布局上，可以三条通道为发展主轴，辐射周边，形成全境通过、全面覆盖、全线连通的开放新格局；依托北、中、南三条通道，全面带动沿线中心城市、重点城镇、所有17个陆路口岸的开放发展，以点带线，以线带面，实现重点突破。

北道——从伊吾进入，沿巴里坤、富蕴、北屯、阿勒泰，向北从布尔津位吉克普林口岸（待开放）到俄罗斯，向西经吉木乃口岸、阿黑土别克口岸（待开放）到哈萨克斯坦，向东辐射到蒙古国的塔克什肯、红山嘴、老爷庙、乌拉斯台口岸。北道支线经克拉玛依，通过塔城（巴克图口岸）进入哈萨克斯坦。

中道——沿哈密，经乌鲁木齐、昌吉、石河子、奎屯、精河向西，从阿拉山口口岸出境，经伊宁，从察布查尔的都拉塔口岸、霍城的霍尔果斯口岸、昭苏的木扎尔特口岸进入哈萨克斯坦。中道支线：从哈密进入，沿吐鲁番、库尔勒、阿克苏，向西经乌什通过别迭里口岸（待开放）进入吉尔吉斯斯坦，向南过阿图什，经乌恰的伊尔克什坦口岸、吐尔尕特口岸进入吉尔吉斯斯坦。

南道——从格尔木进入若羌后，经且末、和田、莎车、喀什、塔什库尔干，从红其拉甫口岸、卡拉苏口岸进入巴基斯坦和塔吉克斯坦。

第三节　国内外区域合作经验对新疆的参考价值

一、北美自由贸易区

1. 基本情况

1994年成立的北美自由贸易区属于典型的垂直分工模式，是由发达国家与发展中国家构成的区域经济合作，经济发展水平悬殊。各成员国经济、贸易互补性强，有利于缓和发达国家资金过剩、市场狭隘等问题，促进发展中国家的就业和经济增长。区域合作的特点有：一是以美国为主导，自由贸易区具有区域合作特色，将美元作为区域流通货币；二是建立自由贸易区，将美国、加拿大、墨西哥之间实施的自由贸易协定推广到整个美洲，促成自由贸易区的形成；三是合作内容包括贸易与投资自由化、生态环境保护、知识产权保护等。由于各成员国发展水平差距大，政治、法律和社会环境不同，区域内融合度一般。

2. 主要做法和经验

一是产业分工协作促进区域紧密型合作。北美模式将美国、加拿大、墨西哥三国纳入共同的产业分工协作体制中，加拿大的原材料、墨西哥的劳动力与美国的技术管理相结合，形成以美国为轴心的生产加工一体化、模式化。

二是区域合作以经济贸易为主，通过协议循序渐进。北美模式是发达国家与发展中国家之间建立自由贸易区，采取签订协议逐步推进合作的模式，包括消除关税壁垒，开放服务贸易，便利投资，实行原产地原则等。北美自由贸易区以该协议框架为管理三国间贸易与投资关系的制度框架，也为北美自由贸易区提供了吸纳新成员、解决争端的程序机制。这种事先确定制度和法律框架的合作，对我国探索区域融合发展机制具有重要意义。

二、欧盟

1. 基本情况

欧盟是制度化合作的典型，以德、法为核心，区域融合程度高。区域合作的特点有：一是欧盟的一体化是一个渐进的过程，其区域合作范围由简单、特别的领域过渡到整体、复杂的领域，起初是煤钢共同体，逐步发展到关税同盟、自由贸易区、共同市场，最终实现制度化合作；二是设立高层协调机制，欧盟设有议会、理事会等组织机构，协调指引各国发展；三是欧盟的制度建设与经济合作是一个相辅相成的过程，欧盟以制度建设为基础，不断推进区域合作的紧密型发展。

2. 主要做法和经验

一是重视边界地区的公共设施和网络建设，促进不同国家边界地区的紧密型合作。地方政府通过共建、共享公共设施，对各自的交通网络和网络接口进行整合，加大地区之间公共交通联系，建设区域性的交通网络，提高可达性，形成泛欧网络（TEN）。

二是强调建立多级、多方面的合作组织体系，搭建区域合作的实施平台。ESDP 在欧盟、跨国家和地区三个层面构建多层次的实施合作体系，其中“横向合作”是指各成员国每一个政策层面负责空间发展事务的官员之间的合作，而在欧盟、跨国家和地区以及地方层面的组织之间的合作被称为“纵向合作”。

三、东盟

1. 基本情况

东盟采用松散型机制和地方开放主义原则，通过开辟次区域经济合作区，加强内部整合，深化区域互联互通建设，实现区域稳定、繁荣，逐步推进东盟共同体计划。目前，东盟经济合作涵盖贸易、投资、金融服务、能源交通、通信、知识产权、中小企业、旅游、工农业、林业等领域，基本实现了合作内容的全面化。

2. 主要做法和经验

一是扩大次区域合作。大湄公河次区域6国在亚行及其他发展伙伴的帮助下，在交通、能源、人力资源开发、环境、贸易、投资、旅游、农业等领域的合作成效显著。同时，努力缩小成员国间及成员国城乡间差距。

二是推进东盟自由贸易区建设。措施：促进贸易和投资便利化，包括建立电子通关体系，制定统一标准和评定程序，简化海关和物流手续等便捷措施，通过《东盟单一窗口法律框架协议》、《东盟协调关税目录》等；同时加强金融合作，成立股票东盟交易所等。

三是互联互通建设。东盟重点推进成员国之间的联通，一方面加强旅游及通信领域的联通，另一方面推进交通运输领域的连接，由东盟互联互通协调委员会实施东盟高速公路网络计划、新加坡—昆明铁路连接计划等项目。

四、泛珠三角区域

1. 基本情况

2004年6月，内地9省区与香港、澳门共同签署了《泛珠三角区域合作框架协议》，标志着泛珠三角区域合作①的正式启动，成为我国统筹区域协调发展的新里程碑。泛珠三角区域横跨中国的东部、中部和西部，不同地区产业发展差异明显，经济互补性强，为区域合作提供了良好基础，为不同地区的经济发展提供了机遇。泛珠三角区域分工合作正逐渐成为实现“9+2”合作各方共同利益，促进港澳繁荣稳定，推动东中西部区域协调发展的重要模式。

2. 主要做法和经验

一是牢固树立“优势互补、区域成员共赢”的合作理念。泛珠三角区域通过区域分工合作，实现生产要素的自由流动，使资源得到优化配置，产业实现梯度转移；同时降低交易成本，释放潜在的合作利益，实现区域合作成员的共赢。

① 泛珠三角区域包括广东、福建、江西、广西、海南、湖南、四川、云南、贵州九个省区以及香港、澳门两个特别行政区，简称“9+2”。

因此，泛珠三角优势互补模式是以粤港澳的市场优势结合其他省区的资源优势，以粤港澳的经济带动能力促进其他省区的发展，以实现区域内部的资源配置优势，在增强粤港澳国际竞争力的同时，加快其他省区的工业化进程。

二是建立泛珠三角区域合作协调机制。“9+2”各省区共同签署的《泛珠三角区域合作框架协议》的第五条阐述了泛珠三角区域合作的协调机制，这项制度是我国多年来发展区域经济经验的总结和创新。它确定了“9+2”行政首长联席会议制度、政府秘书长协调制度、发改委主任联席会议制度、日常办公制度和部门衔接落实制度作为政府间的协调机制，并在广东省设立泛珠三角区域合作行政首长联席会议秘书处。泛珠三角区域合作与发展论坛和泛珠三角区域经贸合作洽谈会成为推动“9+2”合作的两大平台，合作各方通过论坛和洽谈会的形式确立了区域合作框架协议、基本原则、合作思路、合作重点，开展广泛的经贸交流与合作，为合作各方带来切实的经济利益。

三是把产业转移和产业合作作为区域合作的主线。泛珠三角以产业发展较为成熟且合作水平较高的粤港经济为基础，加大其他省区与粤港产业的对接力度，特别是主动承接广东省产业转移，实现粤港与其他省区的产业合作成为泛珠三角产业转移和产业合作的主线。各方将加强沟通对接，建立产业合作联席会议制度，设立产业合作专责小组，研究合作共建跨省区产业园区的财税、金融、土地、环保等配套政策，联手推行企业和产品资格互认制度和检测报告互认制度，建立区域内企业信用信息共享机制，提高区域产业整体水平和市场竞争力，加快推进各方融入泛珠三角区域产业合作中去。

五、经验借鉴和启示

一是打破行政区划的束缚，建立统一市场体系。首先，需要加强区域基础设施建设的统一规划、建设和协调，尽快建立区域内安全、方便、快捷的综合交通网络；其次，要进一步消除人、财、物、信息流动的障碍，促进经济要素在区内自由双向流动和结合，创造一个公平开放的市场环境，使各省区的比较优势都能得到充分发挥，实现优势互补和合理分工，提升区域综合竞争力；最后，要进一步克服地方保护主义，取消不利于市场统一，妨碍公平的地方性政策，努力消除限制地区流通的障碍，实现区域一体化，逐步形成开放、竞争有序、公平公正的区域统一大市场。

二是要实现不同社会制度层面的区域融合，即进行区域制度一体化建设，通过划定双边合作区进行区域融合的探索。探索过程主要是在不同主体间进行合作开发与管理的前提下进行产业合作方面，交通网络化方面及社会制度融合方面的合作发展探索，在次区域层面逐步实现融合化发展，最终由点及面实现区域的整

体融合，实现区域一体化。

三是构建多层次的管理体制，成立开发投资控股公司进行合作开发，利用国家优惠政策进行机制体制创新等，实现主体间的紧密型合作。政府通过合作开发区建设，探索两种不同管理体制的融合与对接，是实现区域合作的重要实践。

四是通过企业联合协作推进区域合作。对于区域经济发展来说，产业结构是经济发展的直接基础与载体，良好的产业结构一方面应该凸显各地区比较优势，推进互补互促，另一方面应该适应市场需要，不断调整和提升。企业的联合协作是建立这种良好的产业结构的有效途径。通过企业的联合协作，形成产业专业化分工体系，防止恶性竞争，避免重复建设，优化地区产业布局；通过企业的联合协作，整合资源要素，强化自主创新能力，做大做强先进或现代产业。因此，要把促进企业合作作为推进区域合作的一项重要任务。

第四节　新疆参与丝绸之路经济带建设的战略意义

一、实现区域社会的稳定和长治久安

近年来，地区安全问题呈现出日益增强的综合性和跨国性。极端主义、分裂主义、恐怖主义、制毒贩毒、武器走私、网络安全等已经突破了以国家为边界的地域空间。在诸多非传统安全因素“无疆界”国际化趋势日益突出的背景下，制造突发事件，破坏国家、地区安全的潜在危害较之以往呈增多趋势，其外溢不可避免地影响到中亚国家和我国西北边疆，使我国周边区域的和谐稳定受到严重威胁，战略环境不容乐观。推进丝绸之路经济带建设，可以加深中国与中亚地区的利益融合，增强互利共赢、合作交流的意识，共同维护地区安全。此外，丝绸之路经济带的建立还将加快区域一体化进程，进一步稳定我国向西周边环境，拓展战略回旋空间，促进经济繁荣发展，以改革发展的成果惠及我国西北部区域甚至周边国家的广大人民，构筑我国西部地区重要的战略稳定带，推动社会和谐稳定、民族团结进步、边疆长治久安，化解西方反华势力对我国的战略围堵，共同构筑安全发展屏障。

二、打造我国新的经济增长极

丝绸之路经济带的建设有利于拓展新疆开发开放的战略空间，推动新疆经济社会发展。丝绸之路经济带的战略构想将对未来欧亚大陆的政治经济格局产生深

远影响，而中国新疆地区可以成为这条经济合作走廊的战略通道和经济腹地。在西部大开发的背景下，在我国向西开放的大背景下，丝绸之路经济带战略的提出，是西部大开发战略在第二个十年实施过程中的深化，必将推动西部大开发进入一个新的阶段，进而打造西部大开发的升级版。共建丝绸之路经济带，搭建内陆开发开放型经济发展平台，将使新疆更多地参与到全球贸易中来，更好地发挥区位、资源优势，统筹利用国际国内两个市场，优化配置市场资源，推动经济社会加速发展，打造我国新的经济增长极，推动经济重心西移。

三、进一步提升新疆的战略地位和作用

新疆古称西域，是沟通丝绸之路的要冲和咽喉，更是我国连接中亚、欧洲的重要通道。随着第二亚欧大陆桥逐渐受到重视，新疆的战略位置日益凸显。作为民族地区，新疆区域内部民族构成复杂，其中哈萨克族、俄罗斯族等 6 个少数民族为跨境民族，是我国与周边国家进行经济和文化往来的重要纽带。作为民族自治地区，新疆经济总体发展长期滞后，明显落后于中东部发达地区，大量经济资源得不到有效开发和利用。丝绸之路经济带为扭转这一局面提供了重大历史机遇，必将在城镇、产业结构、边境贸易、旅游业等方面对新疆民族经济的发展产生重大影响。随着丝绸之路经济带的深入实施，新疆势必会进一步充分利用“两种资源、两个市场”，加强与周边各国的经贸合作，巩固其欧亚经济大通道的支点和枢纽地位，实现经济腾飞。

第三章　新疆参与丝绸之路经济带建设的基础和环境

第一节　新疆经济社会发展现状

一、经济发展持续向好

改革开放以来，新疆经济经历了长达30多年的快速增长，在西部大开发政策的推动下，天山南北的经济和社会发展都取得了巨大成就；特别是中央新疆工作会议以来，19省市对口援疆的举措为新疆经济社会发展注入了新的活力，宏观经济步入了快速增长的轨道。新疆地区生产总值和人均生产总值稳步增长：生产总值由2009年的4277.1亿元提高到2013年的8510亿元，年均增长11.5%，增速在全国位次由2009年的第30位跃升至2013年的第6位，连续4年实现新增千亿元；人均生产总值由2009年的19942元增加到2013年的37847元，年均增长10.1%，与全国差距逐步缩小。城乡居民收入连续4年增速居全国前列，其中城镇居民人均可支配收入由2009年的12258元增加到2013年的19982元。农民人均纯收入由2009年的3883元增加到2013年的7394元，超过西部地区平均水平。城乡居民收入之比由2009年的3.16∶1缩小到2.7∶1；财政收入实现4年翻一番多，其中公共财政预算收入由2009年的388.[illegible]亿元提高到2013年的1128亿元，年均增长30.5%，增速由2009年的全国第31位、西部第12位上升到2012年的全国第4位、西部第3位。2013年，新疆实现社会消费品零售总额2039.5亿元，增长13.4%。进出口总额达275.6亿美元，增长9.5%，列全国第19位、西部地区第4位。实际利用外资4.81亿美元，增长15.7%。完成对外工程承包营业额19.9亿美元，增长25.3%。对外直接投资达3.94亿美元，增长51.9%。

二、产业发展逐步优化

新疆的特色优势产业不断发展壮大，充分运用差别化产业政策，发挥新型工业化第一推动力作用，初步形成了具有新疆特色的现代产业体系。2013 年，新疆实现工业增加值 3200 亿元，较 2009 年翻了一番，年均增长 12.7%，高于全国平均增速 2.7 个百分点，工业结构不断优化，规模数千亿元的煤基产业快速兴起，装备制造、新能源、汽车等战略性新兴产业发展壮大；在石油工业稳步发展的同时，非石油工业快速发展，4 年年均增长 19.3%，在工业增加值中的比重由 2009 年的 37.9% 提高到 2013 年的 56%，石油工业“一业独大”格局发生转变；全面提升农牧业现代化水平，确立了粮食、棉花、特色林果业、畜牧业、区域性特色农业、设施农业六大产业发展新格局。2011 ~ 2013 年，农业总产值年均增长 6.6%，连续 3 年增速位居全国第一：粮食连年丰收，棉花总产量占到了全国总产量的 50% 以上；特色林果面积达到 2000 万亩，形成了 1000 万吨果品生产能力；设施农业种植面积超过 100 万亩；2010 ~ 2013 年，每年安排 9 亿多元财政资金支持高效节水建设，每年新增高效节水面积 300 万亩以上，累计建成高效节水灌溉农田 2370 万亩（不含兵团）。以金融、交通、旅游等为重点的现代服务业加速推进；2013 年，新疆服务业增加值 3080 亿元，4 年年均增长 12.2%；旅游总人数 5206 万人次，比 2009 年翻了一番多；旅游总收入 670 多亿元，比 2009 年增长 3 倍多。园区产业聚集效应增强，园区工业增加值占工业比重达 34.1%。中小微工业企业活力显著增强，创造近八成就业岗位。

三、各类资源高度富集

全疆土地总面积 24.47 亿亩，全区农林牧可直接利用土地面积 10 亿亩，占全国农林牧宜用土地面积的 1/10 以上。其中耕地总量 7722.11 万亩、园地总量 941.84 万亩、林地总量 1.35 亿亩、草地总量 7.51 亿亩、城镇村及工矿用地总量 1628.05 万亩、交通运输用地总量 631.51 万亩、水域及水利设施用地总量 7574.62 万亩、其他土地总量 13.77 亿亩（含设施农用地、田坎、盐碱地、沼泽地、沙地、裸地）。人均占有耕地 3.45 亩，为全国平均水平的 2.6 倍。后备耕地 2.23 亿亩，居全国首位，是国家重要的耕地后备资源省区之一。

目前全区共发现矿产 138 种，占全国已发现 172 种矿种的 80.7%，其中探明有资源储量的 97 种（亚种 131 种），储量居全国首位的 5 种，居前五位的 27 种，居前十位的 41 种。石油、天然气、煤、铁、铜、金、铬、镍、铅锌、钼、稀有金属、盐类、建材非金属矿产等蕴藏丰富。全区地下水补给资源量 629.6 亿立方米/年，可开采资源量 234.9 亿立方米/年。与内地省份相比，我区地质勘探程度

较低，已查明的资源储量大多数占预测资源量的10%以下，开发潜力大，发展前景广阔。

全疆共有各类野生植物4000多种，其中脊椎动物近700种，占全国种类的11%；国家重点保护动物116种，约占全国保护动物的1/3；高等植物3500多种，其中乔、灌木140余种。有各类国家和自治区级自然保护区35个，保护区总面积2251.67万公顷，占全区国土面积的13.6%（其中国家级自然保护区9个），全疆自然景观独特，民族风情浓郁，名胜古迹众多。有国家A级旅游景区265个，其中5A级景区5个，4A级景区54个，3A级景区100个。

新疆是我国资源富集区，“五大煤田”（准噶尔、吐哈、伊犁、库拜、和丰—克拉玛依）、“三大油田”（塔里木、准噶尔、吐哈）、“九大风区”（乌鲁木齐达坂城、塔城老风口、额尔齐斯河河谷、十三间房、吐鲁番小草湖、阿拉山口、三塘湖—淖毛湖、哈密东南部、罗布泊）蕴藏着丰富的能源资源，为新疆能源工业的发展创造了良好条件。其中煤炭预测资源量2.19万亿吨，占全国预测资源总量的39%，位居全国首位。

煤炭资源总体呈“北富南贫”特征，主要分布于新疆北部的准噶尔、吐哈、伊犁等地区，约占全疆煤炭预测储量的90%。新疆煤炭资源以动力煤为主，占预测总储量的81%，其余是炼焦煤，占19%。动力煤中以中低变质的长焰煤、不粘结煤为主，分别占预测总储量的56%和22%，贫煤、无烟煤和褐煤资源较少。侏罗纪是新疆主要的成煤年代，具有低灰、特低硫、特低磷、发热量高等特点，是优质动力煤和化工原料煤，具备远距离输送以及清洁高效利用的资源条件。

根据第三次资源评价报告，新疆石油远景资源量213亿吨，占全国主要含油气盆地石油资源量的20%。天然气资源量10.3万亿立方米，占全国主要含油气盆地天然气资源量资源总量的32%。新疆煤层气资源也很丰富，预测资源量9.5万亿立方米以上，约占全国预测资源总量的26%，居全国前位。新疆风能资源总储量8.9亿千瓦，约占全国的20.4%，位居全国第二位。九大风区面积年平均风功率密度均在150瓦/平方米以上，年有效风速时间5600～7300小时，技术可开发量1.2亿千瓦，风能品质好，风频分布比较合理，破坏性飓风很少，具备建设大型风电场的风能资源条件。新疆不仅有储量巨大的风力资源，太阳能资源也很丰富，全年日照时间较长，日照百分比为60%～80%，全疆日照6小时以上的天数在250～325天，年总日照时数达2550～3500小时，太阳年辐射照度550万～660万千焦/平方米，年平均值为580万千焦/平方米，居全国第二位，具有很大的资源开发潜力。

截至2013年底，全区完成一次能源生产总量1.89亿吨标准煤，较2009年增加5391.7万吨标准煤，年均增长9%。主要能源产品产量：全区煤炭产量1.47亿吨，较2009年增加5887.45万吨，年均增长14%；原油产量2788万吨，较2009年增加275.1万吨，年均增长2.6%；天然气产量279亿立方米，较2009年增加33.6亿立方米，年均增长3.3%；发电量1553亿千瓦时，较2009年增加1008亿千瓦时，年均增长30%；电力装机达4337万千瓦，较2009年增加3057万千瓦，是2009年的3.4倍。

四、主要园区发展现状

从1992年国务院批准设立新疆第一个开发区——乌鲁木齐高新技术产业开发区以来，新疆园区的经济发展经历了稳步推进阶段（1992~2004年）、快速发展阶段（2005~2010年）、加速扩容全面提升（2011年至今）三个阶段。截至2013年底，我区经国务院和自治区人民政府批准设立的各类园区达82家（国家级20家、自治区级62家），其中南疆园区33家。园区工业基本涵盖了自治区十大重点产业，初步形成了由国家级经济技术开发区、高新技术产业开发区、边境经济合作区、跨境经济合作区、出口加工区、综合保税区、自治区级各类园区等多种类型组成的全方位、多层次的发展格局。2013年末，全疆园区实现工业增加值1298.1亿元，占全区工业增加值的40.57%；其中规模以上企业实现工业增加值982.2亿元，占全区规模以上工业增加值的33.9%，园区已经成为新疆工业经济发展的重要增长极。园区产业集聚效应进一步提升，以金风科技、特变电工、中泰化学等龙头企业带动的装备制造、化工、有色金属冶炼等产业集群化发展的格局初步形成，园区已成为新疆实施优势资源转化战略的重要平台和新型工业、新技术产业发展的重要基地，基础设施和园区功能不断完善，承接产业转移和吸纳就业能力不断增强。截至2013年，新入驻园区企业达2447家，新增就业人员6万人，累计入驻园区企业达23329家，园区从业人员58万人，园区将成为新疆参与丝绸之路经济带的重要窗口。

第二节　新疆城镇及基础设施发展现状

一、城镇化建设发展现状

2010年，随着中央新疆工作座谈会的召开，新疆经济社会步入了全新的发展阶段。城镇化特别是以人为本的新型城镇化发展也在持续深入推进，东中部19省市对口支援新疆建设，将保障和改善民生置于优先位置，着力帮助各族群众解决就业、教育、住房等基本民生问题，有效地提升了新疆的城镇化发展水平和质量，城市综合服务能力显著提高。2011 年北屯市挂牌，重启了新疆设市工作的大门，2012 年阿拉山口市、铁门关市又相继挂牌成立，2014 年霍尔果斯市、双河市挂牌，至此全疆共有 26 个设市城市，城镇化率也由 2009 年的 39.85% 提升到 2013 年的 44.47%。新疆的城市主要沿绿洲和交通干线分布，基本形成“一圈三带”的空间分布格局：“一圈”指乌鲁木齐都市圈，即包括以乌鲁木齐及周边昌吉、阜康等城市为主形成的同心圆状城镇化分布形态；“三带”指北疆铁路沿线地带、南疆铁路沿线地带和沿边开放地带。其中，北疆铁路沿线地带主要指以克拉玛依、奎独乌、石河子、伊宁等城市沿交通干线所形成的串珠线状城镇分布，及以上述城镇为基础形成的天山北坡带状城镇分布形态；南疆铁路沿线地带主要是指以吐鲁番、库尔勒、阿克苏、喀什、和田等城市沿交通干线所形成的串珠线状城镇分布形态；沿边开放地带主要是指以各沿边开放口岸为触角，以阿勒泰市、塔城市、博乐市、伊宁市、阿克苏市、阿图什市和喀什市等城市为基础所形成的沿边带状城镇分布形态。

二、基础设施建设情况

1. 交通基础设施

铁路方面：2009 年以来，新疆铁路基础设施建设规模继续保持增长态势，路网结构进一步完善，先后开工建设建成精伊霍、奎北、乌将、喀和、库俄、哈罗、哈密南环线、乌西至精河增建二线、兰新线电气化改造、库尔勒至阿克苏增建二线等铁路项目。截止到 2013 年底，新疆铁路营业里程为 4911.3 公里（国铁 3729.8 公里、合资铁路 1181.5 公里），其中复线 2004.2 公里，电气化铁路 1634.8 公里。旅客发送量从 2009 年的 1371.4 万人增加到 2013 年的 2317.9 万人，年均增长速度为 14%；旅客周转量从 2009 年的 15291 百万人公里增加到 2013 年的 25083 百万人公里，年均增长速度为 13.16%。货物发送量从 2009 年的 6413.2 万吨增加到 2013 年的 7370.4 万吨，增加了 957.2 万吨，年均增长速度为 3.5%；货物周转量从 2009 年的 75109 百万吨公里增加到 2013 年的 99086 百万吨公里，增加了 23977 百万吨公里，年均增长速度为 7.17%。

公路方面：中央新疆工作座谈会召开以来，新疆交通进入了历史上投资规模最大、发展速度最快、建设质量稳步提高的最好时期。2010～2013 年，高速公路由 843 公里增加到 2728 公里，年均增长 74.5%；一级、二级公路里程由 1.10 万公里增加至 1.28 万公里，年均增长 5.5%；二级及以上公路所占比重由 2010 年的 9.8% 提高至 2013 年的 11.3%，全区公路总里程由 2010 年的 12.08 万公里增加到 2013 年底的 13.75 万公里。全区基本形成了以乌鲁木齐为中心、以干线公路为骨架，环绕两大盆地，沟通天山南北，辐射主要地州，东联内地，西出中亚，通达全疆的公路主骨架，农村公路通达深度和通畅水平大幅度提升。截至2013年底，经营性道路旅客运量由16.2亿人次增至35.58亿人次（含城市客运），旅客周转量由280.5亿人公里增至354.49亿人公里；道路货运量由4.17亿吨增至5.57亿吨，道路货物周转量由653.03亿吨公里增至910.43亿吨公里。国际道路运输目前已开通直达出入境汽车客货运输线路107条，国际道路运输企业由最初的3家发展到78家，国际道路运输车辆由200余辆增至6082辆，以乌鲁木齐为中心、以沿边地区为节点、以边境口岸为前沿，向周边国家辐射的多层次、全方位的国际道路运输网络已现雏形。2010～2013年，全疆完成进出口货物运输量1469.47万吨、货运周转量390545.7万吨公里，完成出入境旅客运输量273.47万人次、周转量64820.05万人公里。

航空方面：截至2013年底，新疆有民用运输机场16个，按飞行区等级划分为：4E机场2个（乌鲁木齐、喀什），4D机场4个（库尔勒、和田、克拉玛依、吐鲁番），4C机场9个（哈密、阿克苏、库车、喀纳斯、那拉提、阿勒泰、博乐、塔城、伊宁）。49家航空公司运营新疆航空市场，运营航线171条，通航15个国家、79个城市，航线网络布局日益完善。2013年，全疆机场完成旅客吞吐量1987.9万人次，货邮吞吐量16.9万吨，起降21.6万架次，同比分别增长15.1%、18.0%、18.7%；乌鲁木齐机场完成旅客吞吐量1535.9万人次，货邮吞吐量15.3万吨，起降13.6万架次，同比分别增长15.1%、16.7%、14.5%；乌鲁木齐机场的全国机场旅客吞吐量排名，由2012年的第15位上升至第14位；通用航空作业飞行1.5万小时、起飞2.7万架次，同比分别增长48.5%、66.2%。

2. 城镇环保基础设施

截至2013年底，全区共建成城镇污水处理厂71座，处理能力为237.6万立方米/日；城镇污水集中处理率达79.4%，其中城市污水处理率为86.2%，县城污水处理率为56.5%；全区共建成城镇生活垃圾无害化处理设施72座，能力达8000吨/日，城镇生活垃圾无害化处理率达62.54%，其中城市生活垃圾无害化处理率为90.23%，县城生活垃圾无害化处理率为26.3%；全区城镇污水、垃圾处理能力和处理率都较2009年有明显提高。全区开展城市环境综合整治和定量考核，加大城市绿化力度，城市建成区绿化覆盖率达到35.88%，大部分城镇环境质量得到明显改善，环保基础设施建设取得突破性进展。

第三节　新疆区域经济发展现状

根据地理位置和经济联系，一般将新疆划分为“两带两区”（天山北坡经济

带、天山南坡产业带、沿边高寒区、南疆四地州）四个经济区，由于地理环境、条件的差异和经济发展基础的不同，四个区域的经济发展存在较大差距，并有较为明显的扩大趋势。

一、区域 GDP 指标比较

四大区域系数大小有较大差异，由大到小的顺序是天山北坡经济带、天山南坡产业带、南疆四地州、沿边高寒区，其中天山北坡经济带与天山南坡产业带的标准差系数都大于1.3，南疆四地州与沿边高寒区都低于0.7。这说明，经济实力较强的天山北坡和天山南坡这3年的经济增长趋势明显强于实力稍弱的南疆四地州和沿边高寒区。2014年天山北坡经济带GDP总量的标准差系数为1.76，虽有所下降，但仍是最大的，表明区域内各县市之间的差距有增大的趋势。天山北坡的粮、棉、果、畜和现代设施农业等特色优势产业发展迅速，区域内部各县市工业和第三产业的发展基础不同，差异性增大。由于沿边高寒区域内部的经济社会发展水平比较均衡，在四个重点区域中GDP的标准差系数最小，区域内部各县市之间的差距也最小。

二、区域产业结构变化比较

第一产业标准差系数最大的是沿边高寒区，最小的是天山南坡产业带。近几年，随着国家政策对新疆地区的大力倾斜，农牧业现代化水平提升较快，沿边高寒区丰富的天然草场资源优势也得到了充分发挥，近3年第一产业发展迅速。第二产业标准差系数最大的是天山南坡产业带，最小的是南疆四地州。天山南坡产业带与南疆四地州相比，工业基础较好，石油天然气等能源资源优势转化为经济优势的能力较强。而南疆四地州自我发展能力相对较弱，经济底子较薄，成为集中连片扶贫开发区域，因此工业发展相对滞后。第三产业标准差系数由大到小依次是天山北坡经济带、天山南坡产业带、沿边高寒区、南疆四地州，且天山北坡经济带标准差系数有扩大趋势，意味着近3年第三产业发展较快，发展劲头较足。

三、区域人均 GDP 变化比较

天山北坡经济带系数为0.5～0.6，天山南坡产业带系数与沿边高寒区均为0.6～0.8，而南疆四地州系数为0～0.2。南疆四地州年末总人口最多，人均GDP标准差系数最小，说明近几年该区域经济发展较为落后，与其他三大区域的差距逐渐扩大。2011～2014年期间，天山北坡经济带人均GDP年均增速为20.03%，而南疆四地州的年均增速仅为13.13%，约低了7个百分点（见表3－1）。

表 3－1　四大区域经济差异分析

地区		GDP（亿元）	占全疆比重（%）	第一产业（亿元）	占全疆比重（%）	第二产业（亿元）	占全疆比重（%）	第三产业（亿元）	占全疆比重（%）	人均 GDP（元）	人口（万人）
天山北坡经济带	2011 年	4439	67.15	476	41.75	2332	72.29	1631	72.65	40886	849
	2012 年	4940	65.82	544	41.16	2761	79.31	2006	74.22	46835	859
	2013 年	5699	68.17	606	41.27	2774	73.45	2318	74.43	65206	874
	2014 年	6269	67.61	626	40.71	2868	72.65	2774	73.28	70811	885
标准差系数	2011 年	1.78	0.7	1.9	2.48	0.60	1.24				
	2012 年	1.81	0.69	1.69	2.55	0.54	1.26				
	2013 年	1.76	0.68	1.75	2.50	0.52	1.27				
	2014 年	1.77	0.66	1.63	2.46	0.49	1.27				
天山南坡经济带	2011 年	1061	16.05	161	14.10	644	19.97	256	11.42	38512	276
	2012 年	1189	21.83	183	13.87	698	20.00	308	11.40	35858	278
	2013 年	1289	15.42	184	12.52	749	19.82	357	11.46	45479	283
	2014 年	1414	15.25	200	13.04	792	20.06	421	11.11	49167	287
标准差系数	2011 年	1.46	0.46	2.01	0.94	0.76	0.56				
	2012 年	1.35	0.46	1.93	0.9	0.67	0.56				
	2013 年	1.39	0.43	1.98	0.9	0.68	0.57				
	2014 年	1.44	0.40	2.10	0.88	0.75	0.57				
沿边高寒区	2011 年	772	11.66	240	21.03	268	8.32	263	11.72	21946	431
	2012 年	923	12.30	277	20.95	329	9.45	317	11.73	26573	432
	2013 年	1080	12.91	316	14.68	401	10.6	364	11.68	24483	441
	2014 年	1019	10.99	278	18.11	358	9.08	381	10.09	24862	409
标准差系数	2011 年	0.65	0.85	0.84	0.77	0.62	0.65				
	2012 年	0.64	0.86	0.82	0.75	0.69	0.65				
	2013 年	0.65	0.86	0.82	0.74	0.77	0.65				
	2014 年	0.60	0.81	0.77	0.75	0.98	0.69				
南疆四地州	2011 年	1101	16.67	362	31.77	312	9.67	427	19.4	12073	912
	2012 年	1338	17.82	423	32.05	391	11.22	524	19.39	14491	923
	2013 年	1559	18.65	477	32.49	462	12.25	620	19.90	16560	942
	2014 年	1725	18.61	498	32.41	511	12.95	715	18.91	17481	987
标准差系数	2011 年	0.70	0.74	0.82	0.60	0.08	0.55				
	2012 年	0.70	0.75	0.79	0.61	0.18	0.55				
	2013 年	0.69	0.74	0.75	0.61	0.20	0.55				
	2014 年	0.80	0.89	0.92	0.67	0.23	0.65				

第四节 新疆对外开放的现状

一、对外开放的发展历程

1. 改革开放前新疆对外开放情况回顾

新疆在20世纪50年代到60年代初，向西对外开放基本上是以对苏（苏联）贸易为主，并先后与德意志民主共和国、捷克斯洛伐克、波兰、匈牙利、罗马尼亚、保加利亚等国发展了贸易关系。1950～1962年，新疆对外开放的陆运口岸有霍尔果斯、吐尔尕特、吉木乃、巴克图，水运口岸有三道河子、布尔津。1951年，国家陆续批准边境地区开展边境贸易，采取按照国家间达成的协议规定进行记账贸易的形式。从1963年起，由于国际、国内政治形势的变化，新疆各边境口岸相继关闭，与苏联和东欧的贸易中断。从60年代初直到70年代中期，新疆外贸从原来直接对苏联和东欧国家为主，变为向沿海口岸调拨供应出口货源为主。由于国际环境的严重制约和我国采取的经济发展战略，改革开放前新疆服从中央政府的统一安排，采取的主要是封闭式经济发展模式。

2. "全方位"对外开放时期（1978～1985年）

党的十一届三中全会以后，改革开放逐渐成为全国共识，国家和自治区制定并实行了一系列促进开放的政策。新疆外贸自营范围逐步扩大，1978年实现进出口贸易总额2346万美元。1979年3月起，新疆乌鲁木齐、石河子、吐鲁番等14个县（市）先后对外开放。1981年，中央批准新疆进出口业务自营，直接进入国际市场，当年实现进出口贸易总额6256万美元，自此新疆有了对外贸易自主权。伴随我国先后同蒙古国、苏联、印度等周边国家改善关系，1982年8月，中巴两国批准红其拉甫口岸开放。1983年11～12月，中苏两国批准霍尔果斯和吐尔尕特口岸开放，两个口岸迅速成为新疆对苏易货贸易的便捷通道，至1985年，苏联已成为新疆仅次于日本和中国香港的第三大贸易伙伴。1984年2月，国务院批准喀什市对外国开放，重新打开新疆同周边国家的交流大门。不过在"六五"时期（1980～1985年），新疆的对外贸易主要是通过沿海口岸进行的，其外贸主要对象是美国、日本等发达资本主义国家和港澳地区。同期，新疆与亚非拉等一些发展中国家也建立了贸易关系，发展速度较快，但金额不大。

基于对新疆社会经济基础落后的客观区情和周边环境逐渐改善的大局判断，自治区党委、政府于1984年提出实施"全方位开放"的思路。"全方位开放"

包括两层含义：一是对内地省市区开放，进行横向经济联合和技术协作；二是除继续通过东部沿海口岸向欧美、日本、东南亚及港澳地区开放外，要利用新疆独特的地缘和历史人文优势向毗邻的苏联、南亚和西亚国家开放。该战略的基本思路是：新疆的开放不仅要对外开放，还要对内开放，要加强与内地发达省份的横向联合；不仅要保持与欧美等发达国家和地区传统的贸易渠道，还要加强对沿边毗邻国家开放。

对外开放之初，新疆在我国对外开放中起步较晚，而且没有发挥出自己的独特优势，这一时期，新疆的开放战略还较为笼统，开放重点尚不够明晰。

3. “全方位开放，向西倾斜，外引内联，东联西出”战略形成时期（1986 ~ 2000 年）

（1）“向西倾斜”思路的提出。1985 年 7 ~ 8 月，胡耀邦视察新疆时强调，新疆的对外开放除了打通东面关系，比如日本、中国香港外，还要向西打通与西亚、南亚、苏联、东欧的关系，特别是与穆斯林国家的关系，比如巴基斯坦、伊朗、土耳其、沙特阿拉伯等。国务委员陈俊生也在少数民族地区扶贫工作会议上强调，要充分利用边境少数民族地区的地理优势，积极发展边境贸易，把远离内地、偏居一隅的少数民族地区变成前沿阵地。在这两个讲话精神的推动下，国家对新疆出台了一系列优惠政策。1986 年 1 月，中苏两国批准新疆与中亚和俄罗斯等共和国开展边境贸易；5 月，中巴两国批准红其拉甫口岸向第三国开放；12 月，国务院批准哈密等 5 个县市对外国开放。1988 年 1 月，国务院批准阜康等 4 个县对外国开放；11 月，国务院通过了《讨论新疆开放工作纪要》，给予新疆 9 项优惠政策，如修建与苏接轨的北疆铁路，扩建乌鲁木齐机场，扩大新疆免征进口物资关税的城市范围，扩大新疆地方政府外资和进口审批权等；同年，外经贸部批准伊犁等 5 个地州外贸公司享有对苏联等周边国家边贸进出口权。1989 年 1 月，国务院批准伊宁等 11 个县市对外国开放；9 月，中蒙两国批准塔克什肯口岸开放；同年，外经贸部批准新疆同东欧国家直接贸易。

为推动新疆对外开放上新台阶，1986 年，自治区党委和政府又把原有的“全方位开放”的思路调整成“全方位开放，向西倾斜”，就是在全方位开放的基础上，把重点放在苏联、西亚、南亚和阿拉伯国家。20 世纪 80 年代，在党中央的关怀和指导下，新疆开始发挥自身优势，由起步时单向开放逐步朝双向开放转变。

（2）“向西倾斜”战略逐步形成。1990 年 9 月，乌鲁木齐至阿拉山口口岸的北疆铁路建成，中国铁路与苏联土西铁路在阿拉山口站—德鲁日巴站间接轨，第二亚欧大陆桥全线贯通，新疆由中国对外开放的“瓶底”成为向西开放的桥头堡。20 世纪 80 年代末冷战结束，为我国对外开放带来新契机，1991 年 10 月，

苏联解体，新疆周边国家政治经济局势发生巨大变化。独立后的中亚五国为新疆向西开放提供了广阔的市场空间。1992 年，在邓小平同志南方谈话精神的鼓舞下，全国改革开放步伐加快，这为新疆进一步扩大对外开放提供了契机。1989 年 1 月，党委三届十二次全委（扩大）会议提出了“全方位开放，向西倾斜，外引内联，东联西出”的方针。1991 年 11 月，自治区党委做出《关于进一步扩大对外开放的决定》，将三届十二次全委会议提出的要求确定为对外开放的总方针。1992 年 4 月，自治区政府就贯彻落实这一总方针提出具体目标：形成以边境沿线开放为前沿、以铁路沿线开放为后盾，向全疆辐射的开放格局。开放伊宁、博乐、塔城 3 个边境城市，使之发挥对外开放桥梁和窗口作用；开放乌鲁木齐、石河子、奎屯 3 个铁路沿线城市，吸引国内外资金、技术和经营管理经验，加快全疆经济发展；其他地区特别是南疆三地州要积极对外开放，重点发展边境贸易，加快当地经济建设的步伐。同年 4 月，自治区在给国务院的《关于新疆维吾尔自治区进一步扩大对外开放的请示》中进一步提出了关于对外开放的总体设想，即在全方位开放的前提下，以边境沿线开放为前沿、以铁路沿线开放为后盾、以两线城市开放为重点，形成点线结合、以点带面、向全区辐射的对外开放格局。沿边境一线的对外开放，主要是利用历史悠久的对外通商和文化交流的优势和有对外口岸作依托的地缘优势，实行贸易先行、贸工结合，发挥对外开放的桥梁和“窗口”作用；沿铁路一线的对外开放，主要是发挥资源、交通、城镇密集、基础好、科教水平高的优势，实行工农技贸结合，发展外向型经济，发挥对外开放主力军的作用。在李鹏同志的倡议下，1992 年 9 月 2 ~ 10 日，首届乌鲁木齐边境地方经济贸易洽谈会（简称“乌洽会”）举行。同年 11 月，自治区党委四届五次全委扩大会议进一步提出，把新疆建设成为西北以至全国直接进入中亚、南亚、西亚和通往欧洲的国际大通道，逐步把新疆建成全国向西开放的桥头堡，建成国内外重要的商品转口基地、向西出口的商品生产基地、购物及旅游中心等新的对外开放方针。至此，以边境沿线开放为前沿、以铁路沿线开发为依托、以开放城市为重点、以国际大通道为目标的新疆对外开放战略初步形成。这一战略的目的在于使新疆西接中亚经济圈和欧洲共同体、东联正在兴起的亚太经济圈，从而把我国沿边、沿海、沿江开放联成一体，形成东西南北中全方位开放的格局①。

1998 年 7 月，江泽民视察新疆工作时指出：“新疆要进一步扩大对外开放，加强同国外、各省区特别是同沿海的联合与合作，要充分利用亚欧大陆桥和向西开放的优势，努力开拓中亚、西亚等国际市场，使新疆成为我国向西开放的前沿

① 中共维吾尔自治区委员会党史研究室．新疆对外开放 30 年［M］．乌鲁木齐：新疆人民出版社，2008.

阵地。”这说明新疆“全方位开放，向西倾斜，外引内联，东联西出”的开放战略得到了国家的充分肯定和支持。为使新疆这一对外开放战略尽快付诸实施，国家给予了新疆一系列优惠政策，并采取了许多重大措施。如1990年6月以来，批准开放阿拉山口等9个口岸和喀什航空口岸，其中巴克图口岸对第三国开放；批准开办霍尔果斯等处边民互市贸易。1992年6月，国务院出台开放伊宁、博乐、塔城3个边境城市等八条优惠政策。1992年以来，批准设立乌鲁木齐经济技术开发区、乌鲁木齐高新技术产业开发区和伊宁、博乐、塔城3个边境经济合作区。1993年11月，国务院批准沙湾等34个县对外国开放。1993年以来，批准新疆生产建设兵团、15个地州市和伊宁、塔城、博乐3个城市拥有出国人员和邀请外国人来华审批权，当地外贸公司拥有进出口经营权。1997年，国务院下发文件支持新疆发展边境贸易。1999年9月，党中央、国务院提出和实施“西部大开发”战略。2000年底，国务院发出《关于实施西部大开发若干政策措施的通知》，对包括新疆在内的西部地区企业开拓国际市场给予一系列优惠政策；国家有关部委将新疆10项产业列入《中西部地区外商投资优势产业目录》。

在这一时期，新疆除落实中央的优惠政策外，还先后出台了一系列鼓励投资，加强技术合作，进一步扩大开放的地方政策规定，如1992年3月，自治区党委作出《关于加快改革开放步伐，加快新疆经济发展的决定》，强调要坚定不移地执行这一总方针，把发展同周边国家的边境贸易和经济技术合作作为对外开放的重点，树立“大边贸”思想，做到边境有边、边贸无边；要吸引兄弟省市区资金、技术、人才来新疆开发资源，建立出口商品生产基地。制定了《关于国家赋予新疆八项优惠政策的实施意见》等一批更加灵活、富有吸引力的优惠政策。1992年以来批准设立石河子等自治区级经济技术开发区、霍城清水河等地州级经济技术开发区和米泉等高新技术工业园区，举办“乌洽会”和“中国丝绸之路吐鲁番葡萄节”等一系列展会活动。2000年4月，自治区党委明确提出，要实施大开发，必须进一步扩大对外开放，努力营造一种新的开放格局，以大开放促进大开发。这些举措在一定程度上改善了新疆构建外向型经济的软环境。

在硬环境改善上，铁路方面：1993年，开通乌鲁木齐—哈萨克斯坦的国际旅客列车；1995年，建成兰新复线；1999年，库尔勒—喀什的南疆铁路西延工程完工并全线开通运行。航空方面：除新开乌鲁木齐至内地主要城市航线外，还开辟了乌鲁木齐至阿拉木图、新西伯利亚、莫斯科、比什凯克、伊斯兰堡、塔什干等国际航线，构成了新的“空中丝绸之路”。公路方面：对各陆路口岸公路进行改建和新建，建成星哈等3条公路。1998年第一条高等级公路——吐乌大公路建成通车。新疆与周边国家的国际客货运输线路从1993年的22条发展到1999年的47条。同时，还构筑由光缆、数字微波、卫星、移动电话组成的现代化通

信网络。

在这一阶段，中央政府和自治区政府对新疆在我国对外开放中的定位越加明确，提出的对外开放战略也越加具有针对性和可行性，强调新疆对外开放的优势和特征就是向西开放，这种向西开放并不单依靠新疆一个省份的实力，而是以新疆为桥头堡和大通道，以中国广大内地沿海省份为后盾，“东联西出”，构筑中国全方位开放的格局。总之，20 世纪 90 年代，因自治区对外开放总方针的出台，加上积极改善软硬环境，新疆的对外开放事业获得突破性进展。

4. “加快对外对内开放，构筑向西开放新格局”战略时期（2001 ~ 2010 年）

进入 21 世纪，为应对经济全球化和区域一体化深入发展的挑战，使我国经济社会又好又快发展，以胡锦涛为总书记的党中央对实现全面建设小康社会奋斗目标提出了新的更高要求，新疆对外开放由此步入了新的发展阶段。

（1）新疆加快对外对内开放，构筑向西开放新格局的国内外推力。新疆作为我国开拓中亚、南亚、西亚和东欧市场的重要前沿阵地，在我国经济社会发展中的战略地位更加突出，成为深化我国对外开放的重要突破口。这一时期，在一些有重大影响的国际国内因素的推动下，新疆全方位开放的外向型经济得到较快发展。

2000 年西部大开发战略正式实施。为推进西部大开发，国家先后制定实施了一系列政策措施，包括《国务院关于实施西部大开发若干政策措施的通知》（2000 年 10 月）、国务院西部开发办《关于西部大开发若干政策措施的实施意见》（2001 年 8 月）、《国务院关于进一步推进西部大开发的若干意见》（2004 年 3 月）、国务院西部开发办等《关于促进西部地区特色优势产业发展的意见》（2006 年 5 月）。随着西部大开发战略的顺利实施，对西部基础设施建设的投入不断加大，西部地区的交通、通信、水利等状况得到很大改善，新疆对外开放的硬件设施在西部大开发过程中得到很大提升。

2001 年中国加入世界贸易组织（WTO），中国对外开放由政策性开放向制度性开放转变，中国对外开放步入新阶段：由过去有限范围和有限领域的市场开放，转变为全方位的市场开放；由过去单方面为主的自我开放，转变为中国与 WTO 成员国之间双向的相互开放；由过去以试点为特点的政策性开放，转变为在法律框架下可预见的开放。

2001 年，上海合作组织成立。上海合作组织由中国、哈萨克斯坦、吉尔吉斯斯坦、俄罗斯、塔吉克斯坦、乌兹别克斯坦六国组成，包括了传统的中亚五国①中的四国。自 2001 年成立以来，上海合作组织在维护和保障地区和平、安全与稳定，推动建立民主、公正、合理的国际政治经济新秩序方面做出了卓有成效

① 中亚五国一般是指：哈萨克斯坦、吉尔吉斯斯坦、塔吉克斯坦、乌兹别克斯坦和土库曼斯坦。

的工作；对于加强各成员国之间的相互信任与睦邻友好，鼓励成员国在政治、经贸、科技、文化、教育、能源、交通、旅游、环保及其他领域的有效合作起了重要作用。2002 年，上海合作组织启动成员国间贸易和投资便利化的各项进程。新疆是我国与除俄罗斯以外其他四国经贸往来最密切的省份，上海合作组织的健康发展为新疆向西开放创造了一个良好的外部环境和制度性平台。2003 年 5 月，胡锦涛在上海合作组织莫斯科峰会上提出，除反恐合作外，上海合作组织要在经贸合作方面有所突破。9 月，在该组织成员国总理会晤上，经温家宝推动，通过了《上海合作组织成员国经贸合作纲要》，启动了该组织的区域经济合作。

（2）在有利的大环境、大背景下，新疆对外开放战略越加明晰。2000 年 4 月，新疆召开西部大开发座谈会，自治区党委明确提出：要实施大开发，必须进一步扩大对外开放，努力营造一种新的开放格局，以大开放促进大开发；支持内地沿海有实力的企业集团，到新疆来投资，支持新疆企业向外部扩展，要积极引进人才，不求所有，只求所用；要认真研究中亚、西亚、南亚包括东欧市场，与区外大企业集团一道去开辟国际市场，增加外引内联的吸引力①。2001 年 10 月，自治区第六届党代会工作报告提出制定对外开放战略的构想。2001 年 8 月，国务院批准托里等 13 个县市对外国开放。2002 年以来批准开放伊尔克什坦等口岸和吉木乃口岸对第三国开放，批准开办塔什库尔干等处边民互市贸易。

2003 年 12 月，新疆自治区党委六届六次全委（扩大）会指出：面对经济全球化，新疆必须拓展发展空间，提高向西开放水平，坚持“东联西出，西来东去”，充分利用“两种资源、两个市场”，实行“引进来、走出去”相结合，积极开拓中亚及周边国家市场，开发利用周边国家优势资源，努力把新疆建成依托内地、面向中西亚及东欧国家的出口商品加工基地和国际商贸中心，使新疆真正成为向西开放的前沿阵地。

2004 年 4 月，中央 11 号文件就新疆的发展与稳定作出战略部署，肯定了自治区党委提出的这一构想，要求中央各部门把新疆作为西部大开发的重点，给予政策倾斜，加大对新疆对外开放的扶持力度。

2006 年 9 月，胡锦涛在新疆考察时也指出，要统筹对内和对外开放，坚持“外引内联，东联西出”，加强同周边国家的能源、资源合作开发，积极开拓周边国家的市场，努力把新疆打造成我国向西开放的桥头堡和枢纽站。随后，同年 10 月，自治区第七届党代会工作报告就对外开放战略的内涵作了阐述，提出要统筹对内对外开放，充分发挥新疆向西开放的地缘区位优势，努力把新疆打造成我国向西开放的桥头堡和枢纽站。

---

① 中共新疆维吾尔自治区委员会党史研究室编．新疆对外开放大事记［M］．乌鲁木齐：新疆人民出版社，2009.

2007年，国务院下发了《关于进一步促进新疆经济社会发展的若干意见》（国发〔2007〕32号文件）。在此文件中，中央对新疆的对外开放提出了新的要求，明确提出新疆要“实施面向中亚的扩大对外开放战略”。同年9月，国务院出台支持新疆扩大对外开放的优惠政策，批准“乌洽会”、“中国新疆冰雪旅游暨旅游冬季博览会”升格为国家级国际展会和博览会；海关总署把新疆列为特殊监管区，支持新疆提升对外开放水平。2008年11月，自治区党委七届七次全委会议正式确定了对外开放战略。

这一时期，根据国内外环境的变化，中央和新疆政府对新疆外向型经济建设提出了新要求，在进一步强调加快对内对外开放的同时，又重点指出新疆要合理承接东部沿海地区产业转移，要加快新疆外向型产业的培育；鼓励企业“走出去”，直接对外投资；推进与周边国家贸易自由化的进程。

5. 外向型经济跨越式发展时期（2010～2012年）

2010年5月中央新疆工作会议召开，指出新疆经济社会要实现跨越式发展，要构筑向西开放的新格局，要实现外向型经济的跨越式发展。这为新疆外向型经济的发展提出了新的要求，指明了新的方向。据统计，自改革开放以来，新疆由起初的向东开放，到全方位开放，再到“全方位开放，外引内联，东联西出”和“向西开放的桥头堡”，“构筑向西开放的新格局”这些大的战略方针指导下，外向型经济得到较快发展。据统计，2010～2012年，新疆进出口额年均增长22.1%，高于全国平均水平（20.5%）1.6个百分点。其中，2012年，新疆完成外贸进出口总额251.7亿美元，较上年增长10.3%，再创历史新高，位居全国第19位，西部地区第4位。2012年，新疆对外贸易、实际利用外资、对外工程承包增幅均高于全国平均水平①。中国与中亚国家的进出口总额中，新疆占61%，说明“东联西出，西来东去”的方针得到较好贯彻，新疆已成为我国向西开放的国际大通道。但是2012年新疆进出口总额仅占全国进出口总额的0.65%，实际利用外资金额只占全国的0.36%，这与新疆对外开放所具有的区位优势和地缘优势极不相称。自西部大开发以来，新疆在全国的综合实力排名逐渐退后，人均GDP从1999年的第13位退居到2012年的第18位，城镇居民可支配收入从1999年的第17位退居到2012年的第28位，财政自给率逐年下降，到2012年仅为33.42%，新疆与东中部地区的差距越来越大。

2010年5月的中央新疆工作会议上，党中央明确要求新疆要实现经济社会的跨越式发展和长治久安，要举全国之力，把新疆这块伟大祖国的宝地建设得更加美好。基于中国东中西部的巨大发展落差和新疆的现实区情，中央提出新疆经济

---

① 新疆日报网，http://www.xjdaily.com.cn/xinjiang/002/857760.shtml.

社会跨越式发展的目标是“到2020年，新疆实现全面建设小康社会的奋斗目标”。据统计，2008年，全国全面建设小康社会的实现程度为74.6%，新疆仅为58.6%，按2000~2008年新疆小康社会进程年均提高1.66%计算，到2020年新疆只能实现78.6%，到2020年实现全面小康的任务十分艰巨，必须跨越式发展才能实现。经济意义上的跨越式发展，应当是后发地区利用后发优势和比较优势，在一个较短的时间内赶超先发地区的过程。它不仅仅是经济总量的扩张，更是经济结构优化的过程，在这一过程中，经济呈现从一个阶段向另一个阶段的跃升。加快新疆对内对外开放步伐是推进新疆跨越式发展的必然选择，而新疆外向型经济的跨越式发展能有效地促进新疆经济社会的全面发展。

2010年5月，新疆党委七届九次全委（扩大）会议指出，在新形势下，新疆要全方位扩大对内对外开放，面向国际国内两种资源、两个市场，坚持全面推进“外引内联，东联西出，西来东去”的开放战略；要促使将新疆对外开放提升为国家战略，要促进新疆对外贸易快速发展，要加快建设一批对外开放经济区，努力使其享受特殊政策；搞好喀什、霍尔果斯两个经济开发区建设，要鼓励新疆开展对外投资合作；充分利用新疆沿边沿桥开放的地缘、口岸和丰富的地上地下资源优势，主动吸引和承接东部地区产业转移，发展面向周边国家的外向型产业，主动加强同周边国家进行能源资源互补为主的深层次合作，加快建设与内地及周边国家的物流大通道，努力把新疆打造成我国对外开放的重要门户和基地；办好中国—亚欧博览会，从国家层面上进一步扩大新疆对外开放，提升向西开放水平。

从2011年9月开始，中国—亚欧博览会在新疆首府乌鲁木齐成功举办了四届。这是新形势下党中央、国务院着眼于进一步扩大我国沿边开放和向西开放步伐，加快将新疆建设成为我国向西开放桥头堡的一项重大战略举措。中央也明确提出“加大实施沿边开放战略力度，加快新疆与内地及周边国家物流大通道建设，努力将新疆打造成为我国对外开放的重要门户和基地”。新疆是我国西部的战略屏障，是我国实施西部大开发战略的重要地区，也是我国对外开放的重要门户。举办“中国—亚欧博览会”，发挥新疆东引西出、向西开放的地缘优势，将其打造成区域的国际交流平台，对拓展与中亚、西亚、南亚和欧洲各国全方位、多领域的经贸合作具有十分重要的意义，有利于推动形成我国“陆上开放”和“沿海开放”并进的对外开放新格局，进一步发挥新疆在向西开放过程中的桥头堡作用和枢纽作用。

6. 全方位、多层次、宽领域对外开放新阶段（2013年至今）

2013年9月，习近平在访问中亚四国和出席上海合作组织成员国元首理事会时提出了构建丝绸之路经济带的战略构想，明确指出要以点带面，从线到片，以加强“政策沟通、道路联通、贸易畅通、货币流通和民心相通”为基础，逐步形成区域大合作。同年10月，在中央召开的周边国家外交工作座谈会上，习近

平再次强调：要同有关国家共同努力，加快基础设施互联互通，建设好丝绸之路经济带；要以周边为基础，加快实施自由贸易区战略，扩大贸易、投资合作空间，构建区域经济一体化新格局。

构建丝绸之路经济带作为新疆对外开放和经济发展的重大历史机遇，自治区党委、人民政府高度重视。中共中央政治局委员、自治区党委书记张春贤明确指出，新疆要以高度的政治敏锐性、强烈的机遇意识和担当精神，认真研究贯彻落实具体举措，当好建设丝绸之路经济带的桥头堡、主力军、排头兵。要深刻理解这一重大战略构想的深远意义，把它摆到事关新疆全局的战略高度来认识和把握，新疆改革发展稳定的各项工作都要从这个新的背景去考量，都要从这个新的平台去推动，更加自觉地以国际视野、世界眼光谋划新疆的跨越式发展和长治久安战略，争当新形势下周边外交的模范。以此为契机，新疆对外开放迈入新的发展阶段，呈现出全方位、多层次、宽领域的发展态势。

二、对外开放的发展现状

1. 向西开放通道建设初见成效

截至2013年底，新疆已初步形成了以国道、省道为骨架，连接区外与周边国家的交通网。其中，铁路正式营运里程4911公里，国内最长的高铁——兰新高铁即将通车运行，库尔勒—格尔木等多条铁路也正在建设中。公路通车里程170027公里（自治区137027公里、兵团33000公里），其中等级公路107290公里，依托境内8条国道，东联甘肃、青海，西出中亚、西亚各国，南通西藏，并与境内75条省道相连接。新疆拥有在用民用机场16个，运营航线171条，通航15个国家、79个城市，是全国拥有机场最多、航线最长的省区。此外，新疆还拥有“西气东输”管道、乌鲁木齐—兰州成品油管道、鄯善—兰州原油管道、中哈原油管道所组成的国家陆上能源安全大通道。

2. 全方位开放平台建设日臻完善

一是口岸平台发展迅速。在国家批准开放的17个一类口岸中（陆路边境口岸15个，航空口岸2个），常年开放的边境口岸有8个，开放边民互市的口岸有5个，其中阿拉山口和霍尔果斯已经发展成为铁路、公路和管道三位一体的综合性口岸。近年来，口岸过货量快速增长，2013年口岸过货突破5000万吨并连年增长。中哈第二条铁路试运行，管道原油累计进口突破5000万吨，天然气累计进口突破400亿立方米。

二是会展平台作用凸显。包括“中国—亚欧博览会”、“中国新疆喀什·中亚南亚商品交易会”在内的不同规模层次的展会有效地促进了新疆的对外开放和经贸往来，使新疆作为中国向西开放的中心枢纽和桥头堡作用得到进一步加强。

近年来，除每年举办“哈萨克斯坦中国商品展览会”等8个境外展会外，还组织企业参加相关境外展会，加强与周边国家双边、多边各个领域的互利合作，与俄罗斯、蒙古国、哈萨克斯坦、吉尔吉斯斯坦、塔吉克斯坦、巴基斯坦、阿塞拜疆等国建立起地方政府间的交流合作机制，积极推进乌鲁木齐—阿斯塔纳—车里雅宾斯克运输物流通道项目建设，在经贸、科技、旅游、教育、文化等领域的互利合作更加深入。

三是园区的载体作用日益显现。各类园区（开发区）作为对外开放的重要窗口和各项改革的“试验田”，已成为新疆招商引资的重要平台，产业集聚效应逐步显现，增强了地方经济实力，增加了地方就业和税收，大多成为当地经济发展最具活力的区域，发挥着重要的示范、辐射和带动作用。特别是加紧推进喀什、霍尔果斯两个经济开发区建设，初步形成了依托边境重点城市对外开放的新载体。

四是积极拓展对外合作新领域。除经贸往来外，新疆在工程建设、金融合作、农业开发等领域都有较大进展。“十二五”以来，新疆借助自身的农业比较优势，通过农产品加工、地膜覆盖、滴灌等新技术在棉花种植方面的应用，以及农业节水、人才培训等方式，大力援助中亚及非洲国家的农业发展项目；同时，也通过举办国际论坛和展会，引进国外智力，积极开展与美国、加拿大、俄罗斯、以色列等国的合作。

3. 对外贸易保持持续稳定增长

新疆充分发挥边界线长、对外交往平台多、人文交往便利等优势，借助上海合作组织、中亚区域经济合作机制、政府间经贸委会机制等区域或双边合作机制，推进双边或区域贸易自由化的进程，有效促进了以边境小额贸易为主的进出口贸易持续稳定增长。2013年，新疆进出口贸易总额达到275.62亿元，其中，对周边八国进出口贸易总额204.66亿美元，占新疆对外贸易总额的74.25%。边境贸易连续19年占据自治区对外贸易的半壁江山，连续9年位列全国9个陆路边境省区之首。2000~2013年，新疆边贸进出口年均递增21.6%，高于全区平均增速。2013年，新疆边境贸易占全区外贸进出口总额的60.8%，占全国边贸进出口总额的37.2%。除中亚五国等传统贸易对象外，新疆的出口市场也逐步扩大，目前，已经同195个国家和地区建立了经贸关系（见表3-2）。

表3-2 2011~2013年新疆进出口贸易情况

年份	进出口贸易总额（亿美元）	增幅（%）	出口（亿美元）	增幅（%）	进口（亿美元）	增幅（%）
2011	228.22	33.2	168.29	29.8	59.93	44
2012	251.71	10.3	193.47	15	58.24	-2.8
2013	275.62	9.5	222.70	15.1	52.92	-9.1

4. 外资利用规模逐年增加

2009～2013 年，全区实际利用外资年均增长 22.2%，2013 年实际利用外资 4.81 亿美元，增长 15.7%，增速高于全国平均水平 10.4 个百分点。中亚等周边国家在新疆主要投资商贸服务业，跨境人民币投资稳步推进。2009～2013 年，全疆境外投资年均递增 19.61%，境外承包工程营业额年均递增 30.66%。2013 年完成对外工程承包营业额 19.9 亿美元，增长 25.3%，增速高于全国平均水平 7.7 个百分点；对外直接投资达 3.94 亿美元，增长 51.9%，增速高于全国平均水平 35.1 个百分点。新疆对外投资合作企业和项目，既为当地提供了就业岗位，也增加了所在国的税收。截至 2013 年，新疆企业在周边国家的投资占新疆对外投资的 42.3%。新疆企事业单位以分包、后勤保障、原辅材料出口、技术和劳务合作等方式，积极参与中哈原油管道、中亚天然气管道、中塔公路、中哈霍尔果斯铁路、塔吉克和吉尔吉斯输变电改造等工程建设。

5. 贸易质量还需进一步提高

从贸易商品结构来看，新疆进出口商品逐渐由低中档工业制成品向中高档制成品转变。以主要贸易伙伴——中亚五国为例，除进出口商品结构有了显著改变外，双方还表现出很强的互补性。如中亚五国主要出口原油及石油制品、天然气、钢材、有色金属、矿产品、畜产品、木材、棉花等资源及原料类商品，新疆主要出口食品、轻纺产品、家用电器等工业品。但高科技和高附加值产品所占比重仍然较小，大多是劳动密集型产品（表 3－3）。从贸易合作方式来看，新疆的进出口贸易主要以边境小额贸易为主，一般贸易为辅，另外还有少量加工贸易、技术贸易、展会贸易等。从贸易主体来看，外贸主体多元化格局已经形成，非国有企业在双边经贸合作中扮演着重要的角色。特别是随着我国与中亚国家在资源和非资源领域的合作不断深入，贸易领域开始扩展到能源、交通、电力、矿产、农业、电信、基础设施建设、高科技等不同领域。但总体来说，新疆与中亚五国在经贸合作上尚未形成规模效益和开拓市场的合力，双方的合作更多停留在低水平的边贸层次上，还没有上升到双方在产业上的相互合作、依赖的程度，双方经贸合作远未达到应有的水平。

表 3－3　新疆与中亚五国贸易商品结构

贸易对象	新疆出口商品	新疆进口商品
对哈贸易	粮油食品、小型农机具、焦炭、矿物肥、茶叶、鞋类、餐具、服装、纺织品、塑料制品、家电（电视机）等	原油、石油制品、金属矿砂、钢锭、废钢、化肥、铝、铜、羊毛、牛皮等
对吉贸易	交通工具、农用机械、矿物质、以纺织品为代表的轻工业产品	黑色和有色金属、金属加工品电力、牛羊皮、棉花等

续表

贸易对象	新疆出口商品	新疆进口商品
对塔贸易	以轻纺产品和机电产品为主的机械和通信设备、交通工具、日用百货、家具、灯具、瓷器五金、建材、农产品等	矿产品、黑金属及其制品、铝及其制品、铜及其制品、棉花、生皮和鞣制皮、丝绸等
对乌贸易	家电、石油和机械设备、通信、化工和塑料制品、拖拉机、服装鞋类、茶叶、食品等	石油产品、棉花、生丝、塑料
对土贸易	纺织、机电、化工产品	能源与原材料产品

6. 人员往来有限

虽然新疆的开放程度在不断提高，丰富的旅游资源也加大了新疆与国内外人员的往来，但总体来说，新疆与外国，特别是周边国家的旅游交往还发展得相对缓慢，与周边国家的人员交往多限于政府互访、文艺演出及少量的宗教交往（见表3－4）。

表3－4　2011～2013年新疆旅游接待情况

年份	入境旅游（万人次）	增幅（%）	创汇（亿美元）	增幅（%）	国内旅游（万人次）	增幅（%）	旅游收入（亿元）	增幅（%）
2011	132.5	24.5	4.65	26.3	3829	26	411	46
2012	149.8	13.1	5.5	18.4	4711	23	542	32
2013	156.73	4.6	5.9	6.3	5049	7.2	637.43	17.6

第五节　新疆参与丝绸之路经济带建设的机遇优势

一、面临的机遇

1. 上海合作组织的巩固和发展

2001年6月15日，中国、俄罗斯、哈萨克斯坦、吉尔吉斯斯坦、塔吉克斯坦、乌兹别克斯坦六国元首在上海签署《上海合作组织成立宣言》，共同宣布成立上海合作组织。2003年上海合作组织成员国总理会晤时通过的《上海合作组织成员国多边经贸合作纲要》明确提出，上海合作组织成员国将本着平等互利、市场经济、相互开放、多边与双边相结合等原则，充分发挥成员国经济互补性强

和资源丰富等优势，推动各种形式的合作，促进成员国经济共同发展，实现成员国间商品、资本、技术和服务的自由流通，并力促区域经济一体化。上海合作组织的成立和发展，将不断拓宽新疆与周边国家的经济合作领域，助推新疆对外开放不断深入。

2. 西部大开发战略

西部大开发战略是21世纪国家推出的重大举措，并不断重点加大对新疆的政策、资金方面的支持力度，扩展支持范围，使西部地区经济高速增长，产业结构不断优化。根据国家发改委公布的数字显示，在已经完成投资的10年里，国家已安排西部开发新开工重点工程102项，投资总规模超过2万亿元。西气东输、西电东送、水利枢纽、通信网络等一批标志性工程相继建成，交通、水利、能源、通信等基础设施条件得到改善。新疆基础设施建设取得重大突破，农村生产生活条件得到明显改善。国家的政策支持、制度创新，为新疆打造面向中亚、西亚、南亚的出口加工基地提供了巨大的发展空间。

3. 天山北坡经济带建设

天山北坡经济带是国家西部区域经济规划重点发展的综合经济带，是新疆列为优先发展的重点区域。经济带以乌鲁木齐、石河子、奎屯、克拉玛依四个区域性中心城市为依托，营造了四大经济区，是新疆科技、经济和社会发展的重心，居新疆经济的核心地位。在西部大开发中，它是国家重点发展“西陇海兰新”线经济带的重要组成部分，是未来中国大经济圈与中亚经济圈的结合部，是中华文化与中亚文化的交汇处，也是向西开放和面向伊斯兰国家市场的商品集散地，是新疆最具发展潜力和发展前景的区域。这为新疆对外开放提供了强有力的支持。

4. 新一轮对口援疆支持

1996年初，为促进新疆快速发展，维护新疆稳定，中央做出了开展援疆工作的决策部署，先后从内地各省市、中央国家机关、中央企业单位选派了近3000名优秀干部到新疆工作。援疆干部不仅带来了先进的发展理念和管理经验，而且积极引入资金、技术和项目，充分发挥了促进新疆发展、维护新疆稳定的作用。2010年3月29日，中央召开了全国对口支援新疆工作会议，举全国之力，汇各省市之智，确定全国19个省市从2011年起全面对口支援新疆，重点是建立起人才、技术、管理、资金等全方位对口支援新疆的有效机制，把保障和改善民生放在优先位置，着力支持新疆特色优势产业发展。

进一步加强和推进对口支援新疆工作，是党中央新时期对新疆工作总体部署的重要组成部分，是促进区域协调发展的战略举措，是支持新疆后发赶超的有效途径。在对口援疆的强力推动下，新疆已经形成了“大建设、大开放、大发展”的局面，19省市把产业援疆作为增强新疆自我发展能力、增加就业岗位、实现各族人民安居乐业的重要基础；产业合作得到进一步深化，通过双方联合举办产业合作对接会、经贸洽谈会、招商项目推介会，以及参加“中国—亚欧博览会”等多种方式，对口支援省市都与受援地签订了产业合作协议。

5. 俄白哈关税同盟并存的机遇与挑战

俄白哈关税同盟的建立，短期内对新疆外贸的发展产生了巨大挑战，一方面增大了旅购贸易通关难度，另一方面关税上涨，削弱了我国出口商品的竞争力。但同时，中国新疆对同盟成员国的进出口贸易得到规范，以“灰色清关”为主导、整车包税制为手段的贸易模式被打破，货物通关速度将得到提高。部分进出口企业也以关税同盟建立为契机，开始由边贸为主的小额货物运输转向更正规的大宗商品运输和贸易，中国同有关国家的贸易结构将大大优化，尤其是在关税同盟内消费类电子产品进出口税率下调的情况下，中国部分高附加值的相关产品在同盟内部的发展空间将十分广阔。

二、具备的优势

1. 地缘优势凸显

新疆地处亚欧大陆中心，边境线长、毗邻国家多，拥有 17 个国家一类陆路开放口岸和 2 个航空口岸，丝绸之路三条通道全境通过，是我国向西开放的重要门户，也是我国连接中亚、西亚及欧洲各国之间的交通枢纽，并可远通大西洋、黑海、里海、波斯湾四大出海口。新疆具有初步的铁路、公路、航空和管道综合运输网络，新亚欧大陆桥横贯东西，是东联内地，西通亚欧最便捷的区域。新疆历史上曾是古“丝绸之路”的重要通道，现在是我国连接中西亚、欧洲的重要陆路通道和向西开放的门户。未来，随着吉克普林中俄通道的打通，中巴铁路、中吉乌铁路的建成通车，沿边口岸开放开发水平的进一步提高，新疆连通东西、沟通南北的枢纽作用将更加突出。

2. 资源储量丰富

新疆矿产种类全、储量大，特别是油气资源开发潜力巨大。目前发现的矿产有 139 种，其中 41 种保有储量居全国前十位。石油资源量占全国陆上石油资源量的 30%，天然气资源量占全国陆上天然气资源量的 34%，煤炭预测资源量占全国煤炭预测资源量的 40%，风能、太阳能等清洁可再生能源可利用量居全国前列，是我国重要的能源接替区。同时，与新疆毗邻的中亚和蒙古国等也是世界上能源资源最富集的区域之一，仅中亚五国 2008 年的石油资源探明储量就达到了 273. 37 亿吨，天然气储量 34. 38 万亿立方米，居世界第三。在煤炭资源方面，中亚五国和蒙古国煤炭地质储量超过 3600 亿吨，合作开发利用中亚的能源资源，对新疆乃至我国能源战略安全将是极大的支撑和保障。此外，本区域还具有丰富的铁、铜、铀、铅、锌、锰、铝、镍、铬、钨、金、银、钼等黑色和有色金属资源，其中铁矿、铜矿、镍矿、煤矿、铅锌矿、铀矿等资源都是我国急缺矿种或对外依存度较高的关键矿种。特别是铁矿石资源预测储量将近1000亿吨且品位高，开采利用价值大。新疆既是中国能源战略接替区，又是中国西北能源大通道，在构筑我国能源乃至资源安全战略框架上，占我国领土面积1/6的新疆将发挥举足轻重的作用，可见新疆参与合作开发、加工利用的前景非常广阔，对未来缓解我国能源供应和战略矿产资源不足具有重要意义。

3. 政策导向明确

新疆是国家实施西部大开发的重点地区，也是我国对外开放的重要门户，是国家“海陆并进，东西互动”新型开放战略实施的关键区域。除了新一轮19省市对口援助的巨大支持外，国家还批准设立了喀什、霍尔果斯两个经济开发区，在税收优惠、金融支持及土地利用等方面也给予了专门的政策优惠。特别是差别化产业政策，为新疆发展特色优势产业，积极选择承接东部转移产业，推动传统产业转型升级和发展战略新兴产业提供了巨大的政策支持。

4. 后发优势明显

新疆作为西部后发区域，发展的底子薄、起步晚、差距大，但在当前我国对外开放战略、全国对口支援政策以及自身大开发、大建设等共同因素的促进下，后发优势进一步凸显。新疆一方面借助对口支援平台，集合全国特别是东中部地区人才、技术、产业、资本、管理经验的优势，使自身发展的要素支撑条件不断增强，也为加速工业化进程，实施创新驱动发展，不断增强可持续发展能力提供物质和制度保障；另一方面随着新能源、新材料、煤化工、现代装备制造等产业的积极布局，战略新兴产业方兴未艾，现代服务业发展潜力巨大，特别是本土企业在中亚市场开拓中积累建立的销售经验和网络优势，也成为产业西进的重要先导。这些都为新疆在丝绸之路经济带建设中进一步发挥“桥头堡、主力军、排头兵”的作用奠定了坚实基础。

5. 人文底蕴浓厚

新疆作为丝绸之路上重要的节点区域，是东西方多元文化的交汇点，其民族、文化、宗教构成与周边国家有着很深的历史渊源。历史上在该区域曾经兴起的古波斯帝国、匈奴帝国、土耳其奥斯曼帝国、蒙古帝国等在一定程度上促进了该区域的经济、文化交流，使各民族的生产生活方式、风俗习惯、宗教信仰不断地进行融合，共生发展形成了独特的地域文化和民族文化。在当今多极化的世界格局中，这种地域文化优势使新疆在实现我国与周边的密切合作、睦邻友好、维护边境和平安定的地缘战略中，发挥着极为重要的作用。境内的维吾尔族、哈萨克族、柯尔克孜族、塔吉克族、俄罗斯族等少数民族都是跨界而居，双方血缘相亲，民族相连，语言相通，风俗相近，经济互补性强，传统友谊源远流长，便于开展与中亚、俄罗斯的政治、经济、文化交流往来，发展与周边国家的睦邻友好关系，从而为对外开放提供便利的社会人文条件。

6. 合作前景广阔

新疆与周边各国在地缘经济上具有多层互补性，合作前景广阔，优势凸显。首先是贸易的互补性。经济不景气、市场萧条、商品缺乏是俄罗斯及中亚各国普遍而突出的经济矛盾，与新疆丰富的商品市场、活跃的市场经济形成了鲜明对比。俄罗斯、中亚仍属卖方市场，而新疆者已进入买方市场，市场经济发展水平存在明显差异和互补性。其次是资源的互补性。如果说新疆在商品市场上占有明显优势，中亚则在资源上占有突出优势：人均土地资源中亚是新疆的 1 ~ 6 倍以上，森林面积中亚是新疆的 5 倍以上，有色金属、铀矿、石油、天然气等更拥有突出优势。最后是经济结构的部分互补性。由于历史的原因，中亚各国经济的重型工业结构突出，而新疆轻工业基础好；中亚各国农业的专业化分工明显，而新疆有多种经营的优势。具体讲，中亚的原材料工业部门好而制造业差，重化工业好轻工业差，形成了能源、化肥、冶金、钢铁、水泥等优势部门，但纺织、服装、食品、皮革、五金、日化、塑料、橡胶制品等轻工业很薄弱。

第六节　丝绸之路经济带建设面临的问题与挑战

一、全球视野层面

1. 世界大国在中亚的博弈不断加剧

新疆对外开放的范围主要是以周边国家为主，尤其是中亚地区。而该区域地处亚欧和中东的交汇点，其特殊的战略地位和丰富的能源资源，是未来新兴的能源市场、重要战略地区，将为大量能源资源的发现、生产、运输和炼制提供巨大的商机，是世界各国觊觎的焦点，世界大国角逐的热点。俄罗斯、美国、日本、韩国等国为争夺中亚地区丰富的能源资源，以各种借口跻身中亚市场；欧盟国家几年前就开始加强对中亚能源市场的进入力度，在多项能源领域建立与中亚各国的合作。这都为新疆面向中亚地区的对外开放战略带来严峻挑战，从某种程度上增加了与周边国家经贸往来的难度。

2. “冷战”思维并未退出历史舞台

“冷战”后，“冷战”思维并未退出历史舞台。事实上，美国仍然以意识形

态和制度来区分敌我，作为社会主义国家的中国仍然是西方资本主义国家重点遏制和防范的目标。2000年7月，美国国家利益委员会发表《美国国家利益》研究报告，报告中将中国视为其潜在的战略敌对力量，新疆与周边国家的经济合作正是处于这样一个大国际环境中。“冷战”结束以后，中亚国家成为国际法的新主体和国际格局中新的地缘战略空间。中亚地区出现的“权力真空”，使该地区成为大国角逐的地缘战略目标。特别是“9·11”事件后，美国打着反恐的旗号进驻中亚，加剧了该地区政治经济风险。我国已成为全方位开放的国家，对外开放使我国获得了巨大益处，为我国的经济发展注入了较强的活力。但是在一个开放的环境下，我国的经济和社会安全风险加大，要受到各个方面的影响，要接受各个方面的监督，要面对来自各个方面的压力。

二、区域合作层面

1. 中亚国家平衡外交导致经济合作存在变数

中亚因其独特的地缘战略条件成为俄美等大国势力博弈的“焦点”。对中亚国家来说，由于自身条件的特殊，长期在大国夹缝中生存，独立以来始终奉行平衡务实的外交政策，努力周旋于大国之间，利用大国在中亚的利益争夺，巧妙运用平衡外交策略，使大国势力相互影响又相互制约，最大限度地获取了国家利益。这一平衡外交策略导致与中国经济合作存在变数。加之，新疆位居亚欧政治板块的缓冲点或挤压点上，即各大政治势力的接合点上，各大政治板块与中亚国家的关系走向深刻地影响着中国西部的安全及陆权地位。我国作为中亚的近邻和世界最大的发展中国家，自然把发展与中亚各国的关系作为国家外交的重点之一。这势必有悖于俄美等国的战略意图，更会加剧与中亚国家经贸合作的变数。

2. 周边部分国家和地区发展相对滞后

新疆虽与八国相邻，但由于经济、社会、历史等原因，多数国家和地区综合发展水平相对滞后。同时，周边国家财政实力有限，投资丝绸之路经济带通道建设的积极性不高，在一定程度上制约了周边国家与我国互联互通的基础设施项目建设。而上海合作组织框架下还缺乏为区域内的大型基础设施项目建设提供融资服务的国际金融合作组织，政府间的投资合作和企业“走出去”的投资力度严重不足。特别是中亚五国，其市场化的水平和质量明显落后于中东欧转型国家和俄罗斯，因为缺乏完善的制度环境，影响了其参与市场竞争的能力和资源配置效率。同时，由于农业改革、农村设施和体制的不完善以及自然灾害等原因，多数国家都普遍存在产业结构单一、过度依赖资源发展经济的问题。尽管中亚各国各自形成了本国的一些优势产业，但在轻工业等领域仍高度依赖国外（见表3-5）。

表 3－5　中亚五国 GDP 变化　　单位：亿美元

年份	哈萨克斯坦	乌兹别克斯坦	吉尔吉斯斯坦	塔吉克斯坦	土库曼斯坦	总　计
1990	296.59	147.1	6.7	28.69	30.69	509.77
1995	205.47	137.56	14.92	12.31	21.88	389.23
2000	182.92	149.87	13.7	8.61	41.57	384.39
2005	571.24	101.55	24.6	23.12	57.95	814.42
2010	1490.59	389.82	46.16	56.4	200.01	2182.98
2011	1839.39	453.53	59.2	65.23	257.42	2674.77
2012	1998.57	483	64.73	55.78	285.9	2602.08
2013	2244.15	567.96	72.26	85.08	418.51	3387.96

资料来源：联合国统计部门网站，http：//unstats. un. org/unsd/snaama/selectionbasicFast. Asp.
冯绍雷．上海合作组织发展报告 2012［M］．上海：上海人民出版社，2012：129.
新浪财经全球宏观经济数据，http：//finance. sina. com. cn/worldmac/.

3. 中亚各国在经济转轨时期投资贸易法律法规尚不健全

随着中亚国家传统计划经济体制向市场经济体制的大规模经济转型逐渐完成，对国际市场开放程度不断提高，其经济逐渐摆脱持续衰退和不稳定的增长态势，但在整个亚洲和世界经济体系中仍然处于欠发达阶段，仍然面临着国际能源价格周期性波动带来的不确定性和周期性风险。中亚及俄罗斯国家各项法律、法规也很不完善，尤其是投资贸易法制建设相对滞后和薄弱。这主要体现在：投资贸易法律体系尚不完善，缺乏一部投资贸易的基本法典；现行经贸行业有关国际间合作与开发的相关文件约束性不强，缺乏法律保障；有些法律缺少可操作性；现行法律与国际服务贸易规范之间仍存在不少冲突；服务贸易法律运作体系仍有待进一步完善。这为新疆发展面向中亚国家的外向型经济带来了不确定性。

4. 地区安全形势不容乐观，不稳定因素依然存在

中亚五国曾被地缘政治学家布热津斯基形象地称为“欧亚大陆的巴尔干”，说明这是一个容易产生种族冲突和出现大国角力的不稳定区域。政治环境的变迁给经济合作造成不可预见的冲击，集中表现在政权更迭或政治利益集团重组，民族纠纷、宗教争端引发的武装冲突等。自 2002 年起，独联体一些国家陆续进入国会或总统换届选举年。美国抓住这一时机，在上述国家进行策反，推行“美式民主”，建立亲美政权，扩大美国势力。由于在这些国家发生的政治革命都具有鲜明的颜色标志，故被称作“颜色革命”。此外，中亚国家民族众多，宗教信仰相当复杂，民族与宗教矛盾此起彼伏。中亚地区的“伊斯兰复兴党”、“伊斯兰解放党”、“乌兹别克斯坦伊斯兰运动”、“瓦哈比派”等组织，企图使民主过程倒转，推翻世俗政权，这已成为中亚地区稳定和安全的祸根。相邻的伊斯兰国家

充分利用种族、宗教、语言及地缘上的优势，利用一切可能对中亚地区施加影响，导致泛突厥主义和泛伊斯兰主义的泛滥。另外，中亚各国国内的极端组织和分裂组织的暴力化、恐怖化趋势不断加强，不断在各国制造暴力恐怖袭击破坏活动，成为中亚各国及周边国家安全稳定的主要威胁。中亚三股恶性势力（宗教极端主义、民族分裂主义和恐怖主义）在丝绸之路经济带交错复杂，造成不安定因素，这三股恶性势力渗透到后苏联地缘空间、巴基斯坦、克什米尔地区，对中国新疆及周边安全构成巨大挑战。尤其是，这三股恶性势力总能错综复杂地纠缠在一起，环绕着中国新疆分布着阿富汗塔利班组织、车臣非法武装集团、克什米尔民族分裂主义分子、费尔干纳盆地中亚恐怖分子的大本营，形成了危及中国新疆及周边国家稳定的四大火药桶，构成了包围新疆的“新月型”国际恐怖带。

三、新疆自身层面

1. 对外开放的层次和水平较低

总体而言，新疆尤其是沿边地区经济水平仍然不强，工业化和城镇化水平偏低，现代大工业少，高新技术产业薄弱，有实力的外贸企业较为匮乏。因此，新疆目前仍然发挥着初级商品贸易通道的作用，向西出口多为内地加工产品，本地产品所占比例较小，且多为旅购为主的边境小额贸易；进口资源 70% 以上直接输往内地，新疆本地深加工很少；与周边国家的经济技术合作缺乏大企业、大项目支撑。

2. 基础设施的支撑作用较弱

新疆开放口岸的基础设施建设相对滞后。新疆大多数口岸的通关过货能力不足，与国内高水平的陆路口岸相比，阿拉山口口岸和霍尔果斯口岸基础设施和服务设施条件滞后，配套服务不完善。一类口岸中只有 8 个对第三国开放，其他的只是双边或临时开放；与最大邻国俄罗斯至今未开通有关贸易口岸，制约了新疆与俄罗斯之间的经济合作和贸易往来。此外，物流运输方面的“瓶颈”明显：第二条亚欧大陆桥开通十几年以来，其货物运输主要局限在中哈两国间，对第三方特别是欧洲的国际货物联运不够畅通；新疆“东联西出”的铁路通道单一，目前只有兰新铁路这一条通道，其运输能力已经趋于饱和，迫切需要拓展新疆出疆通道；铁路口岸少，路网项目建设滞后，目前对外的开放口岸中仅有霍尔果斯和阿拉山口两个铁路口岸与中亚实现联通，与中亚、南亚连接的中吉乌、中巴铁路还处在前期工作比较困难的阶段通信和信息传输通道建设上，新疆的向西陆地光缆仅与哈、吉、塔三国相通，我国与多数毗邻国家之间的通信和信息传输需要通过东部沿海的国际海底光缆绕地球一圈，通信距离长、成本高、质量差，对道路联通、贸易畅通、货币流通和民心相通形成很大“瓶颈”制约。

3. 对外开放的服务和政策体系不够完善

由于历史因素的制约，目前我国与新疆周边国家之间出入境限制较多，手续繁杂，办理时间较长，办理效率低；我国的境外金融、保险、信息等服务业发展滞后，在新疆与中亚国家的贸易结算中，主要通过第三国银行完成汇兑业务和信用证业务，大大提高了交易成本。可见，我国与新疆周边国家的金融合作有待进一步加强，特别是推进本币结算合作的展开；另外，电子政务、电子商务建设相对滞后，无法适应国家向西开放的需要。近年来，国家对新疆经济社会发展和对外开放的实施提出了一系列的战略部署，但多为宏观层面的安排，有待进一步细化落实；对国际形势、周边国家政策、市场环境掌握不足，容易导致政策方向的偏离；外贸管理机制运行不够灵活，对外经贸体制改革有待进一步深化；外贸政策、金融政策、税收政策支持力度不够，有待完善。

4. 参与国际经济合作的经验不足

我国的对外开放战略是在全国范围内展开的，但是由于东部沿海地区在地理位置、经济技术基础等方面的优势，20 世纪 80 年代我国的对外开放实际上是以东部沿海地区为重点。东部地区地方政府和企业都已经摸索出一套适合当地的、行之有效的经验和模式，参与国际经济合作。新疆的对外开放发展较为缓慢，尤其是向西开放是近几年才提上日程的。

新疆是我国向西开放的重要门户，理应着眼于国家能源资源安全战略大局，发挥向西开放的地缘优势，积极开拓周边国家市场，加大同周边及中亚各国的合作，把新疆打造成我国向西开放的桥头堡和枢纽中心。习近平适时提出共建丝绸之路经济带，把向西开放战略推向一个新的阶段。由于新疆与东南沿海的自身条件不同，遇到的问题不同，面对的内外环境不同，所以不能照搬东南沿海参与国际经济合作的经验模式，而只能在丝绸之路经济带建设的实践中摸索适合新疆本地的方式方法，总结经验，这在一定程度上也影响了新疆对外开放的步伐。

5. 新疆与中亚地区产业相似度较高

新疆与中亚地区都是基于特定资源禀赋形成了以矿产资源、农业为主导的产业体系，产业相似性较高，在产业结构上的资源性特征十分明显，产品缺乏竞争优势，有待调整和优化。以资源型产业为主导的产业体系及其结构具有显著特征：一是从要素投入来看，大都属于资本和劳动力密集型产业，对物质要素投入的依赖较高。而且由于资源型产业前后向关联效应差，难以形成对其他产业部门资本的有效需求，资本形成能力弱。二是从产业结构来看，资源型产业大都处于产业链的上游环节，产业关联度和加工深度不高，配套能力弱，难以形成完备的产业体系。三是从需求结构来看，投资的乘数效应有限，不仅对本地需求的拉动力小，自身需求的扩大也受到中下游产业发展的制约。

6. 对外交往的人才储备欠缺

新疆是多民族聚居区，多种文字并存的现实条件增加了人力资源开发的难度。目前，新疆贸易人员知识水平有待提高，特别缺乏外贸领域的业务人才、管理人才和相关技术研发人才。由于新疆经济发展滞后，信息不畅通，缺乏良好的用人机制与人才培养机制，留住人才十分困难，本地人才外流趋势加剧，影响新疆外向型经济的发展，成为制约新疆向西开放水平的重要因素。

第四章　新疆打造丝绸之路经济带核心区的战略思考

第一节　丝绸之路经济带核心区的概念

一、丝绸之路经济带核心区的概念

丝绸之路经济带核心区，顾名思义，就是当前丝绸之路经济带建设的关键节点和重点区域，是未来丝绸之路经济带上的战略枢纽和交汇中心。丝绸之路经济带核心区，必须具备四通八达的便捷综合立体交通网络，具备深化合作全面开放的平台载体，具备“政策沟通、道路联通、贸易畅通、资金融通、民心相通”先行先试的基础和条件，在丝绸之路经济带合作共赢、共同发展进程中具有示范、引领、带动作用，最终在丝绸之路经济带建设和发展过程中发挥重要的支撑和枢纽作用。

另外，对于丝绸之路经济带核心区来说，还应具备以下条件：一是古代丝绸之路的必经之地，具有古丝绸之路印迹；二是在区位上要处于对外开放的前沿阵地，具备国际合作的基础和条件；三是区域要有巨大的经济增长潜力，具备辐射带动作用；四是要在国家整体经济发展布局中担当特殊使命。新疆作为丝绸之路经济带的必经之地，北、中、南三条通道均在此汇聚，是丝绸之路经济带全境通过、全面覆盖、全线连通的核心区域，特殊的区位、资源、人文优势，使其在丝绸之路经济带战略中处于特别重要的战略地位，是丝绸之路经济带的能源枢纽，也是我国向西开放的前沿窗口和重要平台，具备建设丝绸之路经济带核心区的基础条件和优势潜力。同时，随着丝绸之路经济带战略的实施，新疆经济增长潜力将得到充分释放，完全有能力成为整个丝绸之路经济带的经济贸易核心区，凭借

自身丰富的资源优势和特殊的地缘优势，未来新疆将对丝绸之路经济带起到决定性的引领和带动作用。

综上所述，新疆丝绸之路经济带核心区的含义是：具备地缘优势，是联结亚太经济圈和欧洲经济圈的区位中心、交通枢纽中心，是东西方文明交融的桥梁，是人流、物流、信息流、资金流的集聚区，是贯穿丝绸之路经济带的战略支点，是丝绸之路经济带战略布局的关键所在，是引领亚欧合作的先行先试示范区，支撑与带动 丝绸之路经济带发展的增长极，能够辐射我国内地以及东亚、中亚、西亚、南亚、欧洲区域，实现我国“政策沟通、道路联通、贸易畅通、货币流通、民心相通”的核心区。

就目前而言，推进丝绸之路经济带核心区建设，具体表现为：以规划为龙头，以项目为抓手，加快推进交通、能源、信息三大通道的建设，推进大型油气生产加工和储备、大型煤炭煤电煤化工、大型风电和光伏发电三大基地建设，加强交通枢纽、商贸物流、金融、文化科教、医疗服务五大中心和机械装备出口加工、轻工产品出口加工、纺织服装产品出口加工、建材产品出口加工、化工产品出口加工、金属制品出口加工、信息服务业出口、进口油气资源加工、进口矿产品加工、进口农林牧产品加工十大进出口产业集聚区的建设。从而充分体现新疆在丝绸之路经济带建设过程中的特殊地位，发挥新疆引领、带动和推进丝绸之路经济带建设的重要作用。

二、建设新疆丝绸之路经济带核心区的意义

1. 有助于探索跨区域国际合作新模式，积累跨国合作新经验

作为核心区，新疆将成为整个中亚地区的经济贸易和金融中心，形成一个跨越国界的商品、资本、技术和劳务等生产要素自由流动的经济区域中枢，成为沟通我国与中亚、南亚、阿拉伯国家乃至欧洲的中介纽带，成为中亚地区的经济增长极。由此带来的“外部经济效应”，可转化成巨大的辐射力量，提供中亚经济发展所必需的资金、技术和人力资源，为中亚的优势产业提供广阔市场，推动中亚经济结构的优化和升级，增加就业，引领中亚国家经济发展。新疆作为核心区建设，既能够贯通沿海内陆和亚欧各国，又能够探索跨国内外区域合作发展的新模式，为跨国区域合作创造经验。

2. 有助于培育区域性经济增长极，拓宽我国经济发展新空间

在经济全球化和区域一体化深入发展的新形势下，将新疆建设成丝绸之路经济带的核心区，有利于发挥新疆地缘和人文等独特优势，打通“东联西出”的国际国内大通道，扩大进出口，提升对内对外开放水平，形成新的经济增长极；有利于加快优势资源转换进程，实现新疆经济发展方式的转变和经济结构的优

化，提升区域经济发展的质量和效益，使发展成果惠及各族群众；有利于吸引各类资本参与新疆经济发展、基础设施建设和资源开发利用，积极承接东部产业转移，促进新疆跨越式发展和经济可持续发展；最终形成沿边开放与东部沿海开放并进的对外开放格局，进一步拓展并稳固我国西向的地缘经济空间，提高我国开放型经济水平，保障我国能源资源的战略安全，促进我国区域经济的协调发展。

3. 有助于促进新疆融入我国现代产业体系，推动经济社会稳定发展

新疆作为核心区，将逐步被纳入我国现代产业体系中，这将极大增强新疆经济社会的自我造血功能，提升新型工业化的发展水平，促进新疆经济的快速发展。这有助于进一步凸显新疆的战略地位，完善新疆的基础设施建设，优化产业结构，增强自我发展能力，提高新疆的对外开放程度，发挥新疆特殊优势，实现新疆的后发赶超。同时，通过丝绸之路经济带核心区建设，为新疆社会的稳定和长治久安打下坚实的物质基础，有利于统筹新疆区域和城乡协调发展，进一步稳定和扩大就业，不断改善民生、凝聚人心，夯实执政基础；有利于以经济发展和民生改善为基础，加强和创新民族团结工作，促进各民族交往交流交融，把各族群众团结在党和政府周围，全面推进依法治疆、团结稳疆、长期建疆；有利于加强与周边国家的反恐合作，联手打击“三股势力”，创造稳定的周边环境，维护新疆社会稳定和实现长治久安。

第二节 丝绸之路经济带核心区建设的基础环境

一、基础条件

新疆地处亚欧大陆的腹地，既是“古丝绸之路”的必经之地，也是“新丝绸之路”上我国向西开放的重要窗口和平台，在丝绸之路2000多年的历史上始终是一颗耀眼的明珠，发挥着无法替代的特殊作用。在新的丝绸之路经济带战略构想中，新疆因其所具备的特殊优势，必须担当丝绸之路经济带核心区这一重要角色。新疆打造丝绸之路经济带核心区的基础和优势主要表现在以下几方面：

空间位置上：新疆位于亚太经济圈和欧洲经济圈的中间位置，是丝绸之路经济带的必经之地和核心区域，自太平洋西岸通往波罗的海、西亚、欧洲、北非、南亚的北、中、南三条通道在此汇聚，面对着国内、国际两大市场，新疆的发展前景和潜力巨大，必将成长为未来丝绸之路经济带上的发展新高地。

交通通达上：新疆是连接亚欧大陆的关键区域，是中国通往中亚、西亚和欧

洲最便捷的陆路通道。随着丝绸之路北中南三条通道的全线贯通，新疆还将成为我国通往波罗的海、英吉利海峡、波斯湾和印度洋四大出海陆路通道的战略前沿。此外，伴随着航空等多种交通运输方式的兴起和完善，新疆也将打破传统时空限制，变成现代综合交通的中转地、集散地，成为我国向西开放的枢纽中心。

文化交流上：新疆历来是丝绸之路上的多元文化融合荟萃之地，长期相融，共生发展，形成了新疆独特的地域文化和民族文化。境内的维吾尔族、哈萨克族、柯尔克孜族、塔吉克族、俄罗斯族等少数民族都是跨界而居，与周边国家血缘相亲、民族相连、语言相通、风俗相近，传统友谊源远流长。新疆在文化交流领域与周边国家乃至丝绸之路沿线国家开展合作交流的优势无可比拟，随着“五通”目标的实现，这种优势还会进一步扩大，有力支撑丝绸之路经济带核心区建设。

产业发展上：新疆是国家实施西部大开发的重点地区。虽然产业发展底子薄、差距大，但在当前我国“海陆并进，东西互动”新型开放战略背景下，在新一轮西部大开发战略以及对口援疆的大力支持下，新疆产业发展的后发优势进一步凸显。一是可借助对口支援平台，集合全国特别是东中部地区人才、技术、产业、资本、管理经验的优势，加速工业化进程；二是随着新能源、新材料、煤化工、现代装备制造等产业的积极布局，新疆的战略新兴产业方兴未艾，现代服务业发展潜力巨大，特别是本土企业在中亚市场开拓中积累建立的销售经验和网络优势，也成为产业西进的重要先导；三是国家为支持新疆产业发展，在税收优惠、金融支持、土地利用等方面也给予了专门的政策优惠，特别是差别化产业政策，为新疆发展特色优势产业，积极选择承接东部转移产业，推动传统产业转型升级，发展战略新兴产业提供了巨大的政策支持。新疆必将成为我国经济转型升级新的增长极和未来丝绸之路经济带建设的核心区。

资源保障上：经济社会的持续健康发展需要能源资源的有力支撑。新疆矿产种类全，储量大，特别是油气资源开发潜力巨大，已成为我国重要的能源资源供应区。同时，与新疆毗邻的中亚和蒙古国等也是世界上能源资源最富集的区域之一，依托自身的资金、技术和人才优势，新疆参与合作开发、加工利用的前景非常广阔。因此，依托周边国家丰富的能源资源，打造进口能源加工利用基地和陆上大通道，对我国能源战略安全将是一种极大的支撑和保障，对未来缓解我国能源供应紧张和战略矿产资源不足具有重要意义。

贸易往来上：新疆是我国陆路口岸过货量和贸易额最大的省份，特别是在向西开放进程中，新疆的贸易地位愈加凸显，对外贸易规模迅速扩大。2012 年，新疆的外贸进出口总额达 251.7 亿美元，仅与中亚国家的贸易额就达 175.8 亿美元，占到了我国与其贸易额的 38.3%；其中，与哈萨克斯坦、吉尔吉斯斯坦、塔吉克斯坦三国的贸易额分别占我国与其贸易额的 43.5%、78.2% 和 75.8%。经过新疆口岸的过货量也已经突破 4000 万吨，且仍保持快速增长态势。此外，管道原油累计进口突破 5000 万吨，天然气累计进口突破 400 亿立方米，新疆已经成为我国与中亚乃至丝绸之路沿线国家贸易往来最密切的区域。

二、政策机遇

1. 丝绸之路经济带战略的实施为核心区建设创造机遇

随着丝绸之路经济带战略的实施，特别是共同市场建成后，商品、服务、劳动力、资本自由流通，国家间的各种壁垒消除，区域经济一体化必将向更深层次发展。新疆在丝绸之路经济带中的作用不再单单是通道和集散地，而是作为中亚地区经济发展的引导者和带动者，推动各经济中心重新洗牌，重新组合。目前，新疆和中亚国家经济融合的趋势越来越明显，新疆丝绸之路经济带核心区正在形成。

2. 国家政策对新疆的倾斜和支撑为核心区建设创造机遇

在中央新疆工作座谈会以后，中央出台了一系列关于加快新疆发展和长治久安的政策和措施，从资金、项目、人才等方面加大了对新疆的支持力度，积极帮助新疆发展社会事业，扶持优势特色产业，拓宽增收致富门路，为新疆经济发展注入了新的活力，使新疆进入发展的快车道。在国家的大力支持下，新疆有能力也有信心建设成为丝绸之路经济带核心区。

3. 产业转移和向西开放战略的实施为核心区建设提供空间

中央把新疆作为西部大开发和向西开放的重点，国家加大对新疆优势产业的财力和政策支持力度，进一步推进东部产业向中西部有序转移，支持新疆战略性新兴产业发展，是调整优化我国对外贸易格局，实现全方位对外开放的一项重大举措，对我国在新阶段提高参与经济全球化和区域经济一体化的能力，具有重要的战略意义，也为新疆打造丝绸之路经济带核心区提供了发展空间。

4. 区域合作不断深入，为核心区建设提供空间

上海合作组织以实现区域内货物、资本、服务、技术自由流动为发展目标，逐步与新疆周边国家从贸易投资便利化和自由化、基础设施投资和建设、项目融资等方面形成了全方位、深层次、区域化合作的格局。在融合发展的大背景下，稳定良好的国际合作环境为核心区发展提供机遇。同时，中亚国家都希望搭上我国这列“高速列车”发展的顺风车，也迫切地希望我国新疆成为他们进入亚洲、走向世界的东进门户。中亚各国通过新疆这个平台进一步加大与我国的经贸合作意愿强烈。

三、困难制约

1. 新疆经济发展起步晚，积累不足

自中央新疆工作座谈会召开以来，新疆经济社会发展取得了长足的进步，各

族人民生活水平不断提高，是新疆经济社会发展最快最好的时期。尽管 2012 年新疆 GDP 增长 12%，高于全国 4.2 个百分点，但由于经济发展起步晚、规模小、积累不足，财政自给率仅为 33.41%。要加快新疆对外开放步伐，促进新疆经济发展，必须依靠国家进一步加大政策支持和资金投入。

2. 基础设施互联互通水平低，通道制约明显

新疆与中亚双方的交通等现代化基础设施互联互通水平低，通行能力差，存在较大缺口。新疆向西的铁路通道能力不足，口岸建设滞后，通道“瓶颈”问题突出。铁路建设上，新疆“东联西出”的铁路通道单一，目前只有兰新铁路这一条通道，其运输能力已经趋于饱和，迫切需要拓展新疆出疆通道。铁路口岸少，路网项目建设滞后，目前对外的开放口岸中仅有霍尔果斯和阿拉山口两个铁路口岸与中亚实现联通。空港建设上，目前仅开通了少量直达中亚、欧洲的国际航线，线路少、覆盖面小，通达城市有限，航空中转及枢纽作用尚未得到发挥。口岸建设上，对外开放的 17 个口岸中只有 8 个是面向第三国开放的口岸，其余的只是双边开放或临时开放。通信和信息传输通道建设上，新疆向西陆地光缆仅与哈、吉、塔三国相通，通信距离长、成本高、质量差，对“政策沟通、道路联通、贸易畅通、货币流通和民心相通”形成很大的“瓶颈”制约。

3. 贸易投资便利化水平低，经贸合作存在障碍

当前，新疆在与周边国家贸易往来的过程中，在“一关两检”、签证、货币互换、关税、投资等方面存在诸多政策性限制，贸易和人员往来不畅。人员往来管理较严、限制较多，“一关两检”由于体制上的各自独立，国内各部门协调不顺畅，尚不能形成工作合力，大通关协作机制作用未有效发挥。新疆是我国仅有的两个还没有实现护照按需申领的省份之一，同时，现行的签证政策影响了新疆与周边国家人员往来的便利性。特别是与周边国家开展经贸合作相关的投资签证、商务签证办理困难，对新疆“走出去”的企业造成了很大困扰，迫使中方管理人员、技术和劳务人员短期内需要多次往返，并赴北京办理签证手续，既耗费了时间，又增加了成本。各国主要金融机构海外分支机构和代理行的数量少，结算往来只能通过第三国银行转汇办理，我国人民币跨境试点结算面临诸多障碍，影响货币流通。欧亚经济共同体和“俄白哈”关税同盟二者对我国的挑战，因三国关税和非关税壁垒的消除，使新疆在共同体成员国市场处于不利境地，投资贸易法规还不健全，还缺少一个涵盖丝绸之路经济带的国际政治、经济协调机制，阻碍了新疆与中亚经贸合作。

4. 面临其他省份和城市的竞争，新疆优势地位受到挑战

随着建设丝绸之路经济带上升为国家战略，陕西、甘肃、青海、宁夏、重庆、四川、云南、广西等省区纷纷争当丝绸之路经济带的起点、节点区域和桥头

堡，例如，西安打造丝绸之路经济带的新起点和桥头堡，甘肃打造丝绸之路经济带黄金段，重庆打造丝绸之路经济带的桥头堡等。与此同时，各省市也纷纷提出通过由新疆出境的“亚欧大陆桥”建立对欧快铁，重庆、成都、武汉、郑州已经分别开通了直达欧洲的“渝新欧”、“蓉欧”、“汉新欧”、“郑新欧”国际铁路快线，成为欧洲对华贸易的新枢纽。面临着内地城市的激烈竞争，新疆的区位优势受到削弱。由于新疆对外贸易多是过境贸易，本地产品所占比例很小，加之内地省市开通对欧快铁，新疆与中亚等国的贸易额将会不断下降，存在着被边缘化的风险。

5. 我国参与中亚合作起步较晚，缺乏合作的成熟经验

在中亚的多种国际合作机制中，我国参与很少，而且是较晚进入多边合作的大国。有些起步早、基础好、中亚国家又很重视的国际机制，如欧亚经济共同体，我国并不是正式成员，经常被排斥在外。某些国际机构和国际金融组织在中亚启动的一系列合作项目，我国参与得也比较晚。新疆的向西开放是近几年才提上日程的，尚未如我国东部沿海地区一样摸索出了一套适合本地的、行之有效的经验和模式。目前新疆与中亚的区域合作较为松散，国际化层次也比较低，还未建立起立足于长远发展需要的对外经济合作机制，在丝绸之路经济带核心区建设的实践中，只能逐渐摸索适合新疆本地的方式方法，总结经验。

6. 周边国家经济发展相对落后，区域合作资金短缺

新疆与八国相邻，但周边国家由于经济、社会、历史等原因，综合发展水平相对滞后，这在相当程度上限制了新疆对外贸易的发展。同时，中亚国家财政实力有限，投资丝绸之路经济带通道建设的积极性不高，在一定程度上制约了中亚与新疆互联互通的基础设施项目建设。而上海合作组织框架下，还缺乏为区域内的大型基础设施项目建设提供融资服务的国际金融合作组织，政府间的投资合作和企业“走出去”的投资力度严重不足。

7. 中亚区域内部矛盾较多，环境复杂多变

中亚国家之间的关系由于民族、历史、边界、资源等因素，存在错综复杂的关系。例如吉尔吉斯斯坦与乌兹别克斯坦之间的水资源问题，吉尔吉斯斯坦南部奥什州乌孜别克族与吉尔吉斯族之间的民族问题，乌兹别克斯坦与哈萨克斯坦之间存在的边境问题，乌兹别克斯坦与塔吉克斯坦之间的边境、移民、外交方向分歧问题等，都是中亚乃至更大区域环境复杂多变的重要影响因素。此外，美国与俄罗斯依靠资金和技术优势已经在中亚地区经贸领域争得主动，在中亚国家的国家战略层次中，我国居于相对次要和比较被动的位置。同时，我国在中亚地区威胁论的存在，也增加了新疆与中亚各国之间经济合作的不稳定性和不确定性，阻碍了新疆参与中亚经济区域一体化进程。

第三节　丝绸之路经济带核心区建设的理念原则

一、突出重点，务实推进

丝绸之路经济带建设是一项长期的、艰巨的任务。作为“核心区”，新疆应该也必须发挥重要的作用。但丝绸之路经济带的建设刚刚起步，新疆又是丝绸之路经济带沿线发展相对滞后的区域，因此推进新疆丝绸之路经济带核心区建设，必须要从务实的角度出发，从当前发展最紧迫的需求出发，突出重点，逐个突破。这个重点既包括重点合作开放对象的选择，也包括重点合作发展领域和合作建设项目的确定。

在重点合作对象区域的选择上，中亚地区必须是新疆乃至中国合作开放的重点和首选。尽管丝绸之路经济带范围广阔，包括众多国家和地区，但中亚是新疆的近邻，是中国向西开放的第一站，是建设丝绸之路经济带的基础，并具有示范效应，理应成为丝绸之路经济带的重要板块和核心地带。同时，中亚地处欧亚大陆的中心地带角度，无论从地缘和安全角度，还是资源和文化角度考察，中亚地区对中国都有极其重要的战略意义，唯有与中亚地区全面加强合作，才能营造和平、稳定、安全的环境。

进入2000年后，中国与中亚地区的合作实现了跨越式发展。目前，中国与中亚国家3300多公里的边界已全部划定，中国和中亚国家之间不存在任何难以解决的政治问题。2013年，中国与中亚国家的关系全面提升至战略协作伙伴关系，经贸合作规模增长上百倍，中国成为中亚国家的主要贸易伙伴。

在重点合作发展领域和合作建设项目的确定上，必须要从国家向西开放的整体战略和布局出发，从更好发挥新疆优势和体现新疆作用出发。一是要加快通道基础设施建设，围绕着重点区域尽快打通重点通道，特别是中巴、中吉乌、准东—吉木乃、克拉玛依—巴克图等一批铁路通道的建设，开辟对外开放新通道。二是要充分发挥新疆与中亚地区能源合作的基础优势，打造中亚国际能源合作示范区，以积极进取、务实灵活的姿态参与该地区的双边能源合作、上合组织框架下的多边能源合作，努力实现能源供应多元化，加快提升石油战略储备水平。三是与中亚国家共同打造经贸合作区和开发区，形成相互依存的产业链，将双方共同需要的，能够引领当地工业布局，解决当地就业的产业和项目，通过双方制订相应的项目清单和投资指南，引导支持企业向重点领域和优先领域投资。特别是要将制造业投资，尤其是重工业投资作为与中亚各国经贸合作的重点，一方面能够有效发挥中亚各国的能矿资源优势，促进当地经济发展，推动产业结构升级，拉动就业；另一方面也有利于促进我国重工业企业国际化水平的提高，改变当前我国和中亚国家经贸合作过度集中于能矿资源开采领域的状况。

二、兼顾当前，着眼长远

丝绸之路经济带的建设发展是一个中长期愿景，需要科学、持续、渐进地开拓发展，要有长远的打算。新疆丝绸之路经济带核心区建设也不可能一蹴而就。因此，必须要从当前现实需求的角度积极推动，但更需要着眼长远，明确中长期的发展目标和任务，并持之以恒地贯彻执行。

近期，“核心区”建设要紧紧围绕自治区提出的“三通道”、“三基地”、“五大中心”和“十大进出口产业集聚区”展开，特别是要加快开展“五大中心”建设的规划编制工作，启动实施一批对“核心区”建设全局具有引领作用的重大基础设施和产业发展项目，提前启动有基础、见效快的医疗服务中心、商贸物流中心和交通枢纽中心建设，力争在较短时间内取得阶段性进展，带动“核心区”建设其他各项工作顺利推进。

长远来说，要在当前工作的基础上，从国家战略大局的角度，超前思考、超前探索、超前研究、超前谋划，有预见性地深入开展丝绸之路经济带相关问题研究。要在国家整体发展战略规划的指导下，制定科学完善的丝绸之路经济带核心区建设发展规划，通过统筹经济、贸易、科技、金融等方面资源，发挥好人才、资金、技术领域的比较优势，积极参与区域经济合作，找准深化同周边国家互利合作的战略契合点，把中国梦同周边各国人民过上美好生活的愿望、同地区发展前景对接起来，让命运共同体意识在周边国家落地生根。形成我国同周边国家政治关系更加友好、经济纽带更加牢固、安全合作更加深化、人文联系更加紧密合作的新格局，从而为实现新疆社会稳定和长治久安服务，为拓展我国战略发展空间服务，为实现伟大的中国梦服务。

三、创新观念，优化环境

丝绸之路经济带是一个新命题，建设丝绸之路经济带核心区更是一个新任务，需要不断地尝试探索和持续地改革创新，以创新优化环境，促进发展。建设丝绸之路经济带核心区，要改变传统认为新疆地处西北内陆腹地交通不便的观念，要把新疆放在整个亚欧版图上谋划定位，要用世界眼光看待新疆发展问题，用全球思维树立开放意识，大力营造良好的开放环境，构建具有新疆特色的开放型经济发展新模式。

建设丝绸之路经济带核心区要充分发挥新疆的人文、地缘等优势，不断创新合作模式，在巩固能源贸易合作的同时，加大非资源性领域合作，由单一性资源合作方式转向资源性和非资源性并进合作方式，加强金融合作、文化、教育、科技、卫生等领域合作，把双方利益融合提升到更高水平，让周边国家得益于我国发展，使我国也从周边国家共同发展中获得裨益和助力。合作过程中要更多地发挥企业的主导作用，利用区域内地域分工的力量，促进地域间要素的流动与整合，推进地域产业结构的调整和升级，形成政府推动、市场导向、企业主导的合作模式。

建设丝绸之路经济带核心区要充分发挥新疆地方政府的主动性和积极性，体现新疆在参与国际合作中对中央的配合、补充和支持作用，可借鉴广西主导建立泛北部湾经济合作机制的模式和路径，由自治区政府牵头，建立以新疆为主导的中亚次区域合作机制，深化我国与周边国家的互利共赢合作。

建设丝绸之路经济带核心区要按照建设法治政府、服务型政府的要求和“精简、效能”的原则，全面清理和精简行政审批事项，规范行政审批行为，创新行政审批服务方式，加强行政审批监督，大力创新经济发展环境。要敢于破除行业和部门不合时宜的条条框框，营造招商、引商、亲商、安商、富商的良好氛围，增强政府服务意识，淡化行政管理职能，提高文明执法和文明服务水平。要以政府服务的高效率，带动社会办事的高效率、企业运转的高效率以及推进丝绸之路经济带核心区建设的高效率。

四、联动发展，互利共赢

丝绸之路经济带是一个连接欧亚，覆盖近 40 个国家和 30 亿人口的巨大经济发展区域，需要参与建设的各个主体充分发挥作用并相互合作。新疆是丝绸之路经济带建设的核心区，但要建成核心区，离不开沿线国家和我国沿线相关省区的支持配合，只有通过科学定位、各扬所长、各尽所能、相互协调、相互配合，才能形成合力，共建丝绸之路经济带；只有内外有效沟通，兼顾各方利益，从沿线国家和地区实际发展的需要和诉求出发，才能实现互利共赢、共同发展，进而实现生产要素在整个丝绸之路经济带范围内的自由流动和优化配置，有效增强丝绸之路经济带区域内各方的经济联系，形成统一的区域市场。

（1）资源联动合作。资源深度开发利用是新疆核心区建设的重要支撑，要充分发挥资金、技术优势，通过联动合作开发的模式，积极参与境外周边国家的资源开发，将周边区域及新疆自身的资源优势尽快转化为商品优势、经济优势和市场竞争优势。一方面带动促进资源产地经济发展，提高产品附加值，改变资源产地单纯输出原材料和初级产品的状态；另一方面缓解包括我国东部地区等资源供应紧张状况，充分发挥新疆综合能源基地和国家能源资源陆上大通道的作用。

（2）产业联动合作。这是新疆与内地和周边国家建立联动发展模式的核心和关键。通过产业的转移来实现东中西部生产互补、联动发展，进而形成对中亚和周边国家的产业发展优势。有效缓解产业升级与产业调整的矛盾，整体推进跨地区的产业结构战略性调整，促进产业结构升级，形成合理的区域分工。根据新疆、内地沿海和中亚各国的特色产业，通过名牌产品对接、零部件或初级产品生产基地转移对接和特色产业对接等不同模式来实现产业的联动发展。

（3）市场联动合作。开拓市场和互为市场既是丝绸之路经济带沿线国家的共同任务，也是新疆核心区建设的关键任务，如何更好地实现“走出去、引进来”是新疆融入丝绸之路经济带建设，成功打造核心区的根本保证。因此，从各自特点和实际出发，优先考虑区域内部的互补优势，建立市场联动机制，形成更大合力，才能开拓更加广阔的国际市场。新疆要在整个联动过程中，进一步增强积极性、主动性，与国际组织、外国政府和企业建立更广泛的联系，共同努力，互利共赢，充分体现核心区的作用和地位。

（4）国内区内的联动发展。尽快成立由自治区主要领导负责的专门对外协调机构，加强与丝绸之路经济带沿线各地的省级协调，努力推动各方就丝绸之路经济带建设问题凝聚共识，为推动丝绸之路经济带建设做出积极贡献。各地州也要充分考虑国家和自治区的整体战略意图和工作部署，突出发挥各地的优势，找准定位，合作分工，实现沿线和新疆区域联动。

五、政策支持，先行先试

新疆作为丝绸之路经济带核心区，既能够贯通沿海内陆和亚欧各国，又能够探索跨国内外区域合作发展的新模式，为跨国区域合作创造经验。中央在第二次新疆工作座谈会中明确了新疆建设丝绸之路经济带核心区的战略定位。因此，除了政策、投资、项目等方面的支持外，还需要进一步加强机制体制创新，赋予新疆“先行先试”的特权。

（1）加强与周边国家合作机制建设。全面梳理我区与周边国家现有合作机制，并根据建设丝绸之路经济带的新形势、新要求，进行改组、升级、完善或新建相关合作机制。争取上海合作组织、中阿合作论坛框架下组织机构落户新疆，并更多地在新疆举办大型国际展会活动。加强国际协作，与相关国家就丝绸之路经济带交通主通道建设的空间布局、线路走向、建设方式、运营保障、协作责任等方面达成一致，为全面展开丝绸之路经济带交通主通道建设工作提供国际协作基础。积极就国际运输顺畅衔接做出统筹安排，国家层面可以新疆为试点，通过国际间的协调沟通，力争实现交通主通道双边、多边的国际运输顺畅衔接，为丝

绸之路经济带初步成型奠定坚实的国际运输衔接基础。

（2）加强与中亚国家贸易便利化合作。进一步加强双边对话与沟通，以新疆为支撑，建立中国与中亚国家海关及相关政府机构与商界更加紧密的战略合作伙伴关系，通过积极参与中亚地区经济合作推动贸易便利化发展。新疆要以中亚区域经济合作（CAREC）框架下的八国海关合作机制，以及上海合作组织框架下的贸易投资便利化机制为平台，进一步加强与哈萨克斯坦等中亚国家海关部门的沟通协调。

（3）制定鼓励企业开展加工贸易的政策。研究制定与新疆核心区相适应的支持企业发展的相关优惠政策措施。鼓励国内外投资者以独资、合资、合作、参股等多种形式在新疆发展加工贸易。支持新疆建设承接产业转移示范区，面向国际市场发展先进装备制造、特色农产品加工、纺织服装、矿产资源等加工业。由国家层面考虑安排，尽快与中亚国家签订政府间合作协议，同时专门制定支持进口资源在新疆就地加工转化的政策措施，例如，对我国企业在中亚及周边国家从事原油等能源开发的，赋予进口经营资质并安排非国营贸易进口允许量；支持新疆企业在中亚国家选择合适区域进行煤炭资源开发，满足南疆能源资源缺乏地区的煤炭供应。

（4）实施更加优惠的对外开放政策。新疆的发展必须是开放的发展，新疆的稳定也必须是开放的稳定。新疆建设丝绸之路经济带核心区，需要更加开放的环境。建议将新疆列为提升沿边开放的试点省份，实施特殊的对外开放政策。进一步放开新疆的边境贸易及出境旅游政策，出台促进周边国家前来新疆开展旅游购物的鼓励政策，给予伊宁和喀什机场落地签证政策，允许利用边境通行证等形式开展边境旅游；允许新疆护照办理实行按需申领，积极与中亚五国协商签订互免签证协议，或者缩短当地办理有效签证的时间，延长居留时间；允许新疆周边有条件国家在乌鲁木齐设立领事馆；在喀什、霍尔果斯设立签证代办处，给予其办理落地签证以及入境人员与车辆特别通行证权限等政策；在我国驻中亚国家领事馆设立专门服务新疆的机构或部门，并从新疆选派熟悉相关工作的人员，提高服务的针对性。

第四节　丝绸之路经济带核心区建设的方向选择

打造新疆丝绸之路经济带核心区，一方面要在高度契合国家的整体战略基础上充分发挥新疆的比较优势；另一方面则要围绕“五通”，寻找与周边国家合作的利益共同点，先易后难、分类施策、重点突破，积小胜为大胜。新疆丝绸之路经济带核心区建设要在以中亚国家及周边国家为重点的基础上，以创新区域合作模式为突破，加快开放步伐，扩大开放领域，提高开放水平，深入推进与丝绸之路经济带沿线国家在基础设施、产业发展、人文交流、城市发展以及平台建设等相关领域全方位、深层次的交流合作，进一步增强新疆在丝绸之路经济带上的影响力和竞争力。

一、优先完善互联互通基础设施建设

促进基础设施的互联互通，要抓住关键通道建设，努力形成新疆连接内外、安全畅通的基础设施网络体系，提升新疆在中国与中亚地区的国际大通道作用。依托现有新亚欧大陆桥和交通干线，以建设“东联西进”、畅通高效的国际大通道为目标，以国家总体交通规划和促进全疆经济社会更快发展的需要为依据，以联通中亚、印度洋、欧洲、内地省区为基本取向，在原有“东联西出、西来东去”基础上继续畅通“南来北往”。强化铁路建设，着力形成中线、南线和北线的向西开放空间格局，构筑新疆与内地及周边国家便捷顺畅的铁路运输大通道，使新疆真正成为祖国西部面向国内国外两个市场的铁路网络枢纽地区。加强高速公路建设，注意公路交通网络衔接，进一步改善通往国家重要陆路口岸的通行条件，提升公路交通公共服务。优化机场网络结构，加强枢纽机场和干线机场建设，完善乌鲁木齐的门户枢纽机场功能。加快原油及成品油、天然气管道网络建设，积极推进陆路原油进出口通道及配套干线工程建设。加快信息基础设施建设，推进通信枢纽建设，构建乌鲁木齐连接亚欧非的西向国际通信、信息传输和光缆大通道。积极推进物联网、云计算等新技术在商贸物流业中的应用，建设以先进信息技术平台为支撑、线上线下深度融合的乌鲁木齐陆路港。积极促进电子商务发展，建成覆盖周边国家和内地、功能齐全的物流信息网络和电子商务交易平台，为跨境电子商务提供有力支持。逐步形成以乌鲁木齐为枢纽，以区域中心城市、重点边境口岸为节点的畅通国际大通道，发挥新疆“一肩挑两头”的作用。

二、加快培育发展具有区域特色的外向型产业

近年来，新疆与周边国家经贸往来频繁，对外贸易额不断攀升，但是贸易结构不平衡问题依旧十分突出。丝绸之路经济带核心区建设需要新疆更加积极主动地适应国内外经贸发展新形势，实现对外贸易发展方式的根本转变。充分发挥“两种资源、两个市场”的优势，坚持互利共赢的原则，围绕“十大进出口产业集聚区”建设目标，发展面向周边及沿线国家的外向型产业。

1. 农牧业领域

（1）进一步优化农业产业结构，提高农牧产品的市场竞争力。农业领域，新疆可与周边国家在主要包括棉花、粮食等对双方都很重要的经济作物和粮食作物的品种资源搜集、良种引进与选育、品种与种子审定、良种繁育与推广、大规模机械化集约化种植、机械化植物保护、节水灌溉、果蔬新品种引进和大面积推广等方面，改进畜群结构、草场改良、家禽集约化大规模生产等方面，双方可以开展全方位的合作。畜产品加工的优势互补还远未提升到产业合作的规模，该领域极具合作潜力，是提升双方产业合作的重点领域之一。

（2）依托特色农林牧产品资源，建设国家绿色食品加工出口基地。面向内地、中亚及欧洲市场，不断扩大产业规模，提高加工转化能力，提高产品附加值和市场竞争力，建设国家绿色食品加工出口基地，打造有独特区域优势和良好市场竞争力的产业集群，形成市场广、加工深、品牌好、配套全、特色鲜明的轻工业发展新格局。一是加快绿色有机清真食品加工出口基地建设，发展现代食品工业。打造制糖、罐头（蔬菜）、肉及肉制品、乳制品、酿酒、饮料、特色林果加工、淀粉及制品、粮油、饲料食品工业十大产业体系。二是积极开拓市场，发展外向型经济。积极拓展中亚、西亚等国际市场，促进向西出口产品就地加工增值。

（3）积极搭建营销平台。建设区内外衔接互动、功能完善、交易规范的农产品批发市场，支持大型流通企业、加工龙头企业开展农产品营销，建设电子商务平台，建立从农产品生产、加工、运输、仓储、配送到消费的一体化现代农产品物流体系。大力实施农产品品牌战略，树立新疆农产品品牌形象。着力建设好北京、上海、广东等农产品展销平台，扩大特色农产品的销售规模。加快扶持建设一批外向型农产品出口生产、加工基地，建立外向型农业发展合作机制，积极开拓以周边国家为主的农产品国际市场。通过构建农产品现代营销网络与现代物流模式，建立农产品市场外销体系和流通新体系。

2. 加工制造领域

（1）发展面向国际市场的先进装备制造业。积极发展特色先进装备制造产业集群，重点建设输变电装备、新能源装备、石油石化装备、矿山和工程机械、农牧机械、汽车六大产业集群。加快建设乌鲁木齐—昌吉、石河子、库尔勒、奎屯—独山子—克拉玛依、伊犁、阿克苏、喀什等装备制造业基地。促进乌鲁木齐汽车产业基地、昌吉电力装备生产基地、克拉玛依石油化工设备及石油钻探设备生产基地建设。完善基础加工配套能力，积极发展制造服务业，大力开拓内地和中亚两个市场，建设丝绸之路经济带上的特色装备制造基地。

（2）发展更具国际竞争优势的矿产资源加工业。按照“分散采矿、分片选矿、集中冶炼”的原则，统筹规划，合理布局，加大资源勘查力度，提高资源保障能力，充分利用国内外资源，以规模大、起点高、技术新、环保型的项目建设为重点，做大做强矿产资源加工业，延长产业链，提高产业集中度。支持具备条件的企业到中亚国家购矿、独资或合资办矿；鼓励、支持地方企业参与周边国家石油石化资源进口，做大做强下游产品精深加工业，最大限度延伸产业链；依托区内低电价优势，在主要进口口岸周边地区，着力打造煤—电—冶一体化产业链，高起点、高标准形成一批矿产资源冶炼、深加工产业群。鼓励区内大企业集团在资源领域“走出去、拿回来”，利用中亚丰富的矿产资源，在周边国家建设矿产品加工产业集聚区。

（3）发展面向国际的民族服装加工基地。落实国家对新疆纺织发展的支持政策，按照新疆发布的《发展纺织服装产业带动就业规划纲要（2014～2023年）》，着力加强“三城七园一中心”（“三城”即阿克苏纺织工业城、石河子纺织工业城、库尔勒纺织工业城；“七园”即哈密、巴楚、阿拉尔、沙雅、玛纳斯、奎屯、霍尔果斯；“一中心”即乌鲁木齐纺织品国际商贸中心）建设，调整产业布局、优化投资环境，走规模化、集聚化、国际化、高附加值的发展道路，实现从原料输出逐步向成品输出的转变，把新疆建成依托内地面向中亚乃至欧洲的纺织品服装出口加工基地和区域性国际商贸中心。促进纺织产业专业化、集约化发展。鼓励支持国内外具有产业链优势和销售渠道的深加工纺织大企业（集团）在新疆建立产业链的前端，构建跨区域的上下游紧密联系的产业链，加快建设向西开放的出口纺织品生产基地。积极发展印染、针织、服装、家纺等深加工产业。大力发展民族服装（服饰），完善新疆纺织服装产业链，加快建设向西出口的服装加工基地。

3. 现代服务业领域

（1）推进物流业对外开放和国际合作。加快新疆与内地及周边国家物流大通道建设，支持企业参与中亚国家互联互通项目建设，形成区内物流、国内物流和国际物流互动发展的现代物流网络体系。积极推进连锁经营、物流配送、电子商务、代理联运等现代流通方式。培育专业化物流企业，大力发展第三方物流配送服务，加快企业生产流程再造，促进物流配送的社会化。引导和支持国内外有实力的大企业大集团通过兼并、参股、联合等方式，实现物流产业要素的优化配置，构筑全疆物流体系综合平台。加强大宗重要商品、生活必需品等应急物流体系和物流基础设施建设。积极推进生产制造业与物流业联动发展，重点推进装备制造业、石油化工、煤化工、农产品加工、建材等行业的物流服务，支持信息技术在制造业物流领域的创新与应用，引导制造业企业加快物流业务整合、分离和外包。推进边境贸易电子商务平台与物流信息化集成发展。建立健全公共物流服

务体系，促进公共物流平台建设。

（2）积极稳妥推进跨境旅游业。充分发挥乌鲁木齐市区位优势与旅游资源优势的叠加效应，争取国家政策倾斜，建设乌鲁木齐旅游贸易特区及欧亚大陆航空网络中转中心、中亚地区商贸中心和客货流集散地；以喀什为中心，以红其拉甫和伊尔克什坦口岸为依托，以城镇为支撑，推动我国与塔吉克斯坦、吉尔吉斯斯坦、阿富汗、巴基斯坦和印度等多国贸易旅游区的形成和发展；进一步完善霍尔果斯、阿拉山口、红其拉甫、吐尔尕特、塔克什肯、巴克图、吉木乃等口岸的接待设施及边境旅游市场环境，加强区域合作，发展边境观光旅游和边境贸易。开发具有地域特色和民族特点的旅游品牌与项目，构建丝绸之路民俗旅游产品、生态旅游和特种旅游产品体系，将生态资源、历史文化遗产资源等转化为产品优势和产业优势，全力打造丝绸之路旅游品牌，带动沿线景区的开发和建设。加强与周边国家的旅游合作，积极稳妥推进跨境旅游。加快培育优质旅游市场主体，引导和支持国内外大企业大集团参与新疆旅游市场的整合与开发，不断提升旅游产业发展层次和水平，把新疆建设成为我国重要的旅游目的地。

三、构建支撑核心区建设的新型城镇发展格局

城镇是新疆丝绸之路经济带核心区发展的核心支撑，所有的通道必须经过城市，所有的中心、基地也必须依托城市，而且由于新疆地域广阔，不可能仅依靠首位城市乌鲁木齐来实现带动核心区的整体建设和发展，因而必须构建支撑核心区建设的新型城镇发展格局，制定实施有助于核心区发展的新疆区域城市发展战略。

1. 因地制宜，制定出符合新疆区情的城市发展战略

新疆丝绸之路经济带核心区城市布局和发展战略要充分考虑国家整体战略和区域开放合作的需求，更要与新疆绿洲城市发展的特点相适应，城市发展战略要有全球视野，要有超前的眼光，要遵循城市本身的发展规律，要在深刻认识城市未来发展趋势的基础上，形成符合新疆区情的城市发展战略和思路。一方面要根据资源环境的承载能力来确定功能定位和开发模式，据此控制开发的强度，完善开发的政策；另一方面要充分考虑新疆城市多元文化融合的特点，构建多个民族、多元文化共生的社会生态环境。通过规划定位城市功能、产业分工，加强城市间经济交流和联系，探索城市群、城镇组群、区域性城市圈集约发展模式，实现城镇化与对外开放相互促进和互为支撑。

2. 加快发展区域中心城市，培育新的经济增长极

一是以天山北坡城市群为依托，优化提升城市体系内部的协调性和核心竞争力，增强天山北坡城市群发展的综合水平与质量，重点将乌鲁木齐建设成为丝绸

之路经济带上有重要国际影响的区域国际性大城市，联合昌吉、石河子、克拉玛依以及周边其他城市共同支撑服务丝绸之路经济带核心区提出的“交通枢纽中心、商贸物流中心、金融中心、文化科教中心、医疗服务中心”五大中心建设 。二是加快除天山北坡城市群外的其他几个重要区域城市体系建设，着力打造以喀什为中心的南疆西南部城市群、以库尔勒为中心的南疆东北部城市群和以伊宁为中心的伊犁河谷城市群，优化城市体系内部结构，加大基础设施和产业集群建设，培育多层次的市场体系，将喀什、库尔勒和伊宁等城市建设成为百万人口的大城市，成为新丝绸之路经济带的重要中心城市和经济增长极，使之成为中国向西开放的重要窗口、中亚经济圈的核心地区。三是加强兵团城市建设，构建兵团城市体系。新疆生产建设兵团是建设新疆、保卫新疆的重要力量，兵团城市具有鲜明的特点，是新疆城市的重要组成部分，在核心区建设进程中，要加大对兵团城市进行制度创新、体制创新，加快兵团城市的培育发展，尤其是要加快边境小城镇建设，全面实现兵团从“屯田戍边”向“建城戍边”转型。积极推进兵地融合，实现地方城市与兵团城市统筹协调发展，形成不同类型城市互动、共生、共荣、共同发展的良性互动局面。

四、有效发挥对外开放平台作用功能

丝绸之路经济带核心区建设背景下，加快新疆对外开放步伐，就必须借助不同层次、不同领域的对外开放合作平台，与周边及相关国家建立多渠道、多角度的合作关系。

1. 发挥好区域现有平台的作用

进一步完善和利用好上海合作组织、中亚区域经济合作（CAREC）、政府间经贸混委会等区域或双边合作机制。积极参与相关合作领域的磋商与谈判，落实政府间达成的合作项目，深化中国（新疆）与中亚国家及俄罗斯的经贸合作，推动贸易自由化进程，发挥其在丝绸之路经济带核心区建设中的规划、引领作用。利用和完善中俄地方边境经贸协调机制、新疆—塔吉克斯坦经贸合作分委会等机制，积极开展地方政府间定期磋商，推进贸易与投资便利化，推动建立新疆—哈萨克斯坦经贸工作机制、新疆—中亚紧密合作经济圈，探索建立与南亚、西亚国家的区域合作机制。

2. 有效提升新疆展会的国际影响力

借鉴国内外会展的成功运作模式，坚持政府推动，市场引领，积极发挥行业协会作用，办好中国—亚欧博览会、喀什—中亚南亚商品交易会等大型国际会展，进一步增强亚欧博览会知名度，提升喀什—中亚南亚商品交易会等其他展会的规格，全面扩大新疆各类国际会展的品牌效应。加快新疆会展配套体系建设，

推进会展信息平台、会展中心硬件以及相关便捷交通网络等必备要素的建设，出台配套政策，加快人才培养。进一步加强与国内外企业交流，积极参加国外会展，开办境外会展，开拓国外新兴市场。积极邀请中亚国家来新疆举办各种会展，加强促投领域合作，拓展互利合作空间。

3. 加快推进境内外经济开发区或合作园区建设

坚持产业先行，按照“制度创新、政策创新、合作创新和服务创新”原则，加快推进喀什和霍尔果斯两个国家级经济开发区建设，适时启动吉木乃跨境产业合作园区建设，形成北中南三大开放型经济园区布局，打造我国西部发展高地和向西开放高端平台，发挥其在丝绸之路经济带中的辐射、带动作用。要积极吸收周边国家参与我园区建设，并调动双方各界力量在沿线国家合作建设园区。

五、全面扩大向东向西人文交流合作

继续扩大新疆对外文化交流合作。新疆作为丝绸之路东西方多元文化交流荟萃的中心，文化的融合发展独具特色，特别是与周边国家同宗同源的民族文化有利于新疆进一步扩大对外的交流开放。丝绸之路经济带核心区建设，需要全方位深化新疆与丝绸之路经济带沿线各国人民间的“民心相通”，将新疆建设成为丝绸之路经济带上重要的文化科教中心。

1. 文化交流

有针对性地开展与丝绸之路经济带沿线国家政府间的文化交流活动，进一步加大与内地省区的文化交流合作，促进各民族文化相互借鉴，共同繁荣；加快特色文化“走出去、引进来”步伐，办好中国新疆国际民族舞蹈节、丝绸之路国际服装节、亚欧博览会—中外文化展周、克州国际玛纳斯文化旅游节、新丝路国际文化产业博览会、新疆当代艺术国际双年展等特色文化品牌活动，加快新疆文化的国际化步伐。建立和完善文化产品出口和文化服务出口的资金补助、出口奖励、税收减免等政策，大力推动舞台艺术、文化展览、非物质文化遗产展示、文化产业项目、艺术品交易、版权贸易、动漫及数字文化产品“走出去”，弘扬中华文化；通过定期开展与周边国家的体育竞赛、体育表演等体育项目以及采用“请进来、走出去”方式积极推进双向交流。

筹备建立中亚文化中心，发挥新疆与中亚各国各同源跨国民族居民有着共同的语言、历史、宗教、文化背景，有着密切交往的传统，甚至是亲缘关系，他们之间具有高度的认同感和亲近感的优势，将中亚地区各民族中具有广泛群众基础的赛马、刁羊、姑娘追、达瓦孜、刀郎舞等中亚地区传统体育项目列入中亚文化中心交流的项目中，更能产生中亚国家同源民族之间的共鸣，起到促进中亚文化交流的积极作用；将中国传统文化中的太极拳、戏剧、民俗等特色文化也列入到中亚文化中心交流的范围内；同时将中亚各国家自身的特色文化列入中亚文化中心交流项目，统筹各国文化资源，举办文化节、文化月、文化周、文化展、文艺团体演出等活动，使其成为了解各国文化历史习俗的通道，加速中亚各国文化的互相了解和互相尊重。

2. 教育合作

争取国家支持，在亚欧博览会平台上定期举办国际教育论坛和大学校长论坛；进一步扩大孔子学院规模和影响，积极开展疆内高校学生与周边及沿线国家的留学互访活动，大力推动新疆高校与周边及沿线国家高校开展合作办学，加强新疆高校来华留学示范基地、预科基地、援外培训基地建设；加大基础设施建设投入力度，配备高水平师资，实施“丝绸之路经济带国际合作人才培养工程”，建设“丝绸之路职业教育学院”、“中亚国际学校”，形成完整的丝绸之路经济带国际合作人才培养链。

3. 科技服务

支持高校和相关研究机构通过协同创新方式，深化丝绸之路经济带和中亚问题研究。积极发挥新疆在我国与中亚国家科技合作活动的组织协调和服务等功能，将新疆打造成中国—中亚科技合作中心总部，具体负责组织协调在新疆和中亚国家建设国际科技合作基地、联合实验室、联合工程技术研究中心、创新园及产业示范基地；积极构建面向中亚国家的科学研究、学术交流、先进实用技术和科研成果转化平台；大力开展中国新疆与中亚区域科技合作战略与政策研究，提供资料翻译、信息加工、信息发布和信息共享服务，建立面向中亚区域的集科技、科研、环境监测、地震预测等多方面信息资源及数据产品为一体的网络。发挥新疆知名企业的研发优势，与周边国家合作建设区域企业创新研发基地、研发实验室，重点推进农业研发机构、高新园区对外合作。

六、鼓励创新区域金融服务

构建丝绸之路经济带对我国的对外开放战略提出了更高要求，密切与沿线国家的投资贸易以及交流合作，离不开强有力的金融支持，这也是新疆丝绸之路经济带核心区建设“金融中心”最大的需求和依据。进一步扩大新疆金融对外开放，着力推进国际区域间的金融对话机制、组织机构合作、投融资市场、支付清算机制等领域的建设，加速推进丝绸之路经济带融资、清算、金融市场、外汇交易等金融平台建设，加快形成丝绸之路经济带区域金融中心。

1. 拓展和规范贸易结算方式

金融机构需要加强金融基础设施建设，积极探索建立与中亚国家的多边清算体系，加大对国际结算业务的重视程度和投入力度，探索开发新兴支付工具以及

特色支付结算服务项目。一方面，努力办好汇款、托收及信用证等基本国际结算业务。另一方面，适时更新有关业务操作规程，推出并扩大贸易结算新业务，如进口押汇、出口托收抵押贷款、即期出口托收押汇、远期出口信用证押汇等，中国银行新疆分行在这方面已有一定的经验，为企业提供多元化的结算方式，加快企业收结汇速度，保护外贸企业的利益。边贸部门和金融机构应采取各种有效措施积极引导推广信用证、保函、国际保理等安全快捷的国际结算方式。国内外汇指定银行及中亚的中资银行应积极向中外客户推行信用证等结算方式，宣传其在规避贸易风险方面的功能作用。新疆企业也应进一步强化汇率风险意识，预先采取防范措施，做到安全稳妥做贸易。

2. 互设金融机构，加强清算合作

目前中国银行、中国工商银行、国家开发银行在哈萨克斯坦、吉尔吉斯斯坦等国设立了分支机构，但双边贸易结算仍然主要依托美洲、欧洲银行等中转行与中亚国家国内银行建立的银行结算关系进行转汇。以哈萨克斯坦为例，阿拉山口口岸和哈萨克斯坦约80%的边境贸易通过美洲银行等国际金融机构转汇，20%通过直接与中国银行、工商银行在哈国的境外分支机构直汇方式进行。各国应逐步放宽金融准入限制，降低互设金融分支机构的政策门槛。在与中亚国家开展中央银行层面合作的同时，应鼓励中国商业银行根据自身情况积极实施“走出去”战略。中国五大商业银行等全国性大型商业银行可以首先进入区域内的金融中心，如哈萨克斯坦的阿拉木图等，进而将其业务扩展至整个中亚区域。同时，新疆地区的地方性金融机构可以在中亚国家边境地区发展国际业务、设立分支机构，更好地为外贸企业提供贸易信息和结算服务。

3. 建立统一的支付网络结算体系

畅通的网络结算渠道是保证双边贸易快速发展的重要条件，目前，中国与中亚五国银行结算方式还未形成统一的网络结算体系。中国与中亚国家可以合作建立为区域贸易服务的以商业银行为中心的多边清算系统，尽快建立彼此间的多边清算网络体系。我国需要与中亚国家协商搭建金融结算服务平台，健全跨境金融信息交流系统，疏通跨境结算渠道，完善支付结算的相关政策安排，建立统一的支付结算网络体系。完善区域内的票据联合结算、银行卡网络互联，采用全球通用的SWIFT系统，实现境外综合业务处理系统（FOVA）与境内综合业务处理系统（NOVA）的互联互通，以便更好地进行跨行、跨境支付结算，建立和开通中国与中亚国家资金清算的“双向”高速公路。

4. 扩大本币结算规模

新疆于2010年6月被纳入第二批跨境贸易人民币结算试点范围，试点业务范围包括跨境货物贸易、服务贸易和其他经常项目人民币结算。中国已与哈萨克斯坦、吉尔吉斯斯坦的中央银行签订了双边边贸本币结算协议，允许在边境贸易中使用本币结算，并先后与乌兹别克斯坦、哈萨克斯坦签署了规模分别为7亿元、70亿元的货币互换协议。在国家层面，需要加强与中亚五国央行、政府间的互动，建立良好的沟通交流机制，积极推进与其他中亚国家签订本币结算协议和货币互换协议，采取积极措施落实双边本币互换安排、推动本币结算。适当放宽人民币现钞出入境限制，以满足商贸、物流结算的人民币需求。同时，需要进一步解决境外人民币回流的问题，允许中亚国家用人民币购买我国国债、商品以及对我国进行直接投资，畅通人民币流通渠道。对金融机构而言，需要推进人民币与中亚国家货币直接兑换，特别是要加强中哈银行间人民币对坚戈直接汇率项下的现汇业务，促使游离于银行体系之外的资金回流银行结售汇体系。加大人民币结算的宣传力度，加强对对方国家本币结算业务人员的培训学习和经验交流。在边境地区，借鉴我国云南和广西两省区与缅甸、越南、老挝等国的人民币结算模式，推进边境地区银行间互设本币结算账户。利用我国与吉尔吉斯斯坦和哈萨克斯坦的本币结算协定，疏通人民币清算渠道，扩大人民币结算范围。在辐射力较强的边境口岸设立跨境人民币服务中心，增设人民币兑换点，建立边贸人民币结算的便利化服务体系。

5. 加快推进构建中国—中亚金融合作平台

金融合作是经贸合作的基础建设，中亚地区合作伙伴缺少金融支持途径，推动建立上海合作组织开发银行，可以为中国与中亚国家基础设施建设和经贸合作项目提供融资保障和结算平台。同时，尽快设立上海合作组织专门账户，能为中国与中亚国家框架内项目研究和交流培训提供资金支持。成立上海合作组织开发银行和上海合作组织专门账户，加强本地区各国金融机构交流合作，将成为振兴中亚经济发展的基础，同时也可以为加强创新区域金融合作模式研究和探索，有助于建立金融合作交流机制，构建中国—中亚经济金融合作平台，进一步提升金融在中国与中亚区域经济发展中的支撑作用。

6. 建立乌鲁木齐中亚区域金融中心

新疆处于我国西部边陲，特殊的地理区位和自然环境造成新疆远离中国核心经济区，但是从我国构建向西开放新格局的战略高度，新疆又是我国向西开放的桥头堡，全国与中亚各国贸易额的80%～90%是通过新疆进行的，新疆的众多口岸，成为我国沟通中亚各国的门户。乌鲁木齐地处新疆经济最为发达的天山北坡经济带，同时又是首府城市。在新疆，乌鲁木齐市的政治、经济、金融等资源和各种基础设施远高于疆内其他城市，目前作为全疆的政治、经济、科技、文化、金融中心城市，已经具有了良好的基础，有条件再进一步将金融服务辐射的范围向西拓展，构建中亚区域金融中心。当前，在共建丝绸之路经济带这一大背

景下，无疑是对新疆的对外开放战略提出了更高的要求，而突破口之一就是将乌鲁木齐建成在中亚区域有重要影响力的金融中心城市，构建中亚区域金融中心可以明显增强乌鲁木齐在中亚地区的影响力。同时也可以为中亚区域贸易和投资便利化提供强有力的金融支持。

7. 推进喀什、霍尔果斯经济开发区区域性金融合作先行先试

2009 年 7 月，我国开始开展跨境贸易人民币结算试点工作，迈出了人民币走向国际化的重要一步。2010 年 6 月，新疆被选入第二批试点地区，2011 年 8 月，新疆等边境省份对外开展跨境贸易的境外地域范围由原来的毗邻国家扩展到境外所有国家和地区。截至 2012 年 9 月末，新疆已与哈萨克斯坦、吉尔吉斯斯坦、蒙古国等 42 个国家和地区开展了跨境人民币业务，累计办理跨境人民币结算业务 326. 7 亿元，对提高企业贸易投资便利化，支持新疆涉外经济发展发挥了重要作用。目前，新疆跨境人民币直接清算网络已覆盖巴基斯坦、吉尔吉斯斯坦等 12 个国家和地区。9 个国家的 33 家境外银行在新疆境内银行开立了 35 个人民币同业往来账户，10 个国家和地区的企业在新疆银行开立 27 个非居民机构人民币账户。新疆作为全国第一个获准开展跨境直接投资人民币结算试点的省区，自 2010 年 10 月 29 日获准跨境贸易与投资人民币结算试点以来发展迅速，截至 2013 年 6 月末，结算总额达 61. 54 亿元。随着人民币跨境结算政策的不断完善，人民币在周边国家贸易中使用会越来越多，特别是在旅游购物、对外援助、涉外采购、跨境投资等方面，将会有更多的企业愿意选择人民币作为计价和结算货币。

喀什、霍尔果斯经济开发区与中亚国家毗邻，具有独特的区位优势，同时作为我国向西开放的重要窗口和新疆跨越式发展新的经济增长点，在当前共建丝绸之路经济带的过程中，扮演着十分重要的作用，该区域金融合作中可以先行先试，在现有的人民币跨境结算基础上，与东部发达地区金融中心加强合作，探索边境地区人民币现钞出入境、人民币兑换及进一步完善人民币出入境结算出口享受的退税政策等，使人民币逐渐成为中国与中亚贸易投资等经济活动中普遍被接受的货币，使喀什、霍尔果斯经济开发区成为中亚区域人民币交易和结算中心，以推动人民币在中亚国家的流通。

七、大力发展医疗健康服务

充分发挥新疆现有医疗硬件设施和诊疗服务水平的优势，抓住乌鲁木齐市这个突破口，着眼高端医疗服务，培育市场和拉动需求；抓好品牌战略突破口，加大对中医、民族医等特色医疗的宣传力度，快速提升医疗服务中心影响力；抓好信息通道互联互通突破口，创新国际医疗服务合作机制，力争与周边国家医疗市

场形成跨境远程医疗服务网络及共同发展格局，构建丝绸之路经济带上重要的医疗服务中心。

1. 积极开展面向周边及沿线国家的医疗卫生服务

发挥乌鲁木齐等地大型综合医院和专科医院作用和诊疗服务水平优势，在重点三甲医院和特色医院设立国际部，并在乌昌地区建立面向中亚区域的国际性医疗中心；构建国际医疗卫生合作机制，建立与周边国家正式的医疗合作关系，签订国际医疗合作框架协议；加大对新疆特色优势诊疗科室和特色医药的宣传推介，扩大知名度，推动旅游医疗，进一步简化手续，开通面向国外患者的专业服务通道和服务平台，为就诊和治疗提供便捷服务。发挥中医民族医优势，建设中国维吾尔和哈萨克医药国际诊疗服务中心。积极向国家争取，利用制定土地、税收、医疗服务产品价格等方面特殊政策，吸引外资和民营资本落地新疆，进一步丰富新疆医疗卫生资源，提高面向国际的医疗服务水平。

2. 大力推广中药民族药等传统医药

整合区内外中药、民族药研发、医疗、教育和生产机构的优势资源，加快实施“维吾尔—尤纳尼传统医药国际合作计划”，建设双边或多边的维吾尔—尤纳尼传统医药药效、安全评价和质量控制的国际合作中心；加大以特色天然药物保护、开发和利用为重点的研究与开发，建立“中亚天然药物提取分离中心”。积极建设药品、药材交易中心，采取优惠政策支持，吸引国内外医药公司来疆或在周边国家举办展销展览活动。

3. 积极开展与周边国家的专业医疗人才培养和交流

以合作项目和技术为依托，开展双边互派医药科研专家、医药科技人员的互访和医药科研高级人才、急需人才的培养工作；加快医科大学医学培训基地建设，特别是中医民族医药学科建设；定期举办国际医疗论坛，加强学术交流，组织双方大学、科研机构建立对口的互利合作关系，进一步扩大新疆医疗服务的影响力。积极推进国际医疗卫生领域合作机制，与周边国家建立传染病疫情信息通报制度和卫生应急处置协调机制，畅通传染病疫情防治的沟通渠道，提高与周边国家重点传染病的综合应对，构建区域防控工作网络。

八、强化与周边国家的安全合作

维护地区安全稳定既是新疆与周边国家共同的核心利益，也是新疆打造丝绸之路经济带核心区的最大支撑和进一步推进新疆全面对外开放的重要保障。在现有合作基础上，充分调动政治、经济、外事、人文、安全、宣传等领域资源，进一步加强与周边国家安全合作，挤压“三股势力”的生存空间，前移安全防线，筑牢安全屏障也是新疆丝绸之路经济带核心区建设的关键之一。

1. 不断深化安全合作的政治共识

积极配合国家政策，推动周边国家在涉疆问题上做出更完整、更积极公开的表态，推动周边国家继续给予新疆更多实质性支持、配合，不允许利用其领土搞反华分裂、暴力恐怖和极端宗教思想渗透活动。

2. 积极拓宽安全合作领域

继续加强与周边国家反恐合作的同时，加强反分裂、反极端合作，推动反分裂、反极端、反恐怖合作三位一体协调发展。推动周边国家与新疆共同采取有效措施，加强对油气管道等互联互通基础设施、新疆在周边国家企业的安全保卫。在禁毒、反武器走私等方面加强合作。充分发挥边境会晤等现有机制作用。与周边国家探讨建立边防联查联防联管机制，提高协同配合能力和工作效率，严防“三股势力”分子潜入潜出，创建平安边境。

3. 定期与周边国家进行安全会晤

继续积极参与我国与有关国家安全反恐磋商及全球反恐论坛等相关多边会议，并积极争取磋商在新疆举行。利用好上海合作组织这个平台，积极推动上海合作组织框架下安全领域的相关会议、合作项目落地新疆，推进各国在情报交换与研判、案件协查、抓捕遣返嫌犯、打击犯罪分子等方面保持常态性合作。同时，积极争取国家在新疆设立中国—中亚安全反恐培训中心，并安排由新疆主要负责执行我国对周边国家安全援助项目，并根据需要，应有关国家请求由新疆组派专门力量协助其打击“三股势力”。

4. 加强与周边国家多领域交流

相互学习宗教管理工作经验，重点借鉴去极端化的成功经验和做法。邀请周边国家、阿拉伯国家伊斯兰教头面人物来访，借用外力正本清源，以正统伊斯兰教教义引导群众自觉抵制宗教极端思想，提高新疆宗教界领袖做“三股势力”分子转化工作的能力。加强与周边国家在境外非政府组织管理工作方面的交流与合作。提高新疆对境外非政府组织的管理与服务水平，引导其为新疆教育、扶贫、慈善等工作发挥积极作用，并严密防范其渗透破坏活动。

第五节　丝绸之路经济带核心区建设的模式思考

以互利共赢、互惠互利为原则，不断创新合作模式，找准同周边国家互利合作的战略契合点，积极参与区域经济合作，把双方利益融合提升到更高水平，让周边国家得益于我国发展，使我国也从周边国家共同发展中获得裨益和助力。

一、能源开发合作领域

本着上下游一体化的原则，按照收益共享、风险共担的思路，积极开展与周边国家在石油、天然气领域的合作，采用中方参与外方上游项目开发，外方参与中方下游炼厂合作的方式，实现优势互补、互利共赢。支持中方与外方石油公司成立合资能源公司。支持中外企业进一步扩大在中亚油田区块的合作规模，推进已有储量区块的务实合作。建立能源谈判机制，定期举行正式会晤和工作会晤，在稳固传统领域合作的同时，创新合作方式，全面推进电力煤炭等领域合作，扩大煤炭电力贸易，加大双方在节能和可再生能源领域的合作发展。

二、对外投资合作领域

积极开展境外加工贸易，利用国家援外资金带动境外投资发展，将援助方式由援赠物资和资金为主改为援疆关系对方国民生计的基础设施建设为主；将“技术出口＋劳务外派＋贸易出口”的技术援农项目列为国家的援外项目由国家财政进行专项支持；为新疆企业创造条件，更多地参与国家援助中亚国家的项目，为新疆境外投资上规模、提档次提供必要的支持。研究出台全面实施“走出去”参与国际合作的发展战略、政策和措施，发挥关贸、检贸、银贸、税贸、汇贸、运贸指导协作机制的作用，为开展新疆与中亚区域经济合作创造良好的投资环境、发展环境、通关环境和法制环境，引导、支持和鼓励新疆的企业开拓中亚市场。加大力度培育龙头企业，在重点培植优势产业的基础上，精细策划培育龙头企业，调整企业对中亚国家投资的结构，建立合作项目贷款和补贴专项基金，进一步拓展融资渠道，为合作提供资金支持；积极推动区内外具有资金、技术、管理优势的各类企业，特别是有实力的生产企业、商业企业、旅游企业到境外投资办厂、经商、从事批发分销等服务业，带动商品和劳务出口；鼓励企业以现有设备及成熟技术为主从事对外投资，开展境外加工贸易。鼓励对外开展承包工程，支持有实力的大型实体企业走向国际市场；支持鼓励新疆与内地企业通过资金联合、技术联合、产品联合等方式实现联合“走出去”。

三、国际交通运输合作领域

以降低国际物流运输成本，提高运输效率为目的，强化通道基础设施建设，完善国际联运机制，发展集装箱多式联运，创新推动丝绸之路经济带上各国运输合作，发挥新疆作为连接中国—中亚—欧洲的交通运输枢纽作用，带动新疆国际物流业发展并以此吸引东部沿海经济区和欧洲资金、技术、人才等各类经济要素汇集新疆。积极促进国际运输制度的融合与完善，从国家层面推动丝绸之路经济

带沿线各国共同采用《联合国国际货物多式联运公约》体系，强化区域的国际交通运输合作。建立丝绸之路经济带国际运输协调机制，定期召开会议，加强在货源分割、运输径路选择、运价制定、费用清算等方面的协商，提出并监督各种协议、计划和方案的实施。创新亚欧国际多式联运经营模式，引入无轨承运人理念，推行统一的“国际多式联运提单”，按照“一次托运、一张单据、一次付费和一次保险”的简单手续原则，对货物实行发到两头查验和通关，中间过境及转运不再进行检查。

第五章　丝绸之路经济带建设是新疆沿边开放开发的历史机遇

第一节　沿边地区开放开发概况

新疆地处我国西北边陲，亚欧大陆腹地，东与祖国内地相连，自东北至西南绵延5600公里边境线，分别与蒙古国、俄罗斯、哈萨克斯坦、吉尔吉斯斯坦、塔吉克斯坦、阿富汗、巴基斯坦和印度8个国家接壤，拥有29个对外开放口岸，其中一类口岸17个，既是我国面积最大、边境线最长、对外开放口岸和接壤国家最多的省区，也是我国向西开放最重要的窗口和通道。但新疆地理环境与自然条件相对较差，特别是沿边区域多为山地、戈壁，人口稀少，产业结构单一，生产力水平较低，经济社会发展总体水平落后，实现全面建设小康社会目标任务艰巨，在丝绸之路经济带，尤其是丝绸之路经济带核心区建设进程中，新疆沿边地区的基础设施建设、空间布局、产业发展、生态环境保护与水资源利用、扶贫与民生保障、增强区域与国际次区域经济合作、国际政治与反恐合作、兵地沿边融合发展等问题也上升到了更加重要、紧迫的层面，也是新疆丝绸之路经济带核心区建设必须考虑的核心问题之一。因此，以丝绸之路经济带核心区建设为契机，全面推进新疆沿边区域的开发开放进程，努力提升区域经济社会发展水平，提高区域人民群众生活水平和质量，既是全面实现新疆社会稳定和长治久安战略目标的必然要求，更是新疆打造丝绸之路经济带核心区的具体表现。

一、现状及基础

1. 沿边地区的区域范围

新疆拥有5600公里的漫长边境线，全疆13个地州市中除乌鲁木齐市、克拉

玛依市和巴音郭楞蒙古自治州以外，其余所有地州市均沿边境线分布（见表5－1）。在丝绸之路经济带核心区建设背景下，从新疆行政区划的分布特点和区域经济发展的一般规律以及沿边地区的发展实际出发，口岸依托原则、合作共赢原则、腹地支撑原则和兵地相融原则，新疆沿边地区必须涵盖所有边境县市，但同时又不仅限于边境县市，在沿边区域开发开放过程中，需要更加注重发挥区域中心城市（即沿边地州首府所在城市）带动作用，因此，从这一角度来说，新疆沿边地区应涵盖哈密地区、昌吉回族自治州、阿勒泰地区、塔城地区、博尔塔拉蒙古自治州、伊犁州直、阿克苏地区、克孜勒苏柯尔克孜自治州、喀什地区、和田地区10个地州的33个边境县市以及昌吉市、伊宁市、阿克苏市、喀什市和和田市5个非边境城市在内的区域，此外还包括此区域内兵团第一师、第三师、第四师、第五师、第六师、第九师、第十师、第十三师和第十四师所属的53个边境团场。

表5－1　新疆沿边地区范围分布

边境县市（33个）	
哈密地区	哈密市、伊吾县、巴里坤哈萨克自治县
昌吉回族自治州	奇台县、木垒哈萨克自治县
阿勒泰地区	阿勒泰市、青河县、吉木乃县、富蕴县、布尔津县、福海县、哈巴河县
塔城地区	塔城市、额敏县、裕民县、托里县和和布克赛尔蒙古自治县
博尔塔拉蒙古自治州	博乐市、温泉县、阿拉山口市
伊犁州直	昭苏县、霍城县、察布查尔锡伯自治县
阿克苏地区	温宿县、乌什县
克孜勒苏柯尔克孜自治州	阿图什市、阿合奇县、乌恰县、阿克陶县
喀什地区	叶城县、塔什库尔干塔吉克自治县
和田地区	和田县、皮山县
区域中心城市（10个）（含5个边境市）	
哈密地区	哈密市
昌吉回族自治州	昌吉市
阿勒泰地区	阿勒泰市
塔城地区	塔城市
博尔塔拉蒙古自治州	博乐市
伊犁州直	伊宁市
阿克苏地区	阿克苏市
克孜勒苏柯尔克孜自治州	阿图什市
喀什地区	喀什市
和田地区	和田市

续表

边境团场（53个）	
第一师	四团、五团、六团
第三师	红旗农场、托云农场、叶城农场
第四师	六十一团、六十二团、六十三团、六十四团、六十六团、六十七团、六十八团、六十九团、七十四团、七十五团、七十六团、七十七团
第五师	八十一团、八十四团、八十六团、八十七团、八十八团、八十九团、九十团
第六师	奇台农场、北塔山农场
第九师	一六一团、一六三团、一六四团、一六五团、一六六团、一六七团、一六八团、一七〇团、团结农场
第十师	一八一团、一八二团、一八三团、一八四团、一八五团、一八六团、一八七团、一八八团
第十三师	红星一场、红星二场、红星四场、黄田农场、火箭农场、柳树泉农场、红山农场、淖毛湖农场
第十四师	皮山农场

2. 沿边地区经济社会发展现状

长期以来，新疆作为我国内陆少数民族聚居的典型区域，经济社会发展水平明显滞后于全国平均水平，尤其是沿边地区的边境县市、团场虽然地处开放的最前沿，发展潜力巨大，但开发开放的程度还远远不够，目前仍是新疆发展最为缓慢的区域之一。以沿边的33个边境县市、兵团53个边境团场及沿边地州的5个非边境州府城市来总体计算，其区域总面积达到了67.13万平方公里，占全疆总面积166.49万平方公里的40.32%；2011年，区域总人口722.3万，占全疆总人口2208.71万的32.7%。但与地域面积和人口不相符合的是该区域2011年的经济总量仅为1597.72亿元，占全疆的24.17%，人均GDP为22328元，不足全疆平均水平的3/4。而且边境县市、团场社会消费品零售总额、工业增加值、财政收入等主要经济发展指标也落后于全疆平均水平，在全疆总量中所占的比重分别仅为24.55%、8.65%和17.3%。区域固定资产投资水平也相对偏低，2011年所有边境县市及团场的固定资产投资总额仅为1006.3亿元，占全疆投资总额的21.35%，投资的相对不足也是制约本区域开发开放水平提升的重要因素。

3. 沿边地区开放开发基础

虽然沿边区域目前发展的水平和能力还很低，但中央、国务院对西部地区尤其是新疆的重视程度越来越高，支持力度也日益加强。随着中央9号文件和国务院32号文件的下发以及中央新疆工作座谈会的召开和19省市的新一轮对口援

助，新疆经济社会发展迎来了前所未有的机遇，作为向西开放的前沿和援助的重点，新疆沿边地区在丝绸之路经济带，特别是新疆丝绸之路经济带核心区建设进程中，凭借区域丰富的资源优势和独特的区位优势，在区域中心城市的引领带动，开发开放的发展潜力正在不断释放。

（1）地缘优势和人文优势明显。新疆自古以来就是丝绸之路通向中亚、西亚、南亚和欧洲的重要通道，在5600多公里的边境线上，分布着15个国家对外开放口岸（含待开放3个），具有沿边依桥、外引内联、东进西出、全方位开放的地缘优势，特别是沿边地区哈萨克族、乌孜别克族、塔吉克族等民族跨国而居，与周边国家的民族有着天然的渊源，语言文化、宗教信仰相通，生活习俗及消费习惯相近，为新疆沿边开发开放，发展外向型经济，开展边境贸易和旅游，提供了得天独厚的人文优势。

（2）自然资源和文化旅游资源丰富。新疆沿边地区水土资源相对丰富，矿产资源分布广、种类全、储量大，清洁能源发展前景广阔，风能、太阳能具有规模化发展优势。沿边地区分布有许多优良牧场、林场，生物资源种类繁多，特性优良。此外，沿边旅游文化资源丰富，是亚洲乃至世界的“旅游资源宝库”，分布着众多高品质的旅游景区景点，既有丰富多彩的山、水、草原、森林等自然生态景观，又有民族民俗文化风情；而且兵团边境团场的红色旅游独树一帜，军垦文化独具特色，是全国少有的旅游资源。

（3）基础设施建设取得很大进展。近年来，尤其“十一五”以来，随着国家不断加大对西部地区基础设施建设的投入，新疆沿边地区基础设施建设明显加快，出疆出边通道初步形成，对内对外交通联系显著增强。截至2012年底，新疆沿边经济带公路通车总里程达到11.84万公里，约占全区公路总里程的76.3%，有12个民用机场和40个通用航空简易机场，所有地州市实现了铁路连通（含塔城在建铁路）。依托第二条亚欧大陆桥，新疆沿边地区初步形成了铁路公路和管道并举、陆地和航空并举、国贸和地贸并举、货运和客运并举的全方位、多层次的对外开放新格局。一大批防洪、灌溉、发电以及城乡基础公共服务设施建成投用，极大改善了当地生产生活条件，为沿边地区参与丝绸之路经济带建设奠定了基础，创造了条件。

二、问题及制约

新疆沿边经济带优势突出，潜力巨大，但因为自身发展水平较低、开发开放程度不足，区域内大多县市和兵团团场的经济社会发展水平还非常的滞后，地缘、资源等优势远没有发挥出来，实现跨越式发展依然面临很多的问题和困难。

1. 自然环境复杂

沿边地区的自然环境和条件十分恶劣，地貌特征以山地、戈壁为主，区域人口稀少，生产力水平较低，生态体系非常脆弱，水资源严重不足，人类活动和气象变化极易引起生态环境进一步恶化，个别区域甚至难以支撑人类的生存发展，如对保护和开发关系处置不当，过度的经济开发开放甚至会带来巨大的负面效果。此外，由于沿边地区在国家主体功能区规划中，多属于限制开发区或禁止开发区范围，这对其中开发优势突出地区的经济活动范围和经济发展能力也形成了明显的制约。

2. 整体投入严重不足

沿边地区面积广阔，人口分散，民族众多，环境复杂，各种基础发展需求投入规模较大。但沿边区域各县市自身财力有限，金融体系建设滞后，利用市场配置资源决定性作用的体制机制尚未形成，当地融资能力不能满足经济社会发展要求。所依靠的国家和自治区的财政投入主要是通过财政转移支付，总量较小，在区域基础设施建设、人居生活环境改善以及公共服务保障能力等方面的整体投入还远不能满足实际发展需要，也未形成一定的发展规模，自我发展能力较弱，整体上缺乏使新疆经济走出国门的有力支撑点和坚实踏板。这不仅是沿边县市、团场当前最大的实际困难，也是目前制约新疆开发开放最主要的问题之一。

3. 产业发展基础薄弱

新疆的产业基础整体相对薄弱，沿边地区更加明显，对大部分边境县市、团场来说，除农业生产外，相当一部分区域的工业发展几乎是一片空白，现有的产业也更多集中在矿产资源开发等领域，缺乏有效的产业支撑和产业集聚。经济结构中出口产业所占比重小、配套能力低，加工制造业发展滞后，由此导致区域对内对外开放水平和层次较低，经济外向度较低，吸引外资能力弱，利用外资水平低，外经贸发展方式粗放，利用外资明显低于对外贸易发展水平。拥有“走出去”能力的企业少，出口产品品牌少，竞争力不强。

4. 人才供需矛盾十分突出

沿边区域经济发展滞后，基础设施和公共服务保障能力较弱，加之目前开发开放的力度还远远不足，教育培训力量薄弱，区域人才成长和发展的空间还没有得到优化，因此，自己的人才留不住，外面的人才引不来，人才供需矛盾非常突出。虽然部分地区劳动力数量较大，但受语言、教育程度、生活习惯、思维和行为方式影响，基本的技能素质还不适应新疆沿边开发开放和产业快速发展需要。这在一定程度上也制约了沿边地区经济社会持续发展。

5. 缺乏区域性经济中心城市

受历史原因和发展思路的制约，新疆沿边区域缺少具备一定实力、一定规模、能发挥辐射带动作用的区域中心城市，沿边 33 个县市中仅有 6 个县级市（含阿拉山口市），且城市规模普遍较小，城镇化功能不完善，产业结构不合理、发展方式单一，对周边区域的引领带动能力有限。

三、意义和作用

新疆沿边地区经济社会的全面发展既是新疆实现社会稳定和长治久安的重要支撑和保障，也是丝绸之路经济带核心区建设的关键抓手，进一步加大新疆沿边地区开发开放力度，对于国家实施丝绸之路经济带战略，推动新疆乃至整个西部地区经济社会发展和扶贫攻坚具有重要的政治意义、战略意义和现实意义。

加快新疆沿边地区开发开放直接关系丝绸之路经济带战略构想的实现。新疆自古以来就是丝绸之路的必经之地，沿边地区开发开放水平在一定程度上，决定了新疆东联蒙古国、西出中亚、北接俄罗斯、南抵南亚的中枢纽带作用的发挥，是新疆丝绸之路经济带核心建设的重要抓手。

加快新疆沿边地区开发开放直接关系我国向西开放水平。当前我国正在积极推进全方位对外开放，新疆沿边开发开放是我国向西开放不可或缺的重要内容。通过开放开发，充分利用“两个市场、两种资源”，进一步推动资源的优化整合配置，基础设施的统一规划建设以及对外开放政策的协调配套，形成向西开放的区域合力，打造我国西部的战略高地和经济增长级，加快沿边开放步伐，有助于推进丝绸之路经济带、海上丝绸之路建设，形成沿边沿海全方位开放新格局。

加快新疆沿边地区开发开放直接关系新疆乃至全国全面建成小康社会目标的实现。新疆沿边地区是新疆与全国发展中最为薄弱环节之一，地域辽阔，贫困人口较多，是新疆扶贫攻坚的重点地区。因此，加快沿边地区开放开发，发挥区域地缘优势，认真贯彻落实国家对新疆的战略定位和一系列的优惠政策，有助于推动新疆经济社会全面协调发展，实现各民族共同繁荣进步和边疆的长治久安，与全国同步实现全面小康社会建设目标。

第二节　核心区建设背景下沿边地区开放开发的思路构想

一、总体思路

在新疆丝绸之路经济带核心区建设背景下，推进新疆沿边地区开发开放，必须要以改革创新为动力，以全局战略为依据，改变过去以获取当前经济利益为主的开放思路和发展模式，要立足当前，着眼长远。对外，在丝绸之路经济带建设框架下，主动调整我国面向中亚国家以及周边国家的整体战略，扩大与周边国家合作交流的层次和领域；对内，将新疆沿边地区开发开放上升为国家战略，作为丝绸之路经济带核心区建设的重要支撑，高度重视沿边区域的战略地位和重要作用，加快沿边区域开发开放进程。开发开放过程中要坚持开发开放并重的理念，因地制宜，突出区域特色，发挥区域优势，促进区域产业合理布局，明确区域功能定位；着力强化与周边国家的“政策沟通、道路联通、贸易畅通、资金融通和民心相通”；着力发展“西进东联”、优势突出的现代产业集群，推进生态建设和环境保护；着力构建和谐社会，加强各民族团结；着力保障和改善民生，加快提高居民收入水平。最终实现“一线兴边、二线支撑”，依托重点口岸和区域中心城市组团式开发开放的新格局。

二、战略定位

加快新疆沿边地区开发开放进程，形成新疆与周边国家政治互信、和睦相处、互惠互利、一体发展的对外开放新局面，全面提升新疆沿边经济带的战略地位和作用。

（1）将沿边地区打造成建设丝绸之路经济带的战略支撑。近年来，新疆沿边地区已经形成了良好的发展态势，基础条件的不断优化，使沿边地区具备了参与和支撑丝绸之路经济带建设的可能。通过进一步深化改革开放，发展外向型经济，承接劳动密集型产业转移，完善产业配套设施，积极探索在能源、金融、贸易、文化以及次区域合作模式等方面先行先试，加快以铁路、公路、航空、管道等为主的便捷、安全的立体交通综合运输网络，完全有可能使新疆沿边区域成为我国内地与中亚、西亚、南亚和欧洲、非洲各国之间开展贸易、金融、交通以及文化交流合作的关键节点，成为我国利用国际能源、资源和扩大国际经贸合作的新通道，成为丝绸之路经济带建设中“政策沟通、道路联通、贸易畅通、货币流通、民心相通”的重点纽带，为新疆“丝绸之路经济带核心区”建设提供有效战略支撑。

（2）将沿边地区打造成扩大沿边开放的试验平台。新疆沿边地区经济社会发展相对滞后，但在经济开发模式、行政管理体制、口岸管理体制、园区开发体制以及人才选拔任用等方面与其他内陆沿边地区有着很多共性。因此，在全面扩大向西开放，深入实施丝绸之路经济带战略构想背景下，依托全疆、连接内地，实施综合配套的体制机制改革和创新，通过扩大与国内广大腹地的联系和合作，构建连接内地，面向周边，辐射中亚、西亚、南亚以及欧洲，全方位、多层次、宽领域的对外开放格局，在服务全面对外开放战略的同时，也能为我国广大内陆沿边地区开发开放探索新途径、积累新经验。

（3）将沿边地区打造成维护国家安全稳定的战略屏障。新疆是我国与“三股势力”斗争的关键区域，沿边地区更是斗争前沿，直接受到国际恐怖势力的威胁。因此，必须要加快沿边地区的开放开发，通过合理的开放开发，使沿边地区居民能够共同参与丝绸之路经济带建设，能够共享国家改革发展的成果，实现边疆地区的经济发展和民族关系的团结和谐，进而增强对跨境民族的吸引力和影响力，压缩“三股势力”的境外活动空间，巩固边疆地区的安全和稳定。同时，通过深化沿边地区开发开放，扩大对外经贸往来，促进中华民族文化向中亚、南亚、西亚乃至东欧国家的传播，增强各国对中华文化的沟通和了解，缓解不同文明之间的冲突，为和平发展提供软实力支撑，有效发挥新疆沿边地区国家安全战略屏障作用。

（4）将沿边地区打造成实施区域扶贫攻坚的典范。新疆沿边地区也是扶贫攻坚的核心区域，在丝绸之路经济带建设背景下，有助于沿边地区将区域发展诉求与国家整体战略有机融合，将国家的政策和支持更加有效地转化为当地经济社会发展的成果。通过坚持共同团结奋斗，共同繁荣发展，提倡各民族相互亲近、相互交流、相互帮助，增进各民族群众间的兄弟情谊；通过不断完善覆盖城乡的社会保障体系，加大社会保障和公共福利服务设施建设，有效改善和保障民生，在沿边地区形成经济繁荣、民族团结、生活富裕、社会安定的和谐局面。实现以经济发展促进边境稳定、民族团结、周边和谐，打造新疆区域扶贫攻坚的示范区。

三、战略格局

新疆边境线漫长，地域特点鲜明，境外相邻区域的市场需求、资源特点以及开放合作的方向、重点各不相同。作为丝绸之路经济带的战略支撑和新疆丝绸之路经济带核心区建设的主体力量，新疆沿边地区开放开发要将国家的全局战略与区域的发展实际紧密结合，要围绕新疆丝绸之路经济带核心区“三基地、三通道、五大中心和十大进出口产业集聚区”建设目标，充分考虑地域特点和资源禀赋条件，因地制宜，有效整合区域可利用资源，以开放带开发，以开发促开放，最终形成“两线、多组团”沿边开发开放新格局，有力支撑和服务核心区建设发展。

两线：一是所有沿边县市、团场组成的一线兴边区域，主要通过进一步加大基础设施建设，更加注重保护生态、发展生产、改善民生，不断增强稳边固边的基础与实力。二是包括沿边地州非边境县市以及全疆其他非边境地区的区域中心城市等组成的二线支撑区域，主要通过加快区域开发建设，借助已有的开放平台或载体，推进新疆全方位、多领域的对外开放工作。

多组团主要是由边境口岸、边境城市以及相邻的区域中心城市所组成，包括以下几个组团：①霍尔果斯组团。依托霍尔果斯口岸，充分发挥霍尔果斯经济开发区和伊宁市的核心作用，有效整合都拉塔口岸及伊犁河谷其他县市的资源和优势，重点发展商贸、旅游、出口加工等主导产业。②喀什组团。依托喀什、吐尔尕特、伊尔克什坦、红其拉甫、卡拉苏等众多口岸，发挥喀什的地缘优势和枢纽作用，借助对口援疆力量，积极发展建材、农产品加工、机械制造等产业，积极拓展南疆三地州向西、向南的开放空间和合作领域。③乌什（阿克苏）组团。依托乌什口岸的开发建设，发挥以库尔勒、库车、阿克苏等城市为代表的天山南坡产业带的油气化工产业优势和特色优质农产品优势，构建天山南坡区域直接连通中亚、走出国门的新通道。④阿拉山口组团。依托阿拉山口口岸，以阿拉山口综合保税区、博乐边境经济合作区等为重点，以博乐市、精河县、温泉县以及奎独乌等区域为支撑，发挥区域通道和境内外资源优势，加快发展物流、出口加工及资源性矿产精深加工等产业，促进组团区域整体开发开放的质量和水平。⑤巴克图组团。依托巴克图口岸，以塔额盆地和克拉玛依等区域为支撑，积极发展特色农产品进出口贸易，优质农副产品精深加工、石油机械装备制造等特色优势产业。⑥吉木乃—吉克普林组团。依托吉木乃和吉克普林（中俄口岸，尚未开通）两个主要口岸，以周边县市区域为支撑，继续深化中、俄、哈三国在科技、经济等领域的合作交流，重点发展油气资源进口加工，努力延伸产业链，积极打造面向俄罗斯的进出口贸易新通道。⑦塔克什肯组团。依托塔克什肯、红山嘴、乌拉斯台等面向蒙古的口岸，充分利用中蒙双方在资源、产业以及资金技术等方面的互补性和互利性，带动青河、富蕴、福海乃至奇台、吉木萨尔等周边区域与蒙古的贸易往来，进一步加强煤炭、矿产以及蒙古基础设施建设等领域的合作。⑧老爷庙（哈密）组团。以老爷庙口岸为依托，以哈密地区乃至整个东疆地区为支撑，根据境外的资源特点和实际需求，主动开拓境外相关区域市场，充分发挥区域的交通枢纽作用，东引西联，促进区域开发开放总体水平和质量的提高。

四、基本原则

在丝绸之路经济带建设背景下，加快沿边地区的开放开发，实现社会稳定和长治久安，实现区域经济社会发展和人民安居乐业，必须坚持以下战略方针：

（1）开放开发并重，以开放促开发。实施更加积极主动的开放战略，积极拓展与周边国家经贸合作领域和空间，以开放促发展、促改革、促创新，培育新的经济增长极，集成新的发展优势，拓展新的开放领域，构筑沿边开发开放新格局。同时，把对外开放与国内区域合作相结合，把开放带动与发挥自身优势相结合，加快沿边经济带经济社会持续快速发展，提升扩大对外开放能力。

（2）发挥市场作用，强化政府引导。各级政府要加强沿边地区发展战略、规划、政策、标准等制定和实施，加强市场活动监管和各类公共服务提供，强化底线思维，坚持问题导向，扎实推进沿边开发开放。充分发挥市场在资源配置中的决定性作用，通过完善市场机制和利益导向机制，承接东部、中部及国际产业转移，激发市场主体的积极性和创造性。在充分利用现有优势和对口援助的基础上，进一步完善和强化各项政策措施，实现市场驱动与国家支持相互促进。

（3）扩大国际合作，实现互利共赢。着眼我国扩大向西开放的战略需要，充分利用国际国内“两个市场、两种资源”，贯彻“与邻为善、合作共赢”的方针，尊重和照顾周边国家的合理关切，扩大双方利益的汇合点，妥善处理民族宗教矛盾冲突，与周边国家共同应对全球性挑战、共同分享发展机遇、共同创造更大的市场空间，走合作发展道路。

（4）加强统筹协调，依托枢纽功能。新疆沿边经济带开发开放是我国全面加强向西开放战略的重要内容，是“共同建设丝绸之路经济带”的战略支撑。沿边地区开发开放必须坚持统筹规划、有序推进，不仅要充分利用沿边资源，发挥沿边区域作用，还要充分发挥和不断增强新疆核心城市乌鲁木齐市的优势，强化核心城市对沿边开发开放的辐射与带动作用。在新疆沿边地区尚不具备条件的开发开放措施，尤其是开放措施可在乌鲁木齐先行先试。

（5）强化通道建设，实现内外联通。新疆沿边开发开放首先要以大通道建设为重要抓手，加强新疆对内对外互联互通，服务于丝绸之路经济带建设。加强通道建设的国际合作，着力形成向东联结沿海三大经济圈和中部重点区域，向西联接中亚、西亚、南亚和欧洲主要中心枢纽城市的铁路布局，加快联通公路、航空、电信建设，形成畅通高效、联通周边、通达亚欧的国际大通道。同时，加快沿边国省干线公路、口岸公路等升级改造，加强向东部沿海地区送电、送油、送气的能力建设，促进全疆协调发展。

（6）兵地融合发展，形成优势互补。积极探索建立兵地协作互助、融合发展的新机制，推动优势资源和生产要素在区域内优化整合，形成“边疆同守、资源共享、产业互联、优势互补、共同发展”的良好格局，依靠兵地合作，不断提升开发开放水平和维稳戍边能力。

五、战略重点

1. 优化完善沿边城镇布局

一是在进一步发挥乌鲁木齐都市圈以及天山北坡经济带、天山南坡产业带其他中心城市引领带动作用的基础上，选择交通区位条件好、资源禀赋优，基础设施较完备的阿勒泰市、塔城市、博乐市、伊宁市、阿克苏市、阿图什市、喀什市、和田市等城市作为区域中心城市重点培育建设，根据区域特点和发展实际，打造组团式城镇发展模式，着力发挥区域中心城市的引领带动和辐射作用。二是根据沿边区域内兵团与地方城镇交错分布、密不可分的现状，在城镇布局建设中，将兵团小城镇和口岸城镇建设纳入全疆推进城市化进程的总体规划中，在组织管理、体制保障、资源集聚、政策互动等方面实现兵团和地方城镇融合互补发展。三是将沿边区域的城镇体系建设与沿边开发开放组团充分结合，以各开发开放组团所依托的口岸和城市为重点，进一步完善基础设施，依靠便捷的交通运输网络体系，加强组团内部及组团之间的合作与联系；进一步完善沿边区域公共服务设施，健全城镇服务功能，引导人口和产业的集聚，增强沿边地区各开发开放组团自我发展的基础和向西开放的潜力。

2. 强化沿边地区基础设施建设

一是以通道和口岸为切入点，强化沿边地区基础设施建设。加快构建新疆与内地和周边国家紧密联系的铁路、公路、民航、管道等综合交通运输体系，全面提升新疆在全国乃至中西南亚地区交通运输格局中的国际大通道和交通枢纽作用。在提高阿拉山口、霍尔果斯铁路过货能力的同时，重点谋划并推动实施中哈（巴克图）、中俄、中蒙、中巴和中吉乌铁路大通道。二是加强沿边 13 个已开通一类口岸的基础设施建设力度，进一步完善口岸公路铁路站场区、工业生产区、商贸金融区、行政办公区、居民生活区、仓储转运区、生态防护区等功能区建设，完善口岸通关协调机制和硬件设施，加强“一关二检”的改造和联检厅的建设，提升提高口岸通关能力和效率。三是尽快开通中俄吉克普林和中吉别迭里等具有重要战略意义和发展前景的口岸，加快霍尔果斯、阿拉山口等重点口岸城市建设发展。

3. 加快沿边地区开放开发步伐

新疆特别是沿边县市区域属于欠发达地区，自我发展能力非常有限，短期内的跨越式发展必须通过政策扶持和重点投资来实现。沿边要充分利用“中哈霍尔果斯国际边境合作中心”、“喀什经济开发区”和“霍尔果斯经济开发区”以及伊宁、塔城、博乐、吉木乃等边境经济合作区和阿拉山口综合保税区等在政策、资金上的优势，进一步加快对外开放步伐。一是进一步放开“一中心”、“两特区”的开放权限，在比照过去沿海经济特区、沿海开放城市和沿海开放区开发开放政策的基础上，进行制度创新，创造更有利于集聚生产要素的政策环境，增强其经济活力。二是加大财政转移支付，通过税收减免、增加信贷、干部人才对口支援、加大投入等优惠政策，解决人才、资金、技术等方面的“瓶颈”制约，快速提升沿边经济带的综合竞争能力，特别是重点开发开放地区的综合实力，发挥窗口的引领示范作用。三是明确沿边地区不同区域的定位分工，根据口岸和沿

边地州区域中心城市的空间分布、地理特征以及自身发展基础和优势产业，并针对境外相邻区域的市场需求和资源特点，将沿边地区划分成若干区域性开发开放组团，通过组团式发展的模式，来实现组团内部及组团之间在产业上的分工合作，在发展定位上的差异互补，从而进一步提高区域生产要素的配置效率，促进区域产业发展。最终形成以区域中心城市为支撑，以外向型产业为依托，以对外开放口岸为窗口的组团式发展格局，利用组团的发展来加快沿边区域整体的开发开放步伐。

4. 加强生态建设和环境保护

沿边地区所处区域多为山区，是新疆重要的水源涵养地和生态功能保护区，伊犁河、额尔齐斯河等国际河流和其他主要河流大多发源于此。生态建设和环境保护工作意义重大，部分生态环境问题甚至涉及了我国与周边国家间的资源环境纠纷，具有高度的政治性。因此，在沿边地区开发开放过程中，必须牢牢坚持“两个可持续”和主体功能区划分的发展理念，在加快开发开放，实现新疆沿边地区经济社会全面发展的同时，更要树立尊重自然、顺应自然、保护自然的生态文明理念，把生态文明建设放在突出位置，融入经济建设、政治建设、文化建设、社会建设的各个领域和全过程，着力推进绿色发展、循环发展、低碳发展，形成节约资源和保护环境的空间格局、产业结构、生产方式、生活方式，从源头上扭转区域生态环境恶化趋势，使人民群众在经济发展中不断提高生活水平，在环境改善中不断提高生活质量，实现人与自然和谐相处。

5. 加快沿边地区脱贫致富步伐

新疆沿边地区经济社会发展相对滞后，人民生活水平普遍偏低，新疆的国家级贫困县大部分分布于此。因此，在沿边地区开放开发进程中，必须要以人为本，在经济社会发展中更要突出民生改善，重点解决好沿边地区的教育问题、就业问题和收入增加问题，加大对贫困居民的帮扶力度，严格落实国家和自治区现行的各项扶持政策和惠民政策，更加重视社会保障体系的建设和完善，建立更加便民快捷的服务体系，从而有效提升当地居民的自我发展能力和自身幸福感，从根本上改变贫穷落后的局面，全面改善提高居民的生产生活水平。充分体现我国对周边国家的比较优势，稳定民心，巩固边防。

6. 增强沿边地区自我发展能力

新疆沿边地区开放开发过程中最大的问题是自我发展能力的提升，因此，在扩大对外开放的同时，全面提升对内开放的水平，充分利用对口援疆和国内产业转移的大好机遇，紧紧依托内地强大的加工制造业优势，采用东中西合作共建或国家投入的方式，进一步完善现有的边境经济合作区和开发（工业）园区的基础设施建设，提高园区的产业配套能力，发挥园区的产业集聚效应，发挥新疆各国家级开发区、高新区、出口加工区、边境经济合作区在边境对外开放中的示范、辐射、带动作用。通过强化边境经济合作区和开发（工业）园区的建设，不断完善和提升园区产业聚集和投资服务能力，全面承接沿海与东部地区产业梯度转移，推动沿边经济带的产业技术创新和产业转型升级，形成产业规模优势和区域品牌优势，特别是要优先发展高新技术产业、高创汇企业和高附加值产品，提高边境经济合作区和开发（工业）园区的发展层次和水平，使之成为新疆开放型经济发展的重要载体，也为构建我国面向中、西、南亚乃至欧洲的国际产业合作带，形成我国与周边国家之间产业合理分工，互利合作，共同发展局面奠定坚实基础。

第三节　核心区建设背景下推进沿边地区开放开发的措施建议

一、提升沿边地区的战略地位

从全局角度来看，新疆作为我国向西开放的重要门户，在我国向西开放战略中，具有先天的地缘、人文优势，而且新疆也是我国从中亚、西亚及中东地区获取能源资源的重要战略通道，在全国沿边对外开放中，特别是丝绸之路经济带建设过程中具有非常重要的地位。因此，建议国家应该考虑尽快将新疆的对外开放特别是沿边地区的开发开放上升为国家战略，编制印发《新疆沿边经济带开发开放指导意见》，围绕基础设施、城乡发展、空间布局、特区建设、民生保障、文化建设和生态环境等领域，从国家层面实现高层重视、高位推动和顶层设计，予以最优的政策、资金和人才支持，鼓励体制机制创新，加快沿边经济带开发开放步伐，充分发挥新疆西出国门、东联内地的战略枢纽地位和新疆国际能源大通道及向西开放桥头堡作用，真正从行动上将新疆打造成为我国与中亚、西亚、南亚乃至欧洲新的人流、物流、信息流和资金流汇集中心，进一步扩大我国在中亚及周边国家的大国影响力，为深层次、多领域、全方位向西开放奠定坚实基础，强化对丝绸之路经济带建设的支撑作用。

二、加大沿边地区基础设施建设的金融支持力度

基础设施建设落后是制约新疆沿边地区开发开放的重要因素，而对沿边地区来说，由于基础设施建设的公益性和长期性，无法单纯依靠市场配置来满足区域

现实需要，同时新疆自身财力也无法支撑巨大的基础设施投入。因此，需要通过中央财政、金融机构以及金融政策的创新来持续加大对新疆沿边地区基础设施建设投入。一是建议由中央财政全额拨款尽快启动一批基础设施重点工程与项目，特别是我国向西开放的重要交通运输大通道和重要园区的基础设施，为沿边地区开放开发奠定基础。二是充分发挥中央财政、政策性金融、商业金融机构和民间资本的合力作用，尽快建立政府引导、社会投入、市场运作和国内外企业参与的市场化投融资体系，为新疆沿边经济带基础设施建设提供强有力和可持续的资金保障。三是新疆沿边地区经济建设所需投资一般具有规模较大、短期收益偏小、长期收益较高，经济、政治和社会等综合效益突出的特点，同时沿边地区的投资环境相对复杂，需要协调的因素较多，普通投资者投资该地区面临较大障碍，这在一定程度上增加了社会资本进入沿边地区开发建设的难度，为此，建议设立促进新疆沿边开发开放的各类投资基金，利用投资基金的集合投资、专家管理、分散风险和运作规范等优势，积极发挥各类资本和人才潜能，选择沿边重点领域与行业，提高投资力度，形成沿边经济建设与投资者互利共赢的良好局面。四是充分利用民间资本和境外资本，放宽准入，在喀什、霍尔果斯、伊宁等区域性中心城市分别设立股份制商业银行；鼓励民间资本和社会资金参与金融机构的重组改造、整合，规范发展各类保险企业、担保公司、小额贷款公司、企业财务公司以及其他中小金融机构；深化金融对外开放，鼓励国家进出口银行和外资银行在中哈霍尔果斯国际边境合作中心设立分支机构，积极吸引周边国家金融机构在沿边地区设立分支机构；推进国内金融机构与周边国家金融机构在沿边经济带开展合作。

三、深化沿边地区开放开发的改革创新

围绕丝绸之路经济带核心区建设总目标，从促进沿边区域同步协调发展的角度出发，新疆沿边地区需要进一步深化改革，创新机制政策。一是积极争取将新疆沿边地区列为扩大沿边开发开放的试点地区，大幅提升新疆边境贸易及跨境旅游便利度，出台促进周边国家游客前来新疆开展旅游购物的鼓励政策，给予伊宁和喀什机场落地签证政策，允许利用边境通行证等形式开展边境旅游。允许新疆护照办理实行按需申领，积极与中亚五国协商签订互免签证协议，或者缩短当地办理有效签证的时间，延长居留时间。允许新疆周边有条件国家在乌鲁木齐设立领事馆或业务联络机构，近期可考虑允许哈萨克斯坦和吉尔吉斯斯坦设立领事馆，远期可根据发展需要，适时推进其他国家领事馆的设立工作。在喀什、霍尔果斯设立签证代办处，给予其办理落地签证以及入境人员与车辆特别通行证权限等政策。在我国驻中亚国家领事馆设立专门服务新疆的人员或机构，并从新疆选

派熟悉相关工作的人员，提高服务针对性。二是抓住核心区建设机遇，以沿边地区为重点，将新疆打造成我国与中亚及周边国家开展国际次区域合作的平台载体，在乌鲁木齐设立上海合作组织的部分常设机构，充分发挥乌鲁木齐市的区域中心作用。三是充分发挥沿边经济带突出独特地缘区位优势，在支持喀什、霍尔果斯经济开发区及阿拉山口保税区加速发展基础上，依托乌鲁木齐出口加工区以及吉木乃、巴克图和伊尔克什坦、塔克什肯等边境口岸，研究设立边境自由贸易区，促进沿边地区经济持续发展。四是以丝绸之路经济带建设为契机，加强国际运输通道建设和国际河流开发利用协调工作，争取国际协调机制新突破，特别是要实现国际大通道建设中运输方式、运输设施、运输组织、设施配套以及信息化建设、技术标准和运营规则等方面的无缝衔接。从国家层面加强统筹协调，丝绸之路经济带对内和对外各类规划的衔接，提高基础设施规划与建设系统性。五是在货币结算上，建议国家放宽人民币流出流入限制，针对新疆沿边经济带发展现状，调整目前人民币跨境流通的相关管理政策，进一步放开携带人民币现钞出入境限额，出台专门针对人民币跨境支付结算的管理办法，在国际收支申报系统、银行会计核算系统及海关报关系统中，增设人民币及中亚国家货币结算币种，以满足新疆边贸本币结算业务发展的实际需要。六是在配额管理和运能调配上，建议国家充分考虑新疆实际，在不危害国家利益的前提下，对一些适宜在新疆当地加工生产并且市场前景广阔的商品放宽进出口配额管理，特别是能源资源产品和农畜产品等，给予新疆沿边地区产业发展和产品开发更多的选择性、自主性。同时为有效解决新疆本地产品出疆特别是出国运能严重不足问题，建议国家协调铁道部等相关部门，提高新疆本地产品出口中亚的运输能力，缩短新疆本地产品向外出口的等待时间，减少运输周转环节，降低新疆本地商品的成本，提高在中亚国际市场的竞争力。

四、完善沿边地区口岸通关便利化建设

新疆口岸众多，但基础设施条件相对落后，特别是口岸的道路通达条件和口岸的过货查验设备较差，电子化、信息化程度严重不足，导致各口岸普遍存在查验时间长，通关效率低的现象，一定程度上影响了新疆进出口贸易的快速发展。但实现口岸通关的电子化、信息化，仅依靠口岸或新疆当地政府的自身力量，难度极大。建议由国家提供专项资金，加强对新疆各口岸“一关二检”的改造和联检厅的建设，合理划分联检厅的功能，完善口岸通关协调机制和硬件设施，配置大型货运列车检查系统、国家级石油及矿产重点实验室；加快口岸信息化建设步伐，全面推进通关电子化、信息化建设，将霍尔果斯、阿拉山口打造成为新疆电子口岸示范窗口，将其他一类、二类口岸相关部门大通关核心流程及物流商务

服务程序纳入新疆电子口岸平台，建成统一、高效、稳定、安全的口岸信息服务平台，提高口岸通关能力和效率。

五、实施沿边地区差别化扶贫与民生保障措施

沿边地区参与丝绸之路经济带建设，最根本的目的是实现本区域经济社会的全面发展和民生事业的持续改善，最终与全国同步实现全面小康社会建设目标。因此，在开放开发进程中，必须要以人为本，在经济社会发展中更要突出民生改善，重点解决好沿边地区的教育问题、就业问题和收入增加问题，更加重视社会保障体系的建设和完善，有效提升当地居民的自我发展能力和自身幸福感。这就需要在以下几方面加以注意：一是要改善沿边贫困地区的基本生产生活条件，重点支持边境城市的建设发展；推动扶贫工作的整村推进和扶贫搬迁，通过“安居富民”和“定居兴牧”工程的实施，改善边境地区农村生活条件和人居环境。二是整合疆内外资源，有针对性地开展贫困家庭劳动力职业技能培训，引导贫困家庭劳动力接受中、高等免费职业教育或技能培训，对未就业大中专毕业生培训给予补贴，并与内地相结合扩大重点人口就业与创业能力。三是立足区域优势、区位特点和产业基础，因地制宜地培育发展具有市场竞争优势的特色林果业、种植业、养殖业和特色手工业；培育和发展具有带动作用的生产、加工、运输、销售扶贫龙头企业和优势产业基地，充分发挥丝绸之路文化和独具特色的少数民族文化资源优势，着力打造维吾尔族、哈萨克族、蒙古族、柯尔克孜族、塔吉克族等特色文化品牌，扶持民族文化精品工程建设，全面实施精准扶贫。四是提高扶贫与民生保障工作针对性，加大南疆沿边地区少数民族教育、就业投入和公共安全保障能力建设；引导北疆高寒山区贫困人口搬迁，增加贫困人口收入，努力改善农牧民生产生活条件。

六、建立与周边国家战略上的互利互信

近年来，我国在与中亚周边国家的经贸往来中，更多地注重短期经济利益的获取，对于周边国家最急迫、最现实的需求考虑不够，相互之间的交流沟通不足，缺乏有效的贸易政策对话机制，贸易纠纷和贸易摩擦时有发生，周边国家的警惕防范心理不断滋生，给我国，特别是新疆的对外开放造成了一定影响。在丝绸之路经济带建设背景下，区域合作要在关注经济收益的同时，更多地关注对方的民生问题和社会需求，将民生社会需求提高到国与国的政治高度，借鉴中国在非洲或者南美的成功经验，有所侧重地加大中方在中亚地区民生项目的投入，如扶贫、就业、中小学教育、环境保护等项目，让当地普通民众通过亲眼所见、亲身感受得到的实惠，改变其对中国的印象。对新疆来说，国家可根据新疆区域文

化特点，给予新疆更多的与周边国家文化交流的权限，充分发挥新疆各级政府和企业、事业单位的作用，发挥民间团体和公民个人的作用，利用旅游、商贸、会展、教育、科研、体育、侨务等不同活动和形式，推进新疆与周边国家的文化交流，在增强中华文化国际影响力的同时进一步改善合作环境，深化合作内容，提高合作水平和效益，互惠互利，共同发展。

第六章　兵团是丝绸之路经济带核心区建设的重要支撑力量

第一节　兵团发展历程回顾

一、兵团的设立与发展①

新疆生产建设兵团（以下简称兵团）是在特殊的地理、历史背景下成立的。1949 年新疆和平解放时，当地经济是以农牧业为主体的自然经济，生产力水平低下，生产方式落后，发展处于停滞状态，人民生活贫苦不堪。为巩固边防、加快发展，减轻新疆当地政府和各族人民的经济负担，1950 年 1 月，驻新疆人民解放军将主要力量投入到生产建设之中，当年实现粮食大部分自给、食油蔬菜全部自给。1953 年，新疆军区将所属部队整编为国防部队和生产部队两个部分，其中，生产部队建有军垦农牧团场 43 个，拥有耕地 77.26 千公顷。同时还兴办工业、交通、建筑、商业企业和科技、教育、文化、卫生等事业单位，为之后组建生产建设兵团奠定了基础。

1954 年 10 月，中央政府命令驻新疆人民解放军第二军、第六军大部，第五军大部，第二十二兵团全部，集体就地转业，脱离国防部队序列，组建“中国人民解放军新疆军区生产建设兵团”，接受新疆军区和中共中央新疆分局双重领导，其使命是劳武结合、屯垦戍边。兵团由此开始正规化国营农牧团场的建设，由原军队自给性生产转为企业化生产，并正式纳入国家计划。当时，兵团总人口为 17.55 万。此后，全国各地大批优秀青壮年、复转军人、知识分子、科技人员加

① 参考 2014 年国务院新闻办公室发表的《新疆生产建设兵团的历史与发展》白皮书。

入兵团行列，投身新疆建设。从 1956 年 5 月起，兵团受国家农垦部和新疆维吾尔自治区双重领导。

1962 年，新疆伊犁、塔城地区先后发生了边民越境事件。根据国家部署，兵团调遣了 1.7 万余名干部、职工奔赴当地维护社会治安，施行代耕、代牧、代管，并迅速在新疆伊犁、塔城、阿勒泰、哈密地区和博尔塔拉蒙古自治州等长达 2000 多公里的边境沿线建立了纵深 10～30 公里的边境团场带。这对于稳定新疆、维护国家边防安全发挥了不可替代的重要作用，改善了国家西北边防的战略态势。到 1966 年底，兵团总人口达到 148.54 万，拥有农牧团场 158 个。

“文化大革命”（1966～1976 年）期间，兵团屯垦戍边事业受到严重破坏。1975 年 3 月，兵团建制被撤销，成立新疆维吾尔自治区农垦总局，主管全疆国营农牧团场的业务工作。1981 年 12 月，中央政府决定恢复兵团建制，名称由原有的“中国人民解放军新疆军区生产建设兵团”改为“新疆生产建设兵团”，兵团开始了二次创业。30 多年的时间里，兵团对国有农牧场进行了大包干责任制、兴办职工家庭农场、企业承包经营责任制、发展多种经济成分等方面的改革，兴办工业，建设城镇，兵团的屯垦戍边事业不断迈向新的阶段。

1990 年中央政府批准兵团在国家实行计划单列。兵团在继续作为新疆维吾尔自治区的重要组成部分、接受自治区领导的同时，逐渐由中央政府有关部门对口管理。这种双重领导体制的建立，是兵团行政隶属关系上的创造性变革，理顺了兵团与国家机关各部门的关系，进一步推动了兵团事业的发展。

60 多年来，兵团以屯垦戍边为使命，遵循“不与民争利”的原则，在天山南北的戈壁荒漠和人烟稀少、环境恶劣的边境沿线，开荒造田，建成了一个个农牧团场，逐步建立起涵盖食品加工、轻工纺织、钢铁、煤炭、建材、电力、化工、机械等门类的工业体系，教育、科技、文化、卫生等各项社会事业取得长足发展。

二、兵团的基本建制

生产建设兵团是新疆的重要组成部分，在全疆 14 个地州市、63 个县（市）内均有分布，重点分布在沿北疆古尔班通古特沙漠、南疆塔克拉玛干沙漠周边和边境沿线地区，基本呈现出“两周一线”且相对集中连片的格局，即“两大沙漠”（塔克拉玛干沙漠、古尔班通古特沙漠）周围和中国西北边境线。其中，北疆地区有第四师、第五师、第六师、第七师、第八师、第九师、第十师、第十二师和建工师，东疆地区有第十三师，南疆地区分布有第一师、第二师、第三师和第十四师。截至 2013 年底，兵团下辖 14 个师，176 个团，辖区面积为 7.06 万平方公里，耕地为 1244.77 千公顷，总人口为 270.14 万，占新疆总人口的 11.9%。

基本形成健全的科研、教育、文化、卫生、体育、金融、保险等社会事业和司法机构，截至2013年，兵团拥有普通高等学校和成人高等学校7所、中等职业学校24所、普通中学243所、小学55所，各民族在校生48.13万人。拥有农垦科学院等科学研究与技术开发机构18个，各类专业技术人员约12万人。建有各类重点实验室14个，企业技术中心40个，工程技术研究中心24个。培育发展13家上市公司，建立了6个家国家级经济技术开发区、4家自治区级工业园区和18家兵团级工业园区。

兵团实行党政军企高度统一的特殊管理体制。兵团各级都建有中国共产党的组织，发挥着对兵团各项事业的领导作用。兵团设有行政机关和政法机关，自行管理内部行政、司法事务。兵团是一个“准军事实体”，设有军事机关和武装机构，沿用兵团、师、团、连等军队建制和司令员、师长、团长、连长等军队职务称谓，涵养着一支以民兵为主的武装力量。兵团也称为“中国新建集团公司”，是集农业、工业、交通、建筑、商业，承担经济建设任务的国有大型企业。兵团的党、政、军、企四套领导机构与四项职能合为一体。

兵团全面融入新疆社会，所属师、团场及企事业单位分布于新疆维吾尔自治区各地（州）、市、县（市）行政区内，主要由兵团自上而下地实行统一领导和垂直管理。在战略地位重要、团场集中连片、经济基础好、发展潜力大的垦区，设有7个“师市合一”的新疆维吾尔自治区直辖县级市和5个“团（场）镇合一”的建制镇，由兵团实行统一分级管理。“师和市”、“团（场）和镇”党政机构设置均实行“一个机构、两块牌子”。

第二节　兵团发展阶段及其特点

一、艰苦创业阶段（1954～1966年）

1954年10月至1957年底，是新疆兵团成立和建设正规化国营农场的时期，也是兵团人的艰苦创业阶段。兵团成立后，新疆屯垦事业由解放军部队创办的军垦农场逐渐转变为正规化国营农场。截至1956年7月底，兵团指战员全部办理复员转业手续，并从1957年7月起实行工资制，实现了向全民所有制企业的转变。1954年起，兵团先后从山东、河南、河北、甘肃、江苏、上海、天津等地招收大批知识青年、支边青壮年，同时接收大批转业复员军人参加边疆建设，人口从1954年的17.5万增加到1957年的31.15万，年末就业人数由13.3万增加到23.8万。

1958年初至1966年5月，是兵团事业的大发展时期，兵团广大干部和职工创造了第一次辉煌，国内生产总值从2.61亿元增加到6.29亿元，兵团经济在新疆国民经济中的比重快速上升，由15.47%上升到23.49%。兵团各项事业全面发展，基本上奠定了兵团现在的规模和战略格局。这段时期，兵团经历了1958～1960年的大发展，1961～1962年的调整以及1963～1966年5月的全面发展三个阶段。其中经过1962年的调整，兵团第一产业超过第三产业，形成兵团以农业为主体的经济结构特征。

这一时期兵团农林牧副渔业全面发展，兵团国营农场从59个增加到158个，耕地从22.48万公顷增加到80.86万公顷，农业总产值从8233万元增加到3.64亿元，粮食产量从12.24万吨增加到72.03万吨，棉花从1.09万吨增加到2.49万吨，油料从0.21万吨增加到1.45万吨，甜菜从0.34万吨增加到24.11万吨，年底牲畜存栏数从74.25万头增加到208.57万头，肉类产量从0.55万吨增加到1.96万吨。工、建、交、商服务业稳步前进，工业总产值从1.46亿元增加到6.12亿元，工业企业从115个增加到297个，建筑企业从142个增加到175个，运输汽车从2530辆增加到4139辆，社会商品零售总额从8696万元增加到3.47亿元。科教文卫体欣欣向荣，工农商学兵互相结合，生产队、工作队、战斗队三个队的任务全面承担，经济建设、安定团结、维护统一、民族团结四个力量的作用充分发挥。兵团在新疆已占有举足轻重的地位，新疆兵团在全国农垦事业中已成为规模最大的农垦组织。

二、受挫撤销阶段（1967～1980年）

1966年“文化大革命”开始，兵团经济不仅没有发展，反而出现倒退，处于崩溃的边缘。1967年兵团首次出现经营亏损，此后几年亏损额越来越大。截至1975年累计经营亏损7.94亿元，兵团从全国盈利大户变成亏损大户，成为国家的沉重包袱。加上其他一些原因，导致1975年3月25日，中共中央、中央军委以中发〔1975〕11号文件批转了自治区党委和军委党委的报告，同意撤销兵团体制。

1975年5月24日，新疆成立农垦总局，任务是调查研究，总结经验，了解情况，反映问题。随后11个地州也相继成立了农垦局，全面接管全疆国营农场。其他各类企业及社会事业单位也全部对口移交地方。农垦总局及地州农垦局在职能和管理上都与兵团体制有极大差别，农场的农业生产与工、交、建、商分离，兵团多年形成的一套为农业服务的体系被拆散，一批工业企业移交地方。

1975～1977年，除原兵团移交地方的农牧团场外，又增加20多个地方国营

农场。由于多种原因，农牧场数量虽有增加，但生产效益不佳，3 年共亏损 6.67 亿元。鉴于此，1978 年 2 月，国务院决定新疆农垦总局改由国务院主管部门和自治区双重领导，国家建设投资和农场所需主要物资由国务院主管部门直接供应，新疆农垦事业渐有起色。十一届三中全会后，一系列改革开放政策使新疆农垦得到恢复和发展。

三、恢复重建阶段（1981～1989 年）

改革开放后，根据新疆农垦事业面临的实际状况和兵团的特殊地位和作用，1981 年 12 月，中共中央、国务院、中央军委做出《关于恢复新疆生产建设兵团的决定》。兵团经济重新进入正常发展轨道，通过发展农工商联合企业，改变了多数农场单一经营农业的状况，生产方式由自给性生产为主向商品性生产为主转变。

一是进行农牧团场改革。1982 年起，兵团贯彻中央 5 个一号文件精神，借鉴地方农村改革经验，在农牧团场全面推行“一主两翼”的联产承包责任制，即以兴办职工家庭农场为主体，发展职工庭院经济和开发性家庭农场为两翼，基本上解决了职工吃团场“大锅饭”的问题，开始进行团场内部统分结合的双层经营体制的艰辛探索。这些改革措施使劳动者和生产资料直接结合，职工报酬与劳动成果直接挂钩，为解放生产力，为职工开辟新的生产门路、自主经营、勤劳致富提供了体制和机制条件，调动了职工积极性，团场生产力迅速提高。

二是进行经济结构调整。调整产业结构，发展多种经营和第二产业、第三产业，三次产业比重由 1981 年的 45.6∶38.2∶16.2 调整到 1989 年的 38.7∶37.8∶23.5。发展了多种所有制经济，逐步形成了以国有经济为主体，多种经济共同发展的格局，其中工业总产值中国有经济 34.27 亿元，集体经济 1.07 亿元，个体经济 0.3 亿元。实行对外开放，发展外向型经济，1989 年外贸进口总额 81 万美元。改变企业领导体制，实行了场（厂）长负责制。推行了企业（团场、厂矿等）承包经营责任制，使国家管理机关和团场企业的关系由原来的行政管理变成了合同管理。转换了企业经营机制，扩大了企业自主权。发展了社会主义市场经济，逐步建立了现代企业制度，使企业成为自主经营、自负盈亏、自我发展、自我约束的市场竞争主体。

三是改革分配方式，实行以按劳分配为主体，多种分配方式并存的制度。建立和完善社会保障体制，实行了住房、养老、医疗、失业制度改革。

四、加速发展阶段（1990～2009 年）

1990 年 3 月，国务院批准兵团计划单列，这为兵团经济发展创造了良好的外部环境。1997 年 10 月，党中央和国务院决定进一步加强兵团工作，对外组建中国新建集团公司，享受国家大型企业集团试点的各项政策，进一步增强了兵团屯垦戍边的实力，大大提高了兵团在全国的地位，有利于兵团更好地发挥保卫和建设新疆的作用。

2000 年 11 月，中央批准将兵团乌鲁木齐农场管理局、哈密农场管理局、和田农场管理局分别更名为兵团农业建设第十二师、第十三师、第十四师，2012 年 10 月兵团各农业师统一更名为新疆建设兵团第 × 师，标志着兵团发展由农业经济发展为主转变为第一产业、第二产业、第三产业全面发展的新的经济格局。兵团形成了内陆地区独具一格的灌溉渠系配套、机械化、规模经营的现代化农业，在戈壁大漠上建成了一个田陌连片、渠系纵横、林带成网、道路畅通的绿洲生态经济网络，形成了以轻工、纺织为主，钢铁、煤炭、建材、电力、化工、机械等门类比较齐全的工业体系。戈壁明珠石河子、交通枢纽奎屯、首府卫星城五家渠、边陲重镇北屯、棉花新城阿拉尔等，成为各大垦区的政治、经济和文化中心；兵团还在各团场驻地建起 174 个集镇。其成为兵团整体迈向富裕和发达的新台阶，并为兵团开展对外经济合作奠定了基础。

西部大开发前 10 年，兵团紧抓机遇，顺应形势，着力推动科学发展、促进社会和谐，经济发展步入“快车道”，综合实力大幅提升，成绩斐然，地区生产总值从 1999 年的 157 亿元增长到 2009 年的 611 亿元，增长了 2. 9 倍，年均增长近 12%；人均生产总值达到 2. 37 万元，增长了 2. 6 倍。产业结构优化明显，三次产业结构由 1999 年的 38. 1∶27. 4∶34. 5 调整为 33. 5∶33. 8∶32. 7，其中第二产业上升 6. 4 个百分点。农业基础地位进一步巩固，建成了全国最具优势的优质商品棉生产基地和最大的节水农业灌溉区。棉花总产量为 113 万吨，占到全国总产的 1/6。高新节水灌溉面积达到 979 万亩，占耕地总面积的近 2/3，农业综合机械化水平达到 88%，基本形成了现代农业新格局。工业高速增长，重化工业取得历史性突破。确立了纺织服装、食品饮料、农牧机械、新型建材、矿产开发、氯碱化工六大支柱产业，建成了全国最大的节水灌溉器材生产基地和全国有影响的氯碱化工基地。2009 年工业增加值 148. 7 亿元，年均增长 16. 5%。对外开放迈上新台阶，2009 年外贸进出口总额达到 46. 6 亿美元，10 年增长了 18 倍。边境贸易比重达到 75. 3%，较 1999 年提高 15 个百分点，带动了边境一线团场的经济发展。

五、全面提升阶段（2010 年至今）

随着新一轮 19 省市全面对口援疆战略的实施①，兵团经济社会发展进入了前

① 2010 年 3 月 30 日，全国对口支援新疆工作会议在北京闭幕，会议确定 19 个省市区承担对口支援新疆的任务。

所未有的发展时期。19 个援疆省市区将建立起人才、技术、管理、资金等全方位对援疆的有效机制，把保障和改善民生置于优先位置，着力帮助各族群众解决就业、教育、住房等基本民生问题，支持新疆特色优势产业发展。截至 2013 年，兵团实施对口援疆项目 199 个，总投资 46.67 亿元，其中，援助资金 16.43 亿元。援疆项目全部开工，已完工 197 个，实际完成投资 47.92 亿元，到位援助资金 16.21 亿元。2013 年兵团实现生产总值 1480 亿元，2010 年为 770.6 亿元，年均增长 17.7%，占自治区的比重由 2010 年的 14.17% 提高到 17.39%，当年人均生产总值 5.5 万元。

当前，新疆正处于实现社会稳定和长治久安的关键时期。发挥好兵团的维稳戍边特殊作用是国家的长远大计。新形势下，兵团建设只能加强不能削弱。兵团正处在新的历史起点上，兵团的发展面临前所未有的机遇。在新的历史时期，兵团更需要当好安边固疆的稳定器、凝聚各族群众的大熔炉、汇集先进生产力和先进文化的示范区，壮大实力，深化“兵地融合”发展，聚焦新疆社会稳定和长治久安总目标，履行好中央赋予的各项职能。

第三节　兵团参与丝绸之路经济带建设的基础支撑

一、资源支撑

1. 土地资源

兵团土地面积为 7.43 万平方公里，占新疆总面积的 4.47%，约占全国农垦总面积的 1/5，是全国农垦最大的垦区之一，拥有丰富的土地资源，为兵团建设各类农产品基地提供了前提条件，第四师、第五师、第九师、第十师的农牧团场分布在雨雪较多的北疆西北部，适宜于农牧业的发展。第六师、第七师、第八师、第十二师和建工师分布在准噶尔盆地南缘的冲积平原，位于目前新疆经济发展水平最高的天山北坡经济带地区，是兵团新型工业化发展的主战场，适宜发展纺织、农副产品加工；氯碱化工、煤化工；物流服务、旅游等产业。第一师、第二师、第三师、第十四师分布在塔里木盆地边缘的绿洲地带，适宜特色林果、棉花等农林作物生长，特色产业发展优势明显。

2. 对外经济合作资源

新疆作为丝绸之路经济带核心区，东连渤海经济圈、长三角经济圈、珠三角经济圈，西通中亚、西亚、南亚和欧洲、北非各国，是我国丝绸之路上北、中、南三条通道全部穿越境内的唯一省份。兵团作为屯垦戍边的重要力量，其边境农场与蒙古国、哈萨克斯坦、吉尔吉斯斯坦三国接壤，管辖的国界线有 2019 公里①，其中，与蒙古国交界 571 公里，与哈萨克斯坦和吉尔吉斯斯坦交界 1448 公里。其中，有 9 个团场的 44 个连队驻守在边境一线，37 个团场分布在 11 个国家一类开放口岸地区。兵团具有发展口岸经济的地缘和资源优势，同时，兵团具有丰富的边境旅游资源、屯垦文化旅游资源和自然风光等特色旅游资源，这种独特的旅游资源与地缘、口岸优势形成了明显的集合优势。

3. 矿产资源

新疆矿产资源十分丰富，主要是固态的矿产资源。兵团目前已经开发的矿产分布在新疆的天山南北，开采的矿产有 20 多种，包括煤、云母、蛭石、石棉、石灰石、白云石、硅灰石、锂辉石、天然沥青、膨润土、蛋白石、叶蜡石、滑石、大理石、花岗石、石英、页岩、砂岩、粘土、磷、芒硝、盐、磁铁矿、铜、镍、钼、矿泉水等。第二师三十六团石棉矿在全国同行业规模排名靠前，第十师一八四团膨润土矿已探明储量约为 2 亿吨，仅次于美国的怀俄明州的膨润土矿。第七师一三七团天然沥青，此矿种全国独一无二。大量至关重要的金属和能源矿产资源有效支撑着兵团乃至新疆区域经济的快速发展。

4. 文化资源

兵团作为安边固疆的稳定器、凝聚各族群众的大熔炉、汇集先进生产力和先进文化的示范区，文化资源和文化优势不可忽视。兵团人来自全国各地，有 46 个少数民族，形成汉族人口相对集中、多民族混居的分布形态。在长期的交流中，兵团依托其包容性、融合性的特点，创造性地将历代屯垦文化、军队文化、内地文化、新疆文化、社会主义文化融于一体，形成了独具特色的兵团文化，具有开放包容的人文优势。这种人文优势，在促进多民族对中华民族的认同和文化交流中发挥着日益重要的作用，使兵团成为不同类型文化相互学习、交流的重要纽带。丝绸之路经济带建设的宗旨是民心相通、文化的交流，兵团可以依托其开放包容的人文优势，积极主动地传播中华文化，扩大我国与中亚、新疆与内地、各民族间文化交流、交融。

二、产业支撑

1. 产业发展现状

新中国成立以来，尤其是改革开放以来，兵团经济发展实力明显增强，特别

① 新疆生产建设兵团概况，http：//www. huaxia. com/xjbt/xjjsbt_ 002. htm。

是“十二五”以来，兵团在新型城镇化、新型工业化、农业现代化、信息化和基础设施现代化建设进程明显加快，成就显著，综合实力大幅度提升。目前已基本形成相对完善的产业体系，三次产业结构比由1954年的14.6:63.3:22.1调整为2013年的29.4:42.1:28.5；生产总值达到1480亿元，占自治区比重的17.4%。兵团的工业从农副产品加工业起步，逐步形成以轻工、纺织为主，钢铁、煤炭、建材、电力、化工、机械等多门类的工业体系，为新疆现代工业发展奠定了基础。特别是实施西部大开发战略以来，兵团立足新疆资源和地缘优势，形成了食品医药、纺织服装、氯碱化工和煤化工、特色矿产资源加工、石油天然气化工、新型建材和装备制造等支柱产业；节水灌溉器材、番茄制品、棉纺锭等产品的产量规模名列全国前茅；在节水灌溉示范基地、农业机械化推广基地和现代农业示范基地建设方面成效显著，高新节水灌溉面积达到770.04千公顷，成为全国最大的节水农业灌溉区；农业综合机械化水平达到90%，超过全国平均水平；大力推进农业产业化，培育发展了65家农业产业化龙头企业。棉花单产、番茄加工、农业现代化技术水平、现代节水农业等都位于自治区及全国领先地位；同时，兵团还充分发挥农业生产及农副产品加工领域的产业特长，大力发展口岸经济和物流产业，积极开拓中亚及欧洲等国际市场，进出口商品的品种和总量逐渐扩大。目前，兵团已与160多个国家和地区建立了经贸关系，与20多个国家和地区开展经济技术合作。2013年，兵团进出口贸易总额达115.91亿美元，其中，货物出口额103.7亿美元，对外承包工程和劳务合作营业额5.42亿美元。

2. 龙头企业及品牌建设

截至2013年末，兵团拥有农业产业化重点龙头企业410家，其中，国家级重点龙头企业15家，兵团级65家，销售收入超10亿元的有7家。龙头企业带动种植面积840万亩、牲畜饲养量509万头、禽类饲养量578万只、养殖水面面积10万亩，带动团场和农村农户近100万户。已建成1个全国农业产业化示范基地，2个全国现代农业示范区，4个全国农产品加工示范基地，18个全国“一村一品”示范团场，23个国家级无公害农产品示范基地和国家级农业标准化示范农场，示范面积150余万亩。完成“三品”（即有机农产品、无公害农产品、绿色食品）认证35个，认证面积达到630万亩，完成农产品地理标志认证16个。目前，全兵团农产品中拥有国家名牌产品和驰名商标11个，自治区名优产品和驰名商标91个。“伊力特”、“银力”、“天彩”以及“北疆”等一批优质名牌产品享誉疆内外，品牌建设成效显著，有效促进了兵团以农产品为主要原料的加工业和出口贸易发展。

3. 产业园区建设步伐加快

伴随着兵团产业集聚化发展进程的不断推进，围绕农产品加工和原材料工业为主体、能源工业相匹配的新型工业体系，兵团工业园区或产业园区建设步伐大大加快，产业配套协作和产业优化能力持续增强，园区已经成为招商引资的重要平台。自1992年兵团第一个工业园区——石河子工业园建设以来，截至2013年末，兵团共有各类园区29个，其中，国家级经济技术开发区6个，自治区级园区4个，兵团级工业园区19个。形成以石河子市为重点，东至五家渠市，西至伊犁河谷的天山北坡重化工产业带，塑料制品、聚氯乙烯等产品从无到有，形成氯碱化工和煤化工、石油天然气化工、金属冶炼和加工的兵团工业特色；以石河子市和阿拉尔市为中心的南北疆两大重要纺织基地和农副产品加工产业带，番茄酱、软饮料等农副食品加工势力日益增强，播种机械和采收机械装备工业的总量逐年增大，自主产权的天业节水器材生产技术走在了国家前列。兵团主要开发区（园区）基本情况如表6-1所示。

表6-1 兵团主要开发区（园区）基本情况

序号	园区名称	级别	建设时间	批准面积（平方公里）	园区定位
1	阿拉尔经济技术开发区	国家级	2012年8月	13.5	农副产品加工、棉纺
2	石河子高新技术产业开发区	国家级	2014年1月	189	新材料、新能源、高端装备制造
3	霍尔果斯经济技术开发区兵团分区	国家级	2012年5月	28.7	新兴产业（高端装备制造、新材料、新能源），生产性服务业（总部经济、现代物流），农产品加工业
4	第六师五家渠经济技术开发区	国家级	2012年8月	68.96	重点发展食品饮料、纺织服装、煤化工、金属加工、新型建材、机械等产业
5	石河子经济技术开发区	国家级	2000年4月	11.2	高新技术、食品、医药、纺织、农业装备
6	喀什经济开发区兵团分区	国家级	2012年5月	6	商贸物流、出口机电产品配套组装加工、农产品深加工、纺织、建材、冶金、进口资源加工、机械制造、旅游、文化、民族特色产品加工、生物技术、可再生能源、新能源、新材料
7	阿拉尔工业园区	自治区级	2008年	13.5	重点发展农副产品深加工、棉纺织、农用机械、电力能源基础工业等产业，逐步发展石油化工产业
8	阿拉尔台州产业园区	自治区级	2011年10月	14.5	重点发展光伏产业、电气设备、新型建材、日用塑料制品、印刷包装等产业

续表

序号	园区名称	级别	建设时间	批准面积（平方公里）	园区定位
9	石河子北工业园区	自治区级	2006 年	31.2	园区的产业链由煤化工、氯碱化工、精细化工等三大核心产业链构成
10	兵团温州工业园区	自治区级	2009 年 3 月	4.86	重点发展纺织、轻工业等产业

三、城镇支撑

兵团现已初步形成着重发展石河子、五家渠、北屯、双河、阿拉尔、图木舒克、铁门关 7 个县级市为主体框架，以一师沙河镇、金银川镇、六师一〇二团梧桐镇、一〇三团蔡家湖镇、八师石河子总场北泉镇 5 个建制镇和其他 38 个重点小城镇为延伸，175 个农牧团场小城镇为辐射面和补充区的点面结合、南北互动的城镇体系格局，城镇规划、建设、管理、服务水平显著提高，城镇基础设施明显改善，公共服务设施不断完备，产业集聚作用逐步显现，城市功能日渐完善，城镇化率进一步提高，截至 2013 年末，全兵团城镇化率达到 62.3%。兵团城镇已经逐步发展为区域的经济和文化中心，成为人口、资金、产业、人才、文化、教育、医疗卫生等资源的集聚之地，有效推进了新疆整体城镇化进程。其中，石河子市 2000 年被联合国评为人类居住环境改善良好范例城市，2002 年被正式命名为国家园林城市。快速发展的新型城镇也成为兵团生产力发展水平最高、新兴工业化和城镇化有机结合的典范，更是新时期新机遇下，兵团积极参与丝绸之路经济带建设，打造新疆丝绸之路经济带核心区，全面构建对外开放新格局的重要支点和关键环节。2014 年兵团主要城市基本情况如表 6－2 所示。

表 6－2 2014 年兵团主要城市基本情况

城市名称	成立年份	区划面积（平方公里）	人口（万人）	生产总值（亿元）	所在师	特色产业
阿拉尔	2004	5266	29.8	210	一师	红枣、香梨、棉花
铁门关	2012	590.27	20	97.67	二师	物流、制造、纺织、农副产品加工、石油化工
图木舒克	2004	1914	16	45	三师	棉花、水果、粮食
五家渠	2004	742	9	200	六师	农副产品加工、旅游

续表

城市名称	成立年份	区划面积（平方公里）	人口（万人）	生产总值（亿元）	所在师	特色产业
石河子	1976	456.84	62.44	340	八师	以小麦、棉花、番茄、葡萄为主的农业，以纺织、食品、煤化工、氯碱化工等为主的工业，以物流业等为主的服务业
北屯	2011	910.5	8	36.09	十师	现代农业、物流业、旅游业
双河	2014	742.18	5.38		五师	

注：双河市 2014 年设市，统计数据尚不全。

四、口岸支撑

新疆共有 29 个口岸，其中，一类口岸 17 个，以边境口岸为主；二类口岸 12 个，主要分布在腹地区域中心城市。兵团有 37 个团场分布在 11 个国家一类开放口岸地区，有优质的工农业发展资源，发展口岸经贸地缘优势、资源优势突出。兵团企业在阿拉山口、霍尔果斯、都拉塔、巴克图、吉木乃、老爷庙、吐尔尕特、伊尔克什坦、卡拉苏 9 个一类口岸中常年开展经营；在阿拉山口、霍尔果斯、巴克图、吉木乃、老爷庙 5 个口岸中有兵团自己投资建设的口岸仓储物流设施和兵团企业长期驻守经营。当前，在兵团备案的货代、物流、仓储、运输、报关报检等企业已达 250 多家。这些企业以口岸报关、报检、仓储、物流、运输等方式，为兵团 1800 多家进出口生产和贸易企业全方位服务，其业务覆盖了国际贸易、国际运输、现代信息技术、国际商务、法律等方面。各个口岸通道已然成为兵团参与丝绸之路经济带建设、构建对外开放新格局的平台和通道。

五、制度支撑

兵团是一个特殊社会经济组织，具有“党、政、军、企”合一的特殊管理体制，涵盖了党政军企和社会各个方面，既具有行政机关的功能，又具有军事机关、司法机关和企业的功能，具有明显的集团组织优势。兵团既有企业性质又有政府性质，在经济发展和社会管理方面，可以行使企业和政府的双重职能，管理范围更广。在兵团经济社会发展过程中，其组织化程度高、集团化特点突出、有能够集中力量办大事的独特优势，便于在全兵团范围内进行人、财、物资源的统一调配和整合，能够高效地进行大项目的开发与建设，这是兵团经济社会发展最为突出的优势之一。在丝绸之路经济带建设进程中，兵团的管理体制和组织形式，在一定程度上更有利于整合优势资源，更好地服务于丝绸之路经济带核心区

建设。这对兵团履行维稳戍边使命，进一步扩大对外开放都提供了良好的体制基础。

第四节　兵团参与丝绸之路经济带建设的定位作用

一、兵团的比较优势

从丝绸之路的兴衰演替历史可以看出，屯垦与丝绸之路的演变有着密切的关系。从一定程度来说，屯垦直接关系着丝绸之路的兴衰，屯垦兴、丝路通，屯垦废、丝路阻①。虽然今天的丝绸之路经济带建设的本质和内涵已经远远超出了古丝绸之路作为商贸通道的含义，但新时期、新形势下兵团屯垦戍边的特殊使命不容忽视，特别是改革开放后，伴随着兵团自身经济实力、技术创新能力以及国外市场开拓能力的不断提升，兵团已经成为中亚地区非常活跃的经济力量。因此地处丝绸之路经济带核心区的兵团，在国家丝绸之路经济带战略构想的实施过程中，具有特殊而且重要的比较优势。

1. 自有生产技术优势

从兵团的企业性质出发，兵团的自有生产技术优势突出，与新疆通道贸易为主的对外贸易类型相比，兵团开展的贸易与自身的生产活动关系密切，许多出口中亚的产品是兵团企业自己加工生产的。而且兵团的对外投资更契合对方实际需求，具有较高的技术含量，特别是兵团在中亚国家的投资，充分考虑了中亚国家多数是农业国，种植业和养殖业占有重要地位、经营粗放、经济效益不高的特点，充分发挥自身在农业生产方面有丰富的经验，尤其是擅长农田水利建设，将兵团的节水灌溉等先进农业技术直接应用到与新疆自然地理条件相似的中亚地区，取得了良好的效果。20 世纪 90 年代兵团的对外技术合作，31 个项目中有 24 个是在中亚实施的。兵团作为国家现代化农业示范基地、节水灌溉示范基地、农业机械化推广基地，未来发挥其自身的生产技术优势，将会在丝绸之路经济带建设过程中发挥更加重要的作用。

2. 对外经贸合作优势

2000 年以来，借助于中国入世后的发展机遇和国家西部大开发的政策优势，

① 刘昌龙．新疆兵团在“丝绸之路经济带”战略中的地位和作用［J］．兵团党校学报，2014（3）．

兵团充分发挥向西开放的地缘区位优势，利用国际国内两个市场、两种资源，发展口岸贸易，全力打造招商引资和合作交流平台。依托新疆口岸和向西开放的国际大通道，鼓励发展与中亚各国开展跨境运输、货运代理、房地产开发、金融保险、旅游服务业等合作，积极开展社会事业交流与合作。加强重点产业、重点基地和重点区域的招商引资，开拓境外工程承包和劳务外派市场。目前，兵团已与135个国家和地区建立了经贸关系，与20多个国家和地区开展了经济技术合作。形成了沿边、沿桥（亚欧大陆桥）和沿交通干线向国际、国内拓展的全方位、多层次、宽领域的对外开放格局。

2002年兵团对外贸易额首次突破10亿美元，达到12.49亿美元，2013年达到115.9亿美元，进出口上亿美元的企业有23家，3家企业先后进入全国进出口企业500强排名榜。兵团在巴基斯坦、吉尔吉斯斯坦、蒙古国、阿联酋、塔吉克斯坦和哈萨克斯坦等国承建项目，主要涉及公路、水电、住宅、农业等方面，对外经贸业务，市场分布和业务领域不断拓宽，竞争实力不断增强，国际地位不断提高。

3. 对外技术合作优势

兵团在加快自身发展的同时，还积极承担国家相关援外任务。兵团现有包括新疆北新建设工程（集团）有限责任公司（A级资质）、新疆北新路桥股份有限公司（A级）、新疆伊犁恒信国际贸易物流有限责任公司（B级）和新疆万达有限责任公司（B级）4家国家商务部批准的援外资质企业。近年来，积极执行了以物资运输、农业技术示范中心为主要内容的援巴、援塔等对外援助任务。同时，作为兵团和教育部直属大学——石河子大学积极承办商务部援外人力资源合作开发项目。截至2012年9月，该校共举办援外培训班15期，为12个国家累计培训现代畜禽养殖与疾病防治技术、现代农业技术、俄语国家农业生物技术等官员和专家288人次。

在对外承包工程方面，兵团现有境外承包工程经营资格企业12家，其中兵团建工集团拥有铁路工程施工总承包特一级资质，年销售收入120亿元，在手工程任务超过300亿元，是新疆首个实现双百亿元的建筑施工企业集团，连续7年在全球最大225家国际承包商评选中榜上有名，2012年排名上升到第127位。截至2012年底，兵团承担境外工程项目61个，主要项目国为周边国家，涉及公路、房屋建筑、水利水电工程、农业合作开发等。

在对外投资方面，截至2013年，兵团共有对外投资企业40家，其中国有企业12家，民营企业28家。核准中方投资总额24785.48万美元，其中，资源开发类投资额12834.8万美元，农业综合开发类投资额4902万美元，贸易类投资额3595.71万美元，其他类3452.95万美元。主要投资国为俄罗斯、古巴、哈萨

克斯坦等国家和地区。主要投资项目为矿产资源开发、森林资源开发、农业综合开发和种植等。兵团境外企业有74家，其中，在中亚五国的企业有57家；境外机构58家，在中亚五国的机构有42家。

二、兵团的战略定位

兵团作为新疆对外贸易与对外投资的重要力量，在扩大区域合作、加快推进丝绸之路经济带核心区建设方面具有不可替代的特殊作用。习近平总书记考察新疆兵团时指出，要让兵团成为“安边固疆的稳定器、凝聚各族群众的大熔炉、汇集先进生产力和先进文化的示范区”。这是新时期中央领导对兵团战略地位和职责使命的鲜明表达，也是兵团在丝绸之路经济带核心区建设进程中战略定位的最佳诠释。

1. 参与丝绸之路经济带核心区建设的主要力量

丝绸之路经济带建设作为可能改变世界经济格局的重大区域经济合作战略，其核心区建设不是一朝一夕、一城一地能够实现的，需要从全局高度出发，整合资源，错位规划、合力发展。兵团的设立和发展，不仅开创了新疆现代农业的先河，也大大促进了新疆现代工业的发展，为新疆经济社会全面发展做出了积极的贡献。今天在国家丝绸之路经济带建设中，在新疆打造丝绸之路经济带核心区的历史担当下，兵团更需要积极发挥在调节社会结构、推动文化交流、促进区域协调、优化人口资源等方面的独特优势，充分体现汇聚先进生产力的示范区的作用，积极主动参与核心区建设、推动新疆经济社会发展、促进我国对外经济合作交流、提升我国经济转型升级的重要力量。

在参与丝绸之路经济带核心区建设进程中，兵团要借助道路联通机遇，打造既能融入“东联内陆、西通亚欧”的国际战略大通道，又能将空间布局分散的城镇、团场联为一体，充分发挥兵团合力作用的交通新格局。要以新亚欧大陆桥经济走廊、中伊土经济走廊、中巴经济走廊和新疆交通干线枢纽、重点口岸、兵团城镇、工业园区及主要农产品生产基地为依托，围绕新疆丝绸之路经济带核心区“五中心”和“十大进出口产业集聚区”目标，以阿拉尔、五家渠垦区国家现代农业示范区、国家科技园区和天山北坡现代农业示范带建设为突破口，建成现代农业示范与推广基地；以石河子、五家渠、十二师、四师以及图木舒克、阿拉尔为中心，打造出口导向的食品加工制造和出口基地；以石河子、阿拉尔为中心，打造立足新疆、面向欧亚的农用装备制造业基地；扩大对外开放，推动以企业为主体，通过出口、对外援助、劳务输出、对外投资和经济技术合作等多种形式，加快“走出去”步伐；充分发挥市场的决定性作用，依托国内外“两种资源”、“两个市场”，加快各类资源要素的优化配置，积极拓展兵团发展空间。

2. 保障丝绸之路经济带核心区建设的坚实堡垒

丝绸之路经济带，从其内涵来说，既是区域经济发展之路，也是国际交流交往之路，更是多元文化荟萃融通之路。因此，确保沿线区域的安全稳定，才能最大限度发挥丝绸之路经济带的战略价值和作用。对新疆来说，打造丝绸之路经济带核心区更加需要区域社会稳定和长治久安。

兵团自成立以来，始终坚持“兵”的特点，寓兵于民，劳武结合，分布于天山南北各个团场、工矿企业、边境要地和战略通道的兵团人，在维护新疆稳定、保卫我国西北领土完整、打击民族分裂势力、国际恐怖势力和宗教极端势力方面，发挥着举足轻重和不可替代的作用。在国际恐怖势力抬头蔓延、恐怖活动愈加频繁的背景下，新疆的稳定安全形势将会更加复杂严峻。以屯垦戍边为使命的兵团，当好安边固疆的稳定器，将是责无旁贷的历史责任，具体在丝绸之路经济带核心区建设进程中，就是要成为保障丝绸之路经济带安全畅通的坚强磐石，成为打造丝绸之路经济带核心区的坚实堡垒。

依托边境团场，加快推进边境城镇建设发展，全面增强城镇维稳能力。重点打造以“可克达拉市、双河市、北屯市、小白杨市（拟建）”为核心的边境城镇；加快发展位于天山北坡经济带上的石河子市、五家渠市以及拟建的红星市、北亭市、胡杨河市，发挥兵团在天山北坡经济带中维护稳定、合力发展、共同建设的作用；在南疆垦区，要以阿拉尔市、图木舒克市、昆玉市、铁门关市为核心，推动南疆发展关键节点和薄弱区域团场建设，加快团场的城镇化步伐，构筑环塔里木盆地的南疆兵团城镇堡垒，进一步优化兵团屯垦戍边的战略布局，履行国家赋予的屯垦戍边的历史使命。

3. 促进丝绸之路经济带多元文化交流荟萃的重要平台

兵团人来自全国各地，有 46 个少数民族，形成汉族人口相对集中、多民族混居的分布形态。在长期的交流中，兵团依托其包容性、融合性的特点，创造性地将历代屯垦文化、军队文化、内地文化、新疆文化、社会主义文化融为一体，形成了独具特色的兵团文化，也正是这种开放包容的兵团文化，在促进多民族对中华民族的认同和文化交流中发挥着日益重要的作用，使兵团成为不同类型文化相互学习、交流的重要纽带，也在有效推动新疆文化走向全国的同时扩大了内地文化在新疆的传播。

随着丝绸之路经济带建设进程的加快，民心相通、文化交流的需求将更加迫切，这就需要兵团更好地发挥其在扩大文化交流领域的优势和作用，一方面促进边疆各族人民对中华民族的认同；另一方面积极主动地传播中华文化，扩大我国与中亚、新疆与内地、各民族间文化交流、交融。打造凝聚各族群众的大熔炉、汇集先进文化的示范区，担当丝绸之路经济带多元文化交流荟萃的平台载体。

第五节　兵团参与丝绸之路经济带建设的战略方向

一、选择依据

丝绸之路经济带不同于传统意义上的多边机制，它的建设要依靠地区内双边或多边的经济合作取得更多成效，是一种复合型的新型关系。新疆打造丝绸之路经济带核心区，具体就是围绕“政策沟通、设施联通、贸易畅通、资金融通、民心相通”五个方面，从新疆实际和区域优势出发，以规划为龙头，以项目为抓手，加快推进交通、能源、信息三大通道，大型油气生产加工和储备、大型煤炭煤电煤化工、大型风电和光伏发电三大基地以及交通枢纽、商贸物流、金融、文化科教、医疗服务五大中心和机械装备出口加工、轻工产品出口加工、纺织服装产品出口加工、建材产品出口加工、化工产品出口加工、金属制品出口加工、信息服务业出口、进口油气资源加工、进口矿产品加工、进口农林牧产品加工十大进出口产业集聚区建设。从而充分体现新疆在丝绸之路经济带建设过程中的特殊地位，发挥新疆引领、带动和推进丝绸之路经济带建设的重要作用。

兵团参与丝绸之路经济带建设，打造丝绸之路经济带核心区，其最基本的原则就是围绕全局战略需求和区域共同诉求，实现与新疆地方的整合资源、优势互补、合作发力，通过多种形式、不同层次的合作，共同实现新疆丝绸之路经济带核心区“三基地、三通道、五大中心和十大进出口产业集聚区”的建设目标。对兵团来说，最重要的就是更加充分地发挥自身的优势，拓展对外经贸合作空间，又可以参与境内外项目实施，取得国家贷款的政策性扶持。可以进一步延伸对外经济合作的地理空间，从中亚走向西亚、东欧。兵团既有从事铁路、公路等工程建设的队伍，也有自身较为完善的物流体系，可以直接参与跨国项目、承揽各种工程、开展一般贸易和服务贸易。另外，中亚国家和俄罗斯正在努力实现经济转型，重视本国加工工业的发展，兵团同样也可以参与进去，通过合资、合作形成自己的拳头产品，走向更广阔的国际市场。

二、战略重点

1. 加快构建开放型经济新体系

（1）优化进出口商品结构。虽然兵团在新疆对外贸易中占据重要地位，特别是出口商品中兵团或本地自产商品比例更高。但总体而言，兵团进出口贸易的层次和水平也处于相对较低的程度：对外贸易主要出口农副产品及其加工品，科技含量偏低，缺乏自己独立的品牌，进口资源性商品就地转化能力不强；出口的机械类等高附加值产品都是从内地来的过境货物，自身的优势产业产品，如石化产品、棉花及纺织原料轻纺产品等在出口总额中所占比重较小。因此，在丝绸之路经济带核心区建设过程中，兵团也要充分利用自身优势，牢牢把握核心区建设的总体目标，认真落实国家扶持名牌发展的各项政策措施，鼓励企业加快自主创新，加强自主品牌建设，扩大自主品牌出口，有效提高兵团企业的竞争力。要重点支持和鼓励食品加工、塑料化工等行业做大规模，发挥其带动作用，通过加工贸易的发展，促进兵团纺织、塑料化工、食品加工、建材等行业提升技术开发和创新能力；要积极争取进一步扩大石化产品、棉纺织品等的出口；要鼓励和支持出口企业采用先进适用技术改造传统产业，提高产品的技术含量和设计水平，提高出口商品的附加值。

（2）创新贸易模式。伴随着互联网技术的快速发展和普及，信息的沟通正变得越来越便捷及时，这为电子商务的兴起和网络贸易的诞生提供了可能，国际贸易运作方式也由此发生了巨大变化，展览、展销、现场对口洽谈等传统外贸营销模式已经越来越不能适应当前国际贸易发展的需要。因此，跨境电子商务为我国外贸导向型企业转型升级提供了最佳途径，成为国内外贸导向型企业通向全球市场的一条“高速公路”。电子商务将传统商务流程电子化、数字化，突破时空限制，能有效降低成本，提高效率，创造更多贸易机会，有利于广大中小企业开展对外贸易，开拓国际市场。其广泛应用于国际贸易的各个环节，突破了展览、展销、现场对口洽谈等传统外贸营销模式所受的制约，有利于企业缩短贸易链条，建立自主营销渠道，开展研发设计，形成新的外贸增长点，推动外贸发展方式转变。电子商务网络平台的发展为兵团走向世界、扩大对外开放创造了有利条件，成为进行国际贸易的新途径、新模式。兵团要紧紧把握国际贸易发展模式及趋势的最新变化，更多依托现代网络技术手段，打破地处内陆、零散分布、远离市场的时空限制，在充分利用亚欧博览会等实体展会的基础上，加快建设跨境电子商务平台，采用“虚实”结合的方式，进一步促进兵团经济发展，扩大对外开放。

2. 有效增强区域产业互补发展水平

在兵团参与丝绸之路经济带的过程中，将长期集中在中亚地区。中亚国家在与中国进行区域经济合作的过程，对中国存在着一些担心：担忧会对中国形成资源出口型依赖，中国物美价廉的商品会冲击中亚本土的部分产业，影响其产业结构的调整。经过独立后多年的发展，中亚国家经济水平有了较大的提高，一些国

家如哈萨克斯坦和吉尔吉斯斯坦已经处于经济结构调整期，它们希望从中国经济高速发展的外溢效应中取得好处，希望与中国的贸易能够利于其产业结构的优化、调整和升级。从中亚国家对中国经济合作的关切点来看，中亚国家更热衷于同中国在非资源领域的合作。

因此，兵团在参与丝绸之路经济带建设的过程中要充分重视和回应中亚国家的这种关切，充分利用中国与中亚国家的产业互补性、兵团与中亚国家的产业相似性特点。与中亚国家在产业层面上形成垂直分工和水平分工相结合、产业价值链分工合理、深度融合、良性互动的合作模式。在兵团参与丝绸之路经济带的过程中，兵团及兵团企业应该主动出击，主动参与到中亚国家经济复苏、优化产业的进程中，开展贸易、投资双轮驱动的深度全面合作。兵团在参与丝绸之路经济带的过程中，应该结合兵团的优势和参与丝绸之路经济带建设的需要，在下列产业与中亚国家密切合作，形成产业互动关系。

3. 推动兵团与丝绸之路沿线国家投资便利化

在丝绸之路经济带沿线区域，目前已经存在有上海合作组织（SCO，该组织是哈萨克斯坦共和国、中华人民共和国、吉尔吉斯斯坦共和国、俄罗斯联邦、塔吉克斯坦共和国、乌兹别克斯坦共和国 6 个国家于 2001 年 6 月 15 日在中国上海宣布成立的永久性政府间国际组织。它的前身是“上海五国”机制。上海合作组织已经成为解决欧亚地区政治、经济、军事和环境等各种安全问题的关键论坛，其宗旨是加强各成员国之间的相互信任与睦邻友好；鼓励成员国在政治、经贸、科技、文化、教育、能源、交通、旅游、环保及其他领域的有效合作；共同致力于维护和保障地区的和平、安全与稳定；推动建立民主、公正、合理的国际政治经济新秩序）和中亚区域经济合作（CAREC，该机制于 1997 年由亚洲开发银行倡议建立，2002 年提升为部长级合作。其宗旨是以合作谋发展，通过促进交通运输、贸易、能源和其他重要领域的区域合作，促进成员国经济社会发展，减少贫困，实现“好邻居、好伙伴、好前景”的长远愿景）。上述两个组织在区域经济等诸多领域的合作上发挥了积极的作用。因此，兵团在参与丝绸之路经济带建设过程中，充分利用上海合作组织与中亚区域经济合作机制的资源，合理谋求在不同层面、不同领域的经济利益和经济诉求，积极参与中亚地区的多边和双边经济合作，在国家整体战略目标下，提升新疆与兵团的对外贸易的效益，实现中国在中亚利益上的最大化。

4. 构建高效便捷的通道网络系统

新疆作为丝绸之路经济带的必经之地和核心区域，北、中、南三条通道将有效覆盖全疆边境口岸和重要节点城市，其中必然包括兵团所辖的边境口岸地区和重要城镇。但是对兵团来说，还要通过参与丝绸之路经济带核心区建设，逐步完善兵团内部、兵团与地方以及兵团与国家对外开放综合大通道的联通对接，使其地缘优势转化为兵团发展优势和经济优势，通过四通八达、便捷高效的综合通道网络体系，形成连接中国内地，面向中亚、南亚等地的综合交通运输体系，将是兵团现代物流业发展的最佳契机。目前兵团物流业已经有了一定的发展基础，初步形成了以公路、铁路、民航、管道为主要运输方式综合物流体系，传统运输、仓储等正加快向现代物流企业转型。一批新型物流企业迅速成长，形成了多种所有制、多种服务模式、多层次的物流企业群体。在丝绸之路经济带核心区建设过程中，兵团可围绕自治区交通枢纽中心和商贸物流中心建设目标，科学定位，错位发展，加快关键节点区域物流园区的基础设施建设，兴建或改扩建标准仓库、货场、铁路专用线、监管库、保税库、信息中心等设施；鼓励和支持金融、物流、中介等生产性服务配套建设，完善公共服务设施，并优先纳入市政配套建设规划；鼓励投资主体多元化，建立灵活的投资模式，积极引进国内外大型物流企业投资新疆现代物流产业发展。以信息技术为支撑，重点发展公路物流信息平台、物流园区信息平台以及其他专业物流信息平台，实现物流供需双方的有效对接。优先建设以新疆区域为基础的公路货运信息平台，提高公路运输的组织效率。推进龙头企业和大中型物流企业信息化建设，加快优势重点产业、行业、物流枢纽城市的物流信息建设，逐步形成以信息技术为支撑的现代物流服务体系。

5. 主动参与更加全面深入的国际分工

跨国公司特别是国际大型跨国公司日益成为国际经济活动的主体，主导着产品内分工的发展。随着国际大型跨国公司的快速发展，全球的竞争模式已经发生了巨大的变化，从国家与国家之间的竞争发展到了跨国公司之间的竞争。一个国家经济力量的强弱和在国际分工的地位取决于这个国家拥有的国际大型跨国公司的数量和质量。在一定程度上，一个国家的强弱直接表现为该国公司在世界500强中所占的个数，一个国家拥有国际大型跨国公司的数量和质量甚至决定了该国经济发展的速度和质量。在经济全球化日益发展的当今，参与全球竞争和国际分工是每一个经济行为主体的最终选择，因此，把握国际分工的最新发展趋势，更好地融入国际分工，开拓国际市场将是兵团在丝绸之路经济带核心区建设过程中必须要面对和解决的关键问题。这需要兵团发挥特殊体制优势，集中力量，充分利用国际国内两种资源、两种市场的需要，培育发展有竞争力的大型跨国公司，提升兵团在国际分工中的地位，获得更多的分工利益，要主动、有计划、有步骤地实施“走出去”战略。发挥兵团自身优势，把现有的产业做大做强，拓宽在全球价值链中的宽度，形成全球性产业集聚地，在全球价值链中占据一定的地位。

6. 提升兵团参与国际分工的层次水平

决定一个国家现在和未来在国际分工交换中所获利益的，不再取决于进口什

么、出口什么，而是取决于参与了什么层次的国际分工，是以什么样的要素、什么层次的要素参与国际分工，对整个价值链的控制能力有多少。与此同时，要素的国际流动存在着结构性的偏向，主要表现为资本、技术、优秀人才等高级要素极易流动，而一般劳动力、土地、自然资源等低级要素的流动不充分甚至基本不能流动，由此导致要素流动主要表现为高级要素拥有国家的要素向某些低级要素拥有国家流动。因此，要特别重视要素质量的提升和结构的优化。一个国家在国际分工中的主导地位，从根本上来说，就取决于这个国家在知识方面的比较优势。谁拥有较多的知识，谁就拥有了经济增长的主动权，谁就会在国际分工体系中处于中心支配地位。

对于兵团来说，就迫切需要大力培育知识、技术、人力资本等高级生产要素，改变本国的要素结构，同时要对现有优势生产要素进行改造和升级，提升现有优势要素的质量。例如，通过加大教育投资、技能培训等形式提高本国劳动力素质，为价值链的攀升和产业结构的升级做好准备，最终提升兵团参与国际分工的层次和水平。

7. 以文化交流交融促进民心相通

新疆是一个典型的多民族聚集区，分布有全国的47个民族，境内13个世居民族中10个民族在中亚及俄罗斯等周边国家跨境而居，在民族族别、宗教信仰、民俗民风、生活习惯、衣着饰品、语言文字等多方面相同或相近，自古以来双方就保持着密切的经济文化往来，民间交往频繁。同时，中亚各国也有30余万由新疆出境的华侨、华商，其中许多人关心家乡建设，与境内保持密切联系，血缘关系的相近使彼此互相信任。对兵团来说，来自全国各地五湖四海的兵团人更有助于促进不同类型文化相互学习交流，为兵团加强与周边国家的经贸合作奠定坚实的人文基础。兵团要在丝绸之路经济带核心区建设中，注重发挥自身文化资源和人文优势，进一步加强兵团与沿线国家在艺术表演、影视剧制作以及学术交流方面的人文合作交流，推进高校间互派留学生、共办夏令营、青少年互访，实现感情上相互亲近，文化上相互接受，为“民心相通”创造条件。

第七章　丝绸之路经济带核心区建设的地市案例

第一节　克孜勒苏柯尔克孜自治州概况

一、历史沿革

克孜勒苏柯尔克孜自治州（以下简称克州）位于新疆维吾尔自治区西南部，地跨天山山脉西南部、帕米尔高原东部、昆仑山北坡和塔里木盆地西北缘。北部和西部分别与吉尔吉斯斯坦和塔吉克斯坦两国接壤，边境线长达1195公里；东部与阿克苏地区相连；南部与喀什地区毗邻。全州东西长约500公里、南北宽约140公里，面积约7.25万平方公里。“克孜勒苏”柯尔克孜语意为“红水”。境内有克孜勒苏河穿境而过，故在成立时，决定以克孜勒苏作为自治州的名字。

克州自古以来就是祖国不可分割的神圣领土。根据境内性质未定的原始文化遗迹和出土的人头骨化石推断，大约早在17000年以前，境内即有原始人类活动。到了距今6000年左右的中石器时代，境内的先民已经能够打磨细石器，用于狩猎和从事简单的农耕生产。大约在3000年前，境内平原地区出现定居农耕文化，山区为狩猎和放牧的游牧文化。到了秦汉之际，境内以母系社会为基础的部落联盟逐步解体，以各个绿洲自为体系的从事定居农业的“城郭诸国”以及以从事游牧的“行国”逐步形成。境内的阿图什属疏勒国，阿克陶属桢中国，乌恰属捐毒国，阿合奇属尉头国。汉神爵二年（公元前60年），统治西域的匈奴日逐王先贤掸率部归汉，汉朝政府设西域都护府以统之，从此克孜勒苏正式划入汉朝版图。中华人民共和国成立之初，境内分属新疆省的喀什专区和阿克苏专区。1954 年克州成立，成为我国唯一的柯尔克孜族自治州。

二、资源概况

克州辖阿图什市和阿克陶县、乌恰县、阿合奇县 1 市 3 县。首府设在阿图什市。2014 年，全州总人口 59.64 万，其中，柯尔克孜族 15.77 万，维吾尔族 38.77 万，汉族 4.34 万，此外还包括塔吉克族、乌孜别克族、哈萨克族等 8 个常住民族，是典型的多民族聚集区。

克州号称"万山之州"，山地占全州总面积的 90% 以上，境内海拔 5000 米以上的高山有 16 座，"冰山之父"慕士塔格峰海拔 7546 米。境内地表水年径流量约 79.62 亿立方米，占全新疆地表水径流量的 10%；地下水储量 23 亿立方米。全州水能资源居南疆之冠，仅七大河流理论水能量就达 747.46 万千瓦，占全新疆水能资源的 22.3%，发展水电事业潜力很大。境内矿物资源种类多、品类齐全，目前已发现矿种 69 种、矿产地 457 处。已探明或初步探明储量并计入储量库的矿产有天然气、煤、铁、钴、铜、铅、锌、镉、金、银、盐、硫（硫铁矿）、水晶、石灰岩、粘土 15 种。

克州是新疆有名的瓜果之乡，特别是境内的阿图什市和阿克陶县。地方优质品种主要有无花果、葡萄、杏、石榴、桃、梨、沙枣、巴旦木等，瓜类主要有甜瓜、西瓜等。无花果是阿图什市的特产，誉满天山南北，阿图什市被称作"无花果之乡"。无花果为稀有果品，甜美可口、营养丰富。阿图什市葡萄品种较多，以"木纳格"葡萄最为有名，其最大特点是易于长期存放，不需任何措施即可保鲜到来年 3～4 月。"喀拉库赛"甜瓜肉厚质细，甜而香脆，已远销到国内各大城市及中国香港等地。杏的品种较多，产量也较高，以阿图什市上阿图什乡的"胡苑乃克"和阿克陶县巴仁乡的银杏最佳。杏脯、杏干、杏子酱有较好的销路和市场，为自治州的一大特产。

三、克州在古丝绸之路上的地位

1. 古丝绸之路上的交通要冲

在古丝绸之路上，克州境内的通商道路主要有两条，分别为丝绸之路南道和民间经商古道。南道指经莎车进入疏勒后分两条：一是经阿图什北行，通过乌恰进入中亚；二是经今阿克陶翻越帕米尔，进入西亚。民间经商古道的路线是：从阿图什出发经巴羌转向东北进入山区，经哈拉峻翻喀拉铁热克山，过阿合奇县的哈拉奇，到别迭里山口，向东北可至伊犁，向北可至伊塞克湖（今吉尔吉斯斯坦）。唐代时期，穿过克州境内的商贸通道演变为丝绸之路中道，其中，从温宿至疏勒段曾被称"拔换疏勒道"。明、清时期，境内的主要大道依然是阿合奇翻喀拉铁热克山过阿图什至喀什的道路，同时，疆内伊犁至喀什的贸易通道也往来于此。

作为古丝绸之路上的交通要冲，克州境内分布着大量的驿站与孔道。最著名的有盖孜驿站，位于现今阿克陶县布伦口乡东北20公里处的中巴国际公路旁，是古代通往巴基斯坦的必经之路，也是古代丝绸之路南路和中路汇合后西出的交汇点，始建于汉代，到了唐代已经发展成为丝绸之路上著名的大驿站，接待来往使者和商贾，目前是古丝绸之路重要的遗址和见证。另外，还有吐尔尕特，不仅是古代民间贸易的重要通道之一，也是汉唐丝绸之路上的重要驿站。汉代吐尔尕特一带属捐毒国，来自中原和中亚、西亚的客商，携带丝绸、茶叶、玉器、香料等货物从这里频繁往来。到了唐代，这里归属安西四镇（焉耆、碎叶、于阗、疏勒）之一的疏勒都督府，在唐朝全盛时期，由于生产发展较快，经济繁荣，丝绸之路东来西往的商旅络绎不绝，吐尔尕特成为当时各地客商东往西去一个非常重要的驿站和通道。

2. 东西方经贸往来的商贸重镇

克州自古以来就是丝绸之路重镇，汉朝以前，克州境内的阿图什市属于疏勒国，阿克陶县属帻中国，乌恰县属捐毒国，汉代时期，克州境内统属西域都护府，阿图什更是西域36国之一的疏勒国的国都，疏勒与中原的政治、经济、文化交往频繁，东来西往的商队均在此歇足贸易，唐代鼎盛时期，东西方贸易更加频繁，疏勒已发展成为西域的商业中心之一。所以说，在古丝绸之路发展演变的各个历史时期，克州都是一条极其重要的商贸通道，阿图什也始终是古丝绸之路上著名的商贸重镇。

3. 多元文化交流荟萃之地

克州的文化是在东方华夏文化母体上形成的同源分流、多元一体的文化。多民族文化并存，且相互影响、相互交融、共同发展。特别是在频繁的民族大迁徙中，中原的农耕文化和漠北的游牧文化，都先后进入境内，并且在撞击中相融。民族大迁徙不仅丰富和发展了境内的经济文化，也发展了各民族本身。在语言文化中，阿尔泰语系、汉藏语系与印欧语系，多种语言和文字共存并行，且相互借用，互为补充；在宗教文化中，伊斯兰文化保留了佛教文化的遗迹和萨满文化的遗俗；在文化艺术中，炼石补天的女娲、偷取昆仑神火的普罗米修斯以及乌古斯可汗的故事同时在民间流传，《玛纳斯》、《江格尔》、《格萨尔》在同一个草原传唱。各种流派，异彩纷呈，浑然一体，如水乳交融，相互辉映。

克州中部是维吾尔族文化的摇篮，北部是柯尔克孜族文化的沃野，西南部山区是塔吉克族文化的发祥之地，各种文化都留下厚重的文化积淀，特别是民间文学和民间艺术作品十分丰富。柯尔克孜族的英雄史诗《玛纳斯》，是流传千古的

不朽之作，在草原上广为流传，家喻户晓；维吾尔族的《阿凡提的故事》脍炙人口，不断有新的故事在绿洲上传播。柯尔克孜族的古典乐曲《康巴尔汗》及维吾尔族的《十二木卡姆》不仅是柯尔克孜、维吾尔音乐创作的基石，而且是民族音乐的经典与史诗。

克州还曾是西域文化的发祥之地，古代的疏勒乐以及柘枝舞、胡腾舞在流传过程中，不仅给克州的地域民族文化留下了鲜明的烙印，而且传入内地，对中原文化影响极深，同时汉文化也对克州境内的地域文化影响颇大。多元文化的交流融合，极大丰富和发展了克州各族人民的精神生活，提高了各族人民的心理素质，增强了各族人民的凝聚力，也为克州社会繁荣和进步及先进文化的继承和发展，奠定了坚实的基础。

克州作为古丝绸之路上的商贸重镇和交通枢纽，在千年丝路上一直闪耀着璀璨的光芒。但随着古丝绸之路的变迁衰落，克州往日的辉煌不再。今天，在建设丝绸之路经济带的新历史机遇下，克州参与丝绸之路经济带建设，为新疆建设丝绸之路经济带核心区贡献力量，既是促进自身发展的有效途径，也是克州在新形势、新机遇下的必然历史使命。

第二节　克州参与丝绸之路经济带建设的意义与背景

一、重要意义

1. 有利于喀克经济圈跨越式发展

南疆地区作为丝绸之路经济带南通道和中通道支线建设的核心区域，特别是以喀什、阿图什为核心的喀克经济圈位于整个亚欧大陆的中心位置，自古便是东西方贸易的重要通道和战略要地，在南疆四地州区域经济社会发展中起着支撑、带动、引领作用。共建丝绸之路经济带战略构想的提出，为喀克经济圈发展提供了重要战略机遇。此举将有助于喀克经济圈各县市进一步加强在战略能源、经济贸易、科技创新、生态环境、人文交流等领域的分工协作，推进区域融合和一体化发展，加快区域经济社会协调发展，使其成为确保新疆及我国边疆稳定和国防安全的战略屏障，在建设国家向西开放“桥头堡”发展战略中当好排头兵和主力军。

2. 有利于带动南疆片区扶贫开发

南疆片区是集边境地区、民族地区、高原荒漠地区、贫困地区于一体的集中连片特殊困难地区，是2011年5月国家颁布《中国农村扶贫开发纲要（2011～2020年）》确定的14个集中连片特困地区之一。要加快丝绸之路经济带建设，国家必将在基础设施、产业发展、对外开放等各个领域加大投入，而南疆片区作为新疆丝绸之路经济带核心区建设的重要组成部分，应该也必须是国家和自治区投入建设的重点区域。可以说，参与丝绸之路经济带建设将会为带动南疆片区扶贫开发提供新的机遇，对促进区域经济社会协调发展，维护民族团结和巩固边防，最终与全国同步实现全面小康社会目标有重大深远的意义。

3. 有利于推进中巴经济走廊和中吉乌铁路建设

克州地处祖国西部边陲，是古丝绸之路的必经之地，周边与印度、巴基斯坦、阿富汗、塔吉克斯坦、吉尔吉斯斯坦、哈萨克斯坦6国接壤，与这些国家在经济、贸易等方面具有很强的互补性。但相互之间的道路交通运输条件有限，通而不畅现象比较突出。为此，中国与周边相关国家很早就提出了建设中吉乌铁路和中巴铁路的构想，但是受制于各种原因，始终未能开工建设。因此，交通，特别是对外交通问题已经成为严重制约南疆地区经济发展的最大瓶颈。共建丝绸之路经济带，积极开展与周边国家的道路联通，为推进中巴经济走廊和中吉乌铁路的建设提供了重要的战略机遇，对促进第二座亚欧大陆桥沿线国家和地区经济社会发展具有重要现实意义，通过共建互利，有利于进一步改善周边国际环境，促进中国新疆同周边各国的社会稳定和经济发展，增进各国人民之间的传统友谊、实现与周边区域的互联互通。

4. 有利于提升区域对外开放开发水平

包括克州在内的南疆四地州区域是丝绸之路经济带南通道和中通道支线上的关键区域，也是连接中国新疆与巴基斯坦、吉尔吉斯斯坦等国的战略要冲，在区域经济格局中的地位突出，且与周边各国的经贸合作有着明显的互补性和广阔的空间。因此，找准区域定位，将区域发展诉求积极融入国家构建丝绸之路经济带的发展战略，将会进一步放大区域历史文化、区位条件以及产业基础等优势，可为推进区域与国内、国际两个市场合作交流奠定坚实基础。同时，建设丝绸之路经济带也有助于区域发挥地处中枢，东引西出、向西开放的地缘优势，促进本区域在更高层次、更宽领域、更大范围上进行资金、技术、人才等要素资源的合理配置和集聚，形成内生增长与外向发展互补的开放型经济体系。

5. 有利于确保新疆能源资源和矿产资源开发与安全保障

加强国际间的能源合作是丝绸之路经济带建设的重要内容，通过丝绸之路经济带建设这一平台，加快推进中国与周边国家的能源合作，一方面，有助于充分发挥克州的地缘优势，加大对周边国家煤炭、天然气等能源资源的引进，统筹国内国外、疆内疆外两个市场，有效推动新疆能源大基地和能源资源陆上大通道建设，全面提升国家能源安全保障水平；另一方面，在能源合作开发的大背景下，也有助于加快区域能源资源有序开发，特别是克州作为全疆水能资源最为丰富的地区，要紧紧地把握这一机遇，加快推进清洁能源开发和能源结构调整，构建安全、稳定、清洁的现代能源生产体系，将克州建设南疆地区乃至整个新疆的能源生产储备和加工转化基地。

6. 有利于加快新疆经济转型升级和产业结构调整

新疆一盘棋，南疆是“棋眼”，克州作为南疆四地州的重要组成部分，经济发展的质量和水平亟待提高。积极参与丝绸之路经济带建设，将地方的发展诉求与国家战略构想有机结合，发挥克州的资源优势、人文优势和区位优势，推动克州与周边地区和周边国家在产业分工、基础设施建设以及在外部市场开拓等领域的合作，有助于克州推动除传统产业以外其他诸如铁路、公路、航空、电信、能源、文化旅游、商贸物流、金融服务、现代农业等众多行业的发展，整体上促进克州经济转型升级和产业结构调整，同时也有利于以点带面，支撑和加快新疆经济转型升级和产业结构调整。

7. 有利于保障国防安全和维护社会稳定

我国周边国家情况复杂，克州作为新疆乃至国家的边防大州，保障和维护国家国防安全和社会稳定的任务尤其艰巨。因此，积极参与丝绸之路经济带建设，借助国家的整体战略部署，加快推进区域内重要国际通道建设，完善区域基础设施保障水平，通过与吉尔吉斯斯坦、巴基斯坦等国家跨国铁路、公路通道设施的建设和投用，可有效提高我国在区域安全保障中的快速反应能力，增强我国在区域安全的影响力，有助于进一步强化与周边国家在上海合作组织平台下的全方位安全合作，为维护地区安全稳定创造条件。同时，积极参与丝绸之路经济带建设，将克州的发展诉求与国家向西开放整体战略有机融合，也有助于克州找准定位，加快发展，从根本上解决柯尔克孜族等边民的民生改善问题，使其能更加安心地守边固边，更好地保障国防安全和社会大局稳定。

二、国内外背景分析

1. 克州参与丝绸之路经济带建设的国际背景

（1）国家战略的提出为克州分享地区合作利益提供了可能。克州与中亚的吉尔吉斯斯坦接壤，与西亚、南亚、北亚遥望，该区域地处欧亚大陆的核心区，是英国地理学家与地缘政治家哈尔福德·约翰 麦金德提出的“世界岛”核心区，也是美国政治理论家、地缘政治学家布热津斯基在大棋局提出的“全球巴尔干”地区的重要组成部分，其战略地位的重要性可见一斑。区域特殊的战略地位以及极其丰富的自然资源，使得世界各大国都想在这一地区获得利益和合作的机会。

新形势下，我国提出了极具包容性的丝绸之路经济带战略构想，将联动亚欧涵盖30亿人口的巨大市场，通过开辟从波罗的海到太平洋、从中亚到印度洋和波斯湾的交通运输走廊，使得亚欧大陆经济形成“共振”，不仅超越了美国提出的“新丝绸之路”构想，也涵盖了俄罗斯、印度、伊朗等国提出的“北—南”国际运输走廊方案和欧盟的“欧洲—高加索—亚洲运输走廊”计划，将重新开启阻滞多年的亚欧经济交通大动脉，实现沿线各国的互联互通，重写亚欧经济与地缘政治新版图。

新疆作为丝绸之路经济带建设的核心区，地位举足轻重，而克州作为新疆沿边开放的重要窗口，依托其优越的区位条件，不仅是新疆向西开放的战略要地，更是未来建设丝绸之路经济带中不可或缺的关键节点。克州参与建设丝绸之路经济带不仅是实现自身经济社会全面发展和进一步扩大对外开放的需要，更是对中国强化与中亚等周边国家的经济合作，加强对外开放力度的回应。在参与建设丝绸之路经济带的过程中，克州也将同沿线国家一同分享进一步强化区域政治、经济、文化等领域合作而带来的巨大利益。

（2）中亚国家的参与热情为克州提供了合作机会。中亚国家的经济发展离不开与各国的合作，特别是随着中国经济的不断发展以及中国新疆对外开放水平的不断提高，中亚国家与中国的合作势必会进入一个新的发展阶段。习近平总书记也明确提出，中国愿意为周边国家提供共同发展的机遇和空间，欢迎大家搭乘中国发展的列车，因此，丝绸之路经济带战略构想的提出和建设，也为中国尤其是新疆与周边及中亚国家进一步加强多领域合作提供了机会和平台，中亚国家对此也抱着非常积极的态度。

哈萨克斯坦总统纳扎尔巴耶夫表示，中哈两国将在现有合作的基础上，通过丝绸之路经济带的建设，进一步深化两国在贸易、经济、投资、农业、边境、文化、人道主义以及国际和地区安全的合作中，复兴伟大的丝绸之路。乌兹别克斯坦对于共建丝绸之路经济带有着很高的热情与期望，并为此做积极的准备，2013年10月9日，中乌两国元首会面时明确提出双边经济合作的重大战略问题是建造两国之间最短的铁路运输网，保障中国输出产品到中亚。乌兹别克斯坦卡里莫夫总统表示，支持建设中国—吉尔吉斯斯坦—乌兹别克斯坦的铁路路线。吉尔吉斯斯坦总统阿坦巴耶夫在与习近平会晤期间，也表示吉尔吉斯斯坦支持丝绸之路经济带计划，新的合作方式对吉尔吉斯斯坦有巨大光明前景，尤其是在多边框架下与中国之间的双边合作，将更加深化。作为土库曼斯坦的重要战略伙伴，中国正在与其连续不断地实施一系列宏伟的联合项目，包括被称为“能源丝绸之路”的土库曼斯坦—中国天然气管道（中亚天然气管道D线）。

可见，中亚国家与我国在共建丝绸之路经济带上，有着共同的原始内在动力与需求，标志着中国与中亚的关系将发展到一个新的水平。基于合作势在必行、共赢潜力无限的大背景下，作为新疆和中亚国家合作交流前沿的克州，其地缘优势不言而喻，抓住这一难得的历史机遇，克州将实现经济社会的全面跨越和对外开放的全面突破。

（3）跨境安全合作凸显了克州的重要地位。中亚区域历来是各方势力角逐的热点，历史上各种思潮泛滥。中亚国家独立后，由于传统经济联系中断、各国陷入了严重的经济危机，人们生活遇到很大困难。另外，各国在经济转型过程中出现了严重的社会分化、贫富差距加大、腐败现象严重，这导致人们对当局不满、信仰出现真空，这也为非传统安全问题提供了繁衍的土壤。此外，中亚国家独立后实行较为宽松的宗教政策，宗教影响明显扩大，一定程度上为宗教极端势力的发展提供了可能性。20 世纪 90 年代以来以追求政权为目标，或公开或隐蔽，打着宗教旗号的各种极端组织在中亚各国纷纷出现，尤其是乌伊运的发展壮大，不仅频繁进行恐怖活动，还对乌兹别克斯坦世俗政权发动武力攻击，引爆安集延事件。2009 年以来，在乌兹别克斯坦和吉尔吉斯斯坦边境以及吉尔吉斯斯坦和塔吉克斯坦境内，伊斯兰激进活动频现。

解决非传统安全的途径，源头是发展经济，解决民生问题。为此，中国、俄罗斯以及中亚国家为了维护泛中亚的非传统安全成立了上海合作组织，协助泛中亚国家积极采取措施，加强在反毒、反恐、能源开发等方面的安全合作，全方位、多层次开展合作。克州作为我国通往中亚、南亚和西亚地区的战略要地，边境线长，接壤国家多，周边国际环境复杂，克州周边安全环境不仅直接关系克州的社会稳定和长治久安的实现，同时也关系新疆乃至全国的安全保障问题。克州所处的地理位置充分凸显了克州作为我国与周边国家加强跨国安全合作的关键区域，在维护区域传统安全以及非传统安全方面不可替代的安全堡垒作用。

2. 克州参与丝绸之路经济带建设的国内背景

（1）西部大开发战略实施奠定了克州发展的基础。西部大开发是中共中央贯彻邓小平关于中国现代化建设“两个大局”战略思想、面向新世纪做出的重大战略决策，全面推进社会主义现代化建设的一个重大战略部署。在以基础设施建设为基础，以生态环境保护为根本，以经济结构调整、开发特色产业为关键，以依靠科技进步、培养人才为保障，以改革开放为动力，以繁荣经济、使各族人民共同富裕为出发点的西部大开发战略实施进程中，西部地区的基础设施建设水平和区域自我发展能力有了长足的进步与提高。克州也是这一战略实施的受益者。随着新一轮西部大开发战略的继续深入推进，必将为克州奠定更加坚实的发展基础和条件，更有利于克州积极参与到丝绸之路经济带建设进程中。

（2）国家能源安全战略提升了克州发展的地位。能源问题是全球性问题。促进世界能源供求平衡、维护世界能源安全，是世界各国共同面临的紧迫任务。为保障全球能源安全，国际社会正在树立和落实互利合作、多元发展、协同保障的新能源安全观。我国作为世界能源需求大国，确保国家能源安全是一项事关国家经济社会发展和实现“中国梦”战略全局的大事，如何更好地开拓国际能源市场，建立安全高效的多元能源供应保障安全体系尤为重要。与克州相邻的中亚区域是世界能源富集区，也是我国重要的国际能源供应区之一，即将建成的中国—中亚天然气管道D线和1000万吨进口煤储配项目均建设在乌恰县境内。因此，在我国新的能源安全战略框架下，克州能源通道、能源加工和能源供应基地的作用将会更加凸显。

（3）国家沿边开放战略提供了克州发展的机遇。随着经济社会的全面发展和对外开放扩大深化，我国的开放战略更加积极主动，互利共赢、多元平衡、安全高效的开放型经济体系正在逐步完善。以内蒙古为核心的“向北开放重要桥头堡”；以新疆为核心的“向西开放门户”；以广西为核心的“东盟合作高地”以及以云南为核心的“向西南开放重要桥头堡”等一系列有效带动区域发展的开放高地初具规模，初步形成了我国沿海内陆沿边开放优势互补开放新格局。如果说党的十七大报告提出的“深化沿海开放，加快内地开放，提升沿边开放”是新一轮开放格局的雏形，那么党的十八大报告提出的“创新开放模式，促进沿海内陆沿边开放优势互补，形成引领国际经济合作和竞争的开放区域”则拉开了沿海、内陆、沿边“三位一体”开放格局序幕。对沿边地区实行全方位开放，使之成为对外贸易和投资的热点，开发开放边疆地带，不仅具有政治意义，而且对社会安定、国家安全具有深远意义。因此，重点建设边疆经济特区，使其成为沿边开放地带经济发展的生长点，通过高层次的出口加工，使之成为边境经济发展的推动力，通过多种经济合作形式，不断扩大对外开放的广度和深度，更好地促进边疆经济的发展。克州作为我国向西开放的桥头堡，是国家扩大沿边开放的核心区域，凭借克州优越的地理条件和相对稳定的社会环境，创新开放模式，扩大开放领域，提高开放水平，完全能够将克州建设成为我国边境经济发展的高地。

第三节 克州参与丝绸之路经济带建设的情景分析

一、现实基础

1. 综合经济实力快速上升

2009~2014 年，克州主要经济指标均呈快速增长趋势。GDP 总量连年持续增加，2014 年 GDP 总量为 90.32 亿元，其中，第一产业为 14.01 亿元，增长 7.7%；第二产业为 30.63 亿元，增长 21%；第三产业为 45.68 亿元，增长 10.4%，产业结构逐步优化。全社会固定资产投资总额增长迅猛，2014 年完成 110.5 亿元，较 2013 年增长 25.2%；全州实现社会消费品零售总额 16.41 亿元，较 2013 年增长 18.4%；2014 年城镇人均可支配收入 19480 元，农牧民人均纯收入 4784 元。

当然，与全疆和各地州横向比较，如表 7－1 所示，克州经济总量仍然较小，2013 年克州 GDP 仅占全疆总量的 0.9% 左右，在全疆排名居末位；三次产业产值、全社会固定资产投资、社会消费品零售总额、地方财政收入与支出、城镇居民人均可支配收入和农牧民人均纯收入等指标值亦较低，排名基本靠后，即使在南疆四地州，克州目前总体的发展情况也并不突出。但是克州的经济总量在快速增加，从发展前景和潜力分析来看，2013 年克州经济总量增速排名全疆第三位，居南疆四地州第一位。这充分说明，克州经济虽然发展起步较晚，但因为拥有丰富的资源，具备得天独厚的区位，特别是克州具有非常稳定的发展环境，区域的整体发展潜力和发展空间广阔。

2. 产业发展动力强劲

近年来，克州把加快工业发展作为实施“优势资源转换”战略的主攻方向，把矿产资源开发作为发展新型工业化最具优势、最现实的基础，把水能开发作为推动新型工业化发展的着力点，积极落实差别化产业政策，加大招商引资力度，一批大企业、大集团入驻克州，着力培育金属冶炼加工、绿色能源、新型建材“三大基地”，初步构筑了以五大特色产业为主体的现代产业体系。三次产业结构比例由 2009 年的 22.8∶19.6∶57.6 优化为 2014 年的 15.9∶33.5∶50.6，第二产业比例大幅增长，工业发展动力显著增强，优势资源开发取得明显成效，三次产业结构趋于合理，工业基础逐步增强，具备了参与丝绸之路经济带建设的能力，也为丝绸之路经济带建设注入新的活力。

表 7－1　2013 年新疆各地州主要经济指标对照

主要指标	全疆	克州	阿克苏地区	喀什地区	和田地区	乌鲁木齐市	克拉玛依市	石河子市	吐鲁番地区	哈密地区	昌吉州	伊犁州直	塔城地区	阿勒泰地区	博州	巴州
GDP(亿元)	8360. 24	77. 84	692. 6	617. 3	171. 65	2202. 85	853. 11	255. 33	260. 89	333. 93	937. 31	681. 16	542. 91	210. 94	222. 17	1017
总量位次	—	15	5	7	14	1	4	11	10	9	3	6	8	13	12	2
增速(%)	11. 1	18. 5	12. 8	15. 5	11. 1	15	6. 8	22. 3	5. 5	22. 2	16. 9	14. 3	12. 5	12. 2	18	10
增速(位次)	—	3	9	6	12	7	14	1	15	2	5	8	10	11	4	13
第一产业（亿元）	1468. 3	12. 38	220. 28	191. 3	53. 11	26. 31	5. 01	11. 58	39. 78	37. 31	238. 78	161. 66	188. 5	41. 3	60. 26	176. 62
位次	—	14	2	3	8	13	15	7	11	12	1	6	4	9	7	5
第二产业（亿元）	3776. 98	25. 38	218. 34	185. 01	33. 77	875. 1	739. 03	147. 65	158. 58	172. 24	451. 46	231. 99	198. 04	97. 18	57. 54	640. 21
位次	—	15	6	8	14	1	2	11	10	9	4	5	7	12	13	3
第三产业（亿元）	3114. 96	40. 08	253. 98	241	84. 76	1301. 44	109. 07	96. 11	62. 54	124. 38	247. 07	287. 51	156. 37	72. 46	104. 37	200. 16
位次	—	15	3	5	12	1	9	11	14	8	4	2	7	13	10	6
人均 GDP（元）	37181	13694	28535	16076	8025	64695	149127	73695	41473	55622	58479	24567	40587	33945	45579	72492
位次	—	14	11	13	15	4	1	2	8	6	5	12	9	10	7	3
全社会固定资产投资（亿元）	8148. 41	91. 12	490. 39	658. 29	189. 09	1055. 92	456. 47	208. 8	236. 05	443. 54	1040. 02	706. 28	358. 41	266. 76	205. 01	723. 81
位次	—	15	6	5	14	1	7	12	11	8	2	4	9	10	13	3

续表

主要指标	全疆	克州	阿克苏地区	喀什地区	和田地区	乌鲁木齐市	克拉玛依市	石河子市	吐鲁番地区	哈密地区	昌吉州	伊犁州直	塔城地区	阿勒泰地区	博州	巴州
社会消费品零售总额（亿元）	2039.15	13.87	98.04	131.3	28.57	811.47	53.54	70.09	32.34	64.92	182.27	155.38	60.86	49.05	29.62	81.19
位次	—	15	5	4	14	1	10	7	12	8	2	3	9	11	13	6
公共财政预算收入（亿元）	1128.49	8.76	74.91	45.79	13.33	301.9	65.83	28.31	30.54	40.1	81.34	68.54	36.55	30.52	13.17	68.48
位次	—	15	3	7	13	1	6	12	10	8	2	4	9	11	14	5
公共财政预算支出（亿元）	3067.12	76.32	199.5	324.85	164.94	353.2	79.81	33.18	64.21	84.15	168.81	225.76	119.57	120.28	56.12	164.51
位次	—	12	4	2	6	1	11	15	13	10	5	3	9	8	14	7
城镇居民人均可支配收入(元)	19874	17094	20049	15454	18478	21304	25249	23292	19943	20865	20111	18496	19005	18427	18863	20408
位次	—	14	7	15	12	3	1	2	8	4	6	11	9	13	10	5
农牧民人均纯收入(元)	7296	3857	7875	5393	4951	11496	15595	15916	8170	9908	13014	8503	11096	7267	10636	11239
位次	—	15	11	13	14	4	2	1	10	8	3	9	6	12	7	5

（1）特色农牧业不断发展壮大。2014 年克州生产各类设施农产品近 4 万吨，亩均产值增加近 1000 元，设施农业生产水平大大提高。年末实有水果面积 33.91 万亩（不包括坚果面积），产量 18.6 万吨。全州牲畜存栏和出栏分别达到 168.61 万头和 124.86 万头，比 2013 年分别增长 1.7% 和 5%；肉类总产量 4.13 万吨，增长 3.2%；牲畜商品率为 60.9%；新增养殖小区 100 多个。农业产业化经营进程明显加快，截至 2014 年底，全州拥有各类农业产业化组织 414 家，其中，州级以上龙头企业 22 家，农民专业合作社经济组织 392 家。

（2）工业发展质量显著提升。2014 年，全州实现工业总产值 49.68 亿元，同比增长 18.59%；完成工业投资 38.25 亿元，增长 8.9%。黑金属冶炼加工、绿色能源、新型建材"三大工业基地"建设初见成效，产业聚集发展初具规模，截至 2013 年，全州黑色金属产业已形成 600 万吨/年的采矿能力、550 万吨/年的选矿能力、215 万吨/年的冶炼能力；有色金属产业已形成 450 万吨/年的铅锌采选能力、20 万吨/年的铜采选能力；建材产业已形成水泥 570 万吨/年的生产能力，彩色石棉瓦、石灰石、石材等产业也不断发展壮大。另外，在清洁能源生产上，全州已建成水电装机容量 46.1 万千瓦，6 万千伏光伏发电项目也成功并网发电。

作为工业发展的重要平台和载体，克州园区发展迅速，除国家级伊尔克什坦口岸园区外，先后建成了阿图什工业园、阿克陶江西工业园、乌恰常州工业园 3 个自治区级工业园区。目前，全州各类园区规划总面积为 72.34 平方公里，入驻企业 100 多家，其中产值超亿元的企业 12 家，实现工业总产值 25.05 亿元，同比增长 29.79%；完成工业增加值 8.38 亿元，同比增长 22.51%，占全州工业增加值的 56.6%，园区已成为克州五大特色工业产业重要集聚区。

（3）服务业发展水平显著提升。

1）商贸物流业迅速发展。通过优化整合城乡商业网点布局，完善城乡商业网点设施条件，成功吸引了一批连锁超市入驻，大大丰富了克州商贸服务的业态内容，延伸了服务半径，提升了服务水平。特别是在伊尔克什坦口岸园区的引领带动下，以海关监管库和物流保税区为依托的克州物流基地和物流中心建设进程不断加快，目前仅口岸园区就入驻商贸物流企业 10 余家，现代物流业已经成为克州服务业发展的重要支撑。

2）特色旅游业不断壮大。依托克州丰富的自然景观和人文文化等资源，克州特色旅游业发展方兴未艾。通过成功举办玛纳斯文化旅游节等一批重大旅游节庆活动，宣传推介克州，有效扩大了克州的知名度，促进了全州旅游业的发展。2010～2014 年克州累计接待国内外旅游总人数 272.2 万人次，旅游总收入 7.71 亿元；2014 年全州共接待境外游客 2.19 万人次，较 2013 年同比增长 4.8%；接待国内游客92.65万人次，较2013年同期增长13.3%；旅游接待总人数94.84万人次，较2013年增长13.1%；旅游总收入达2.46亿元。

3. 基础设施支撑保障能力大幅提升

近年来，克州党委政府把基础设施建设作为实现跨越式发展的重要保障，按照适度超前的原则，突出重点领域，集中力量全力以赴推进一批重大基础设施项目建设。2009~2014年全社会固定资产投资累计达371.39亿元，而且投资力度不断加强，仅2014年全社会固定资产投资就达110.5亿元，较2009年增长3倍以上。一大批水利、交通、电力等重大基础设施项目已经建成投用或开工建设。

（1）水利方面。目前建设完成了阿克陶布伦口水库和乌恰县开普太希水库，阿湖水库的工业园区供水工程已初步发挥效益；一批重大水利枢纽工程前期工作进展顺利；州内季格达布拉克、谢依提，阿克陶县阔滚其、加玛铁热克水库的除险加固工程顺利完工。

（2）电力方面。托什干河别迭里水电站已建成并网发电，盖孜河布伦口—公格尔水电站2014年开始发电，盖孜河盖孜水电站、克孜河塔日勒嘎水电站建设进展顺利，江苏综艺光伏、阿图什百事德光伏、阿图什特变电工光伏发电项目已竣工；"十二五"以来，3座220千伏输变电工程和8座110千伏输变电工程的建设完成，全州供电保障能力显著增强。

（3）交通方面。到2013年底，克州境内公路总里程为5657公里。其中，国道2条共计271公里，省道4条共计685公里，专用公路2条共计136公里。初步形成以G3012线、G3013线，省道212线、214线、306线、309线等干线公路为主骨架，32条县道、200条乡道、866条村道和2条专用公路组成的高原公路网。同时依托南疆铁路过境和紧邻喀什机场的优势，克州已经初步形成了铁路、公路和航空三位一体的综合交通运输体系，作为新疆联通中吉乌、中巴经济走廊的关键节点，克州正在初步发展成为联通中亚南亚的重要枢纽中心。克州交通货运和客运变化情况如表7-2所示。

表7-2 克州交通货运和客运变化情况

年份	客运量（万人）	客运周转量（万人公里）	货运量（万吨）	货运周转量（万吨公里）
2001	—	16218	—	28026
2002	213.6	36000	106.8	25023
2003	229	20076	143.5	30899
2004	280.8	20590	150	34350
2005	362.8	23331	204	42100
2006	373.3	26424	276.7	52027
2007	465.4	30562.2	319.7	78480
2008	539.6	36836	431.5	97246

续表

年份	客运量（万人）	客运周转量（万人公里）	货运量（万吨）	货运周转量（万吨公里）
2009	534.0	36454	562.9	98292
2010	567.8	39116.5	610.6	109194
2011	612.7	42547	677.5	125682
2012	681	46801	761	146545
2013	714	49999	821	152464
年平均增长率（%）	11.98	14.58	21.01	16.06

资料来源：《克州统计年鉴 2002～2013 年》和《克州领导干部手册 2014 年》。

4. 对内对外开放水平全面提升

克州开放步伐逐步加快，开放水平全面提升。依托特殊的地缘优势和便捷的通道优势，对内主动加强了与对口援疆江苏省、江西省以及周边地区经济的互补和融合，对外深化了与中亚各国在矿产资源开发、展会贸易、文化交流等方面的合作交流，对外贸易规模迅速扩大。2014 年，全州实现外贸进出口总额 4.32 亿美元，增长 65.6%，周边阿克苏地区外贸进出口总额仅为 4.11 亿美元，较 2013 年同期减少 24%；喀什虽然外贸进出口总额达到了 11.18 亿美元，但仅较 2013 年同期增长 4.2%。显而易见，克州进出口贸易总额增长速度远远高于阿克苏和喀什两个地区，未来克州对外贸易前景更加广阔。在贸易规模不断扩大的同时，克州对外贸易结构也在不断变化，工业制成品出口占总出口总额的 80% 以上，实现了由初级产品为主向工业制成品为主的转变。全州进出口贸易总额与 GDP 的关联度逐渐增强（见图 7－1），2003～2013 年，克州的开放度（外贸依存度）在南疆四地州中一直最高，且在全疆地州中也居于前列，2013 年达到了 34% 左右（见图 7－2）。

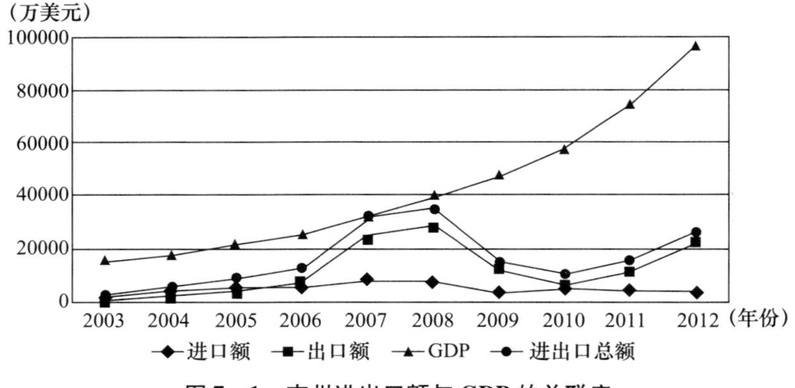

图 7－1　克州进出口额与 GDP 的关联度

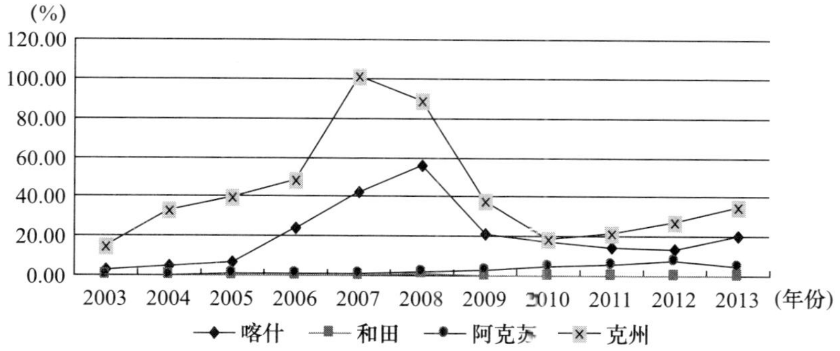

图7-2 南疆四地州开放度比较

5. 城镇综合承载能力显著增强

新型城镇化建设作为自治区“五化”建设的关键，引起了克州党委、政府的高度重视，在城镇化建设水平质量相对较低的情况下，重点加强城镇化发展的规划引领作用，先后完成了全州城镇体系规划、县市城市总体规划、乡镇总体规划和行政村建设规划编制工作，并制定出台了一系列推进城镇化发展的工作规定和实施意见。同时，在财力非常有限的情况下，充分整合各种资源，加大对城市基础设施建设投入，截至 2013 年，全州城市建成区面积为 22.92 平方公里，城镇化率为 30.6%，城镇用水普及率为 99.52%，燃气普及率为 94.08%，集中供热普及率为 36%，城市建成区绿化覆盖率为 31.25%，城市道路总长为 169.51 公里，道路硬化率为 92%。特别是乌恰县通过加强城市管理，大力开展城乡环境综合整治，成功创建了自治区级“园林城市”。在一系列城市基础设施重点建设项目的支撑下，全州城乡面貌和人居环境明显改善，城市综合服务功能和综合承载能力明显增强。

6. 社会事业全面发展

克州始终坚持民生优先、群众第一，连续开展民生建设年活动，切实把保障和改善民生作为经济社会发展的首要目标，通过安居富民、定居兴牧、保障性住房、南疆天然气利民、扶贫开发等一系列民生工程，极大地改变了克州传统落后的生产生活方式。自中央新疆工作座谈会召开以来，累计实施安居富民房 3.58 万户，定居兴牧房 1.06 万户，保障性住房 2.82 万套；大力推进片区扶贫攻坚，投入财政扶贫资金 8.4 亿元，累计实现脱贫 9.14 万人。州内天然气利民工程顺利推进，环塔管线项目克州段已基本建设完工，阿图什市中心站已建成，乌恰县中心站，康苏镇、布伦口乡瓶组站加快实施。全州 7 个无电乡居民用电问题基本得到解决。累计解决了 10.3 万农牧民饮水安全，累计续建新建农村公路 1245 公里。进一步提高城乡低保补助标准，落实困难群众生活补贴与物价上涨挂钩联动机制，保障了9.7万名困难群众的基本生活。累计培训城乡各类人员13.3万人次，零就业家庭实现24小时动态清零，累计农业富余劳动力转移43.6万人次，累计实现城镇新增就业3.45万人。实现全州城镇职工基本医疗保险、城镇居民基本养老保险、新型农村社会养老保险100%覆盖，教育、文化、医疗卫生等各项社会事业全面发展，基本公共服务能力和水平进一步提高。2014年，全州城镇居民人均可支配收入19480元，较2013年增长10.2%；农牧民人均纯收入4784元，较2013年增长20.7%。

二、比较优势

1. 特殊的区位有助于体现克州的重要地位

克州位于新疆西南部，地跨天山山脉西南部、帕米尔高原东部、昆仑山北坡和塔里木盆地西北缘。北部和西部分别与吉尔吉斯斯坦和塔吉克斯坦两国接壤，边境线长达1195公里；东部与阿克苏地区相连；南部与喀什地区毗邻，州内拥有吐尔尕特、伊尔克什坦两个国家一类口岸，周边的红其拉甫和卡拉苏两个国家一类口岸也须经克州出境，州府阿图什市距离喀什国际航空港仅38公里，毗邻的吉尔吉斯斯坦、塔吉克斯坦、哈萨克斯坦均为世界贸易组织成员国家，周边的整体贸易环境有利于促进克州开展对外经济贸易。克州正逐步发展成为中国商品在中亚最重要的集散地之一，伴随中吉乌铁路和中巴经济走廊提上日程，克州必将成为新疆乃至中国向西开放的重要通道和出口商品中转集散地。作为南疆四地州乃至整个新疆全面扩大对外开放战略前沿，凭借着特殊的区位优势，克州必将会充分体现出其与中亚、南亚及西亚等地区深化“五通”建设的巨大潜力，在丝绸之路经济带建设进程中发挥更加重要的作用。

2. 丰富的资源有助于夯实克州发展的基础

（1）克州是南疆地区矿产资源富集区，铁矿资源储量丰富，预测资源量10亿吨；铅锌资源储量为全疆前列，远景资源量1000万吨；铜、金、天然气及煤炭资源都有较高的储量，已进入大开发的新阶段。

（2）克州是水能资源富集区，居南疆之冠，开发条件优越，7条主要河流的理论水能蕴藏量达567万千瓦，技术可开发量约500万千瓦。按照国家公布的新疆年太阳总辐射量分布图，克州三县一市均分布在1700~1800千瓦时/平方米区域，太阳辐射量优于南疆其他地区，可开发及消纳太阳能发电装机1680兆瓦。

（3）克州自然景观多姿多彩，素有“万山之州”的美誉，全州共有230余处文物古迹遗址和旅游景点，主要包括天山、昆仑山、帕米尔高原、塔里木盆地四大自然景观，古丝绸之路遗址及知名历史文化遗产和柯族民族风情等特色文化

旅游资源，全州拥有全国重点文物保护单位 1 处，自治区级重点文物保护单位 6 处。如今的克州发展成为一个集考察、研究、观光、探险、休闲于一体的旅游胜地，也是自治区人文、自然景观富集区和后续开发基地。

（4）克州是有名的瓜果之乡，名优果品无花果、木纳格葡萄、巴仁杏、石榴等享誉全国，高山牦牛、柯尔克孜羊具有较好的市场品质优势。目前全州已获有机认证 6 个、绿色认证 4 个、无公害认证 1 个，其中阿克陶县还获得全疆唯一农产品生产欧盟有机认证机构认证。全州有机农产品生产体系初步形成。

3. 悠久的商贸传统有助于克州把握“五通”先机

克州人民拥有经商的天赋，从汉朝开始，现在的阿图什就是丝绸之路上东西方商人聚集和交易的商贸重镇，被誉为“帕米尔高原上的商品集散地”。据史料记载，当时往来的商人通过阿图什，将玉石、象牙、香料等商品带到中原，再从中原带回丝绸、茶叶、手工艺品、陶器等商品在这里进行交易，或带到中亚、西亚和欧洲。阿图什的维吾尔族人因此也被认为是维吾尔族人中最会算账做生意、最精明能干的人。随着历史的进步，从古代丝绸之路的商贸重镇发展成为今天的通商门户，阿图什的商业气息更加浓厚，在改革开放春风的吹拂下，以阿图什人为代表的克州商人抓住大好时机，发挥擅长经商的传统，使得区域商业贸易得到了进一步发展。而且借助商贸的资源和平台，更有利于进一步带动克州道路、民心、货币以及政策等“五通”建设发展。

4. 优惠的政策有助于克州后发赶超

党的十八大提出继续加大力度扶持中西部地区发展，全国新一轮对口援疆工作启动以及国家第二个 10 年西部大开发战略实施，特别是两次中央新疆工作座谈会的召开，从维护新疆社会稳定和长治久安出发，出台的一系列财税、金融以及差别化产业政策，尤其是明确定位新疆作为丝绸之路经济带建设的核心区，为克州创造了良好的历史性机遇。克州也紧紧抓住了这一机遇，在对口援疆省市的支持下，积极参与国内产业梯度转移，承接了部分东部转移产业；同时克州也在国家和对口援助省市的支持与帮助下，大幅提升了基础设施建设和社会民生保障水平，这都为克州参与丝绸之路经济带建设奠定了坚实的经济基础和社会基础。

5. 交融荟萃的文化有助于克州扩大合作交流

克州历史文化悠久、民族风情浓郁、文化积淀深厚，是古代三文明（华夏文明、古印度文明、古希腊文明）、三大宗教（佛教、基督教、伊斯兰教）、三大语系（汉藏语系、阿尔泰语系、印欧语系）的荟萃之地及东西文化的交融之地。多元文化的交流荟萃造就了克州包容并蓄、开放融合的文化理念，境内各民族在这一理念的指引下，和谐共处、共同发展，为克州营造出特殊的稳定的发展大环境。此外，克州的主体民族柯尔克孜族与毗邻的吉尔吉斯斯坦主体民族同宗同族，有着天然的渊源，民间交往频繁。英雄史诗《玛纳斯》不但是我国闻名于世的三大民族史诗之一，被列为第一批国家级非物质文化遗产，被视为文化瑰宝，也被吉尔吉斯斯坦奉为珍贵的文化财富，是中国特别是克州与吉尔吉斯斯坦等深化交流合作的重要纽带。克州地域文化的包容性与中亚国家的相似性，在很大程度上为克州与中亚国家共同建设丝绸之路经济带，实现"五通"，创造了良好的人文环境。

三、瓶颈制约

1. 综合发展实力相对较弱

克州经济社会发展虽然速度较快，但整体水平仍然相对较低。主要表现在以下几个方面：①综合经济实力较弱。自中央新疆工作座谈会召开以来，克州进入经济社会发展最快最好的时期，但综合经济实力依然弱，国内生产总值虽然增长快，但是基数小，目前仍然是全疆所有地州中最小的。②经济发展水平和自我发展能力有待提高，财政自给能力严重不足。克州三县一市均属国家扶贫开发重点县，财政自给率仅为13.77%，资金严重短缺，产业结构性矛盾突出。③依托口岸带动的外向型经济发展滞后。克州虽拥有两个国家级一类口岸，是我国向西通往中亚、南亚、西亚的重要门户，但受通道基础设施保障能力以及自身经济发展能力影响，克州口岸优势尚未得到充分发挥，依靠国际市场的生产制造、组装加工和来料加工等外向型经济发展严重滞后。

2. 矿产资源产业优势尚未发挥

克州地处天山—兴蒙成矿带、古特提斯成矿带交汇处，成矿条件好，发现的矿种有69种，矿产地457处。初步探明的有煤、天然气、铁、铜、铅、锌、金、各类石灰岩、湖盐等32种矿产，潜在价值3000多亿元。但由于地质矿产勘查投入严重不足，地质勘查单位技术装备相对落后，全州地质开发程度较低，整体矿产资源状况不清。现有矿山采选企业开发利用方式粗放，矿山普遍存在开采规模小、布局散、生产设备和采掘工艺落后、管理水平差、经营粗放、竞争无序、生产效率低、安全生产条件差、"三废"污染严重、资源利用率低等问题；大部分矿山资源综合开发利用、尾矿综合利用、矿物原料的深加工和资源的二次利用较差。克州目前仍处于销售矿物原料的经济初级阶段，没有形成规模产业和产业链。

3. 基础设施建设水平有待提高

基础设施保障能力是制约克州发展的重要瓶颈之一，虽然近年来克州在基础设施建设取得了一定成就，但因历史欠账多，基础设施建设水平仍然相对滞后，主要表现在以下几个方面：①口岸、园区基础设施建设仍非常薄弱。克州乌恰县

境内的吐尔尕特和伊尔克什坦口岸虽均属国家一类口岸，但目前基础设施建设资金不足，口岸生活服务设施的保障支撑能力远远不能满足口岸发展和未来海关通关一体化的实际需求，严重制约了口岸的发展建设。②水利工程建设不能满足需要。境内重点河流缺少控制性水利枢纽工程，骨干输配水工程、应急防洪减灾工程建设严重滞后，虽然水资源总量在全疆居于前列，但生产、生活用水的有效供给能力还有待提升。③交通运输设施不完善。阿图什市和喀什的城际交通网及市域内交通体系尚不完善，交通通道建设滞后，对外开放的国际通道，包括铁路建设、公路建设、口岸公路等方面还存在着很多的制约因素（见表7－3）。

表7－3　克州交通基础设施建设面临的主要问题

分类	存在的问题
铁路建设	克州境内已通的南疆铁路、喀和铁路仍为单线铁路，且铁路站等级低，线路运营班次较少；与中亚、南亚连接的中吉乌铁路、中巴铁路还处在前期工作阶段，推进进程缓慢，需要国家层面予以推动，并且规划中将中吉乌铁路的接入货站设在喀什，严重影响了克州的货运发展
公路建设	公路网络布局和结构有待完善和加强，公路网密度仅为7.8公里/百平方公里，远低于自治区平均发展水平；国省干线比例仅占19.3%，已建成的国省干线中，普遍技术等级低，车道规模小，多为三级公路
口岸通道	口岸连通道路和国防专用公路等级偏低；两个口岸孔道通行能力弱，境内客运交通枢纽都为二级以下

4. 口岸通关服务整体效率不高

克州拥有南疆地区最大的陆路口岸，但口岸通关服务整体效率不高。吐尔尕特、伊尔克什坦两个口岸海关的报关业务在喀什海关集中办理，报关通关手续繁琐，服务体系不健全，企业经营成本增加，如伊尔克什坦口岸下迁时，克州党委、政府多渠道筹措资金，通过招商引资，三家企业投资近2亿元建设了4座高标准海关监管库，面积为16.48万平方米，设计吞吐量为260万吨，但直到2013年伊尔克什坦口岸进出口过货量仅为60多万吨，而且在该口岸落地检验的货物总量仅占过货总量的20%，其余80%在喀什市落地检验。仅此一项，每年就造成伊尔克什坦口岸和乌恰县流失了600多个就业机会、2000多万元的装卸费收入，再加上对每年从事外贸业务人流、信息流、资金流和4万多辆的车流的影响，致使口岸区域人气长期难以有效积聚，口岸优势无从发挥。另外，在人员往来上，出入境管理较为严格，目前办理吉尔吉斯斯坦签证的手续繁琐、环节多、周期长、费用高、数量有限，极大地影响了“走出去”的企业和个人开展正常的边境贸易，远不能满足区域对外贸易发展的需求。

5. 金融服务发展水平较低

克州金融机构数量有限，而且以银行为主，证券、保险占金融业的比重偏低，特别是银证、银保等综合经营、交叉性金融发展滞后。地方性、商业性金融服务机构数量有限，可提供的金融产品以及金融服务能力严重不足，而且由于企业规模小、资信低、担保费用高等因素，企业通过银行融资渠道还非常不畅。截至2013年末，全州金融机构存贷比仅为38.9%，其中，国有商业银行存贷比只有21.6%，商业银行贷款不仅存量小，增量也十分有限。克州唯一的地方法人金融机构——农村信用社，存贷比达70%，活期存款占比82.8%，中长期贷款占42%。金融对克州经济社会发展的支撑作用严重不足。

6. 产业集聚发展难度较大

克州产业发展基础差、底子薄、起步晚，相对完善的产业体系和相对完整的产业链尚未形成。首先，近年来，在产业援疆和各县市招商引资工作的大力推动下，依托克州丰富的资源，以矿产加工为主的产业发展初具规模，园区建设成效开始显现。但是由于企业刚刚起步，可用于抵押的有形资产少，抵押担保率低，可贷额度非常有限，目前仍然存在融资难、贷款难的突出问题。其次，克州部分本地企业大多是由家族式的作坊发展起来的，管理、技术人员缺乏，财务管理制度不健全，生产工艺落后，特别是部分传统民族手工艺面临失传，手工艺技术大多是口授身传，发展缺乏可持续性。最后，“小富即安”的思想对部分企业影响较大，致使部分企业在发展观念上还比较落后，缺乏危机意识，不注重品牌的培育，不能形成有效的产业集聚和优势产业链条，影响企业和产业的市场竞争力，同时无法有效带动区域富余劳动力转移就业，产业集聚发展难度较大。特别是克州的特色旅游产业发展严重滞后，由于克州是自治区整体旅游发展的后续开发基地，目前尚处于起步阶段，大部分景区、景点的基础设施建设相对滞后，与克州富聚的旅游资源不相适应，与旅游业在推进新疆跨越式发展和长治久安中的综合优势不相适应，与克州在丝绸之路经济带上的重要战略地位和发展目标也不相适应。

7. 城镇分散难以形成集聚优势

克州城镇等级规模发育程度低，体系不完善，职能结构单一，整体缺乏大、中城市，均为小城镇，城镇规模偏小，集聚功能不强，城镇人口规模最大的为州政府所在地——阿图什市，其城区人口也仅有8万，其余各县城区人口只有1万～5万。克州大多数乡镇是以农业、畜牧业为主，城镇职能单一，缺少活力。由于产业集聚发展水平低，缺乏统筹协调的产业空间布局，部分产业园区远离城镇，就业与居住过度分离，产城关系不协调，无法有效促进城镇人口集中，发挥城镇

的集聚优势。

8. 人才和人力资源严重不足

克州地处高原边境地区，自然环境恶劣，经济社会发展水平滞后，生活条件艰苦，待遇有限，自有的各类人才流失严重，外来的干部和急需人才的引进受阻，人才总量和结构性矛盾非常突出，区域人才严重匮乏，尤其是专业管理人才、复合型人才、专业型人才、创新型人才和高技能人才缺乏已经制约了区域经济社会的快速发展；除高端专业人才外，由于少数民族语言、生活习惯和对现代化生产认识等多种因素的影响，当地农牧民对转变身份，进城务工还不够积极，导致本地企业用工难问题也非常突出，在一定程度上影响了克州新型工业化的进程。

9. 维护社会稳定任务艰巨

克州地处新疆反分裂斗争前沿阵地和中心地带，虽然克州整体社会大局稳定可控，但受周边国际整体的安全形势和环境复杂多变、局势动荡不安等因素影响，克州的反恐维稳工作将仍然处于长期、复杂、尖锐的时期。维护稳定与促进发展将会作为克州两大重要任务，长期并存，相互影响。

四、未来发展情景分析

1. 外部情景

（1）中吉合作日渐深入，态势良好。吉尔吉斯斯坦经济全面发展虽起步较晚，但丰富的矿产资源为其提供了充足动力（见表7－4）。2013年吉尔吉斯斯坦国内生产总值约3500亿索姆（约合71.4亿美元），同比增长10.5%，增速创吉尔吉斯斯坦独立21年来的历史新高。根据世界银行2014年7月的评估报告，吉尔吉斯斯坦居民人均收入达1200美元，已经进入中等水平收入国家的行列。

表7－4　吉尔吉斯斯坦矿产资源储量情况

矿产资源	2013年储量情况
黄金	565.8吨
锡	18.68万吨
钨	11.72万吨
钼	2523.1吨
锑	26.4万吨
汞	4万吨
稀土	5.15万吨
地下淡水	1062.7万方/天
矿泉水	1.57万方/天

中吉在丝绸之路经济带建设过程中合作前景广阔。据中国海关统计，2013年，中国与吉尔吉斯斯坦贸易总额为51.38亿美元，其中，中方出口50.75亿美元，进口0.62亿美元。吉尔吉斯斯坦是中国在独联体国家中的第五大贸易伙伴，仅次于俄罗斯（495.91亿美元）、哈萨克斯坦（285.96亿美元）、土库曼斯坦（100.31亿美元）和乌克兰（78.49亿美元）。同期，新疆与吉尔吉斯斯坦贸易额达41.73亿美元，占全国与其外贸总额的80.5%。其中，新疆出口41.34亿美元，进口0.39亿美元。吉尔吉斯斯坦是新疆第二大外贸伙伴，仅次于哈萨克斯坦（122.55亿美元）。

2014年7月，中国—吉尔吉斯斯坦政府间经贸合作委员会第十次会议在比什凯克召开，吉尔吉斯斯坦第一副总理萨尔帕舍夫在会上表示，吉方积极支持中国国家主席习近平提出的建设丝绸之路经济带的倡议，伟大的丝绸之路自古便让两国相互联系，两国人民古老的睦邻友好传统已成为现代吉中关系的牢固基石。新的丝绸之路，不仅是交通、通信等基础设施建设，工艺技术的交流，商品和资金的流动，更是一个崭新的、长期的历史进程。相信不只是中国和吉尔吉斯斯坦，该地区所有国家都将参与到丝绸之路经济带的建设之中。此外，萨尔帕舍夫还表示，吉方不仅积极支持中国国家主席习近平关于发展吉中双边合作的倡议，而且支持关于巩固吉中在上海合作组织框架下多边合作的倡议。

（2）中巴合作基础稳定，前景广阔。中国和巴基斯坦自1951年正式建交以来，在和平共处五项原则的基础上发展睦邻友好和互利合作关系，而且经过两国领导人及人民多年的努力，先发展成为全天候战略合作伙伴关系，政治和战略互信达到前所未有的高水平，利益联系达到前所未有的紧密程度，两国已经成为命运共同体。

2013年，中巴双边贸易总额为142.19亿美元，同比增长14.51%。其中，中国对巴基斯坦出口110.19亿美元，增长18.79%；自巴基斯坦进口32亿美元，增长1.9%；贸易差额78.19亿美元，增长61.36%。承包工程方面，我国企业在巴基斯坦新签合同额54.56亿美元，同比增长132.4%，营业额37.01亿美元，同比增长33.2%。截至2013年12月底，我国企业累计在巴基斯坦签订承包工程合同额307.19亿美元，营业额236.70亿美元。巴基斯坦总理谢里夫在2013年第三次当选总理时明确表示，巴基斯坦已同意修建瓜达尔至中国新疆喀什的公路和铁路；中国对此也是积极回应，表示中方愿与巴方携手努力，共同做好中巴经济走廊这篇大文章，抓紧相关规划和建设，将其打造成为两国合作的新亮点。目前中巴经济走廊建设已经启动，两国高层正在全力此项工作务实推进，这也为以南疆四地州为主的中巴经济走廊核心区域提供了发展新机遇，中巴经济走廊的打通，将不仅仅是新市场的开辟，更是新疆出海新通道的建立，克州也将不再是过去的“口袋底”，而是新疆面向印度洋，全面发展西亚、南亚国际市场的战略前沿。

（3）中塔合作稳步开展，前景广阔。塔吉克斯坦金属矿产资源丰富，目前已发现70多种矿产，查明400多个矿床，主要包括铝、铅、金、银、铁、锑、汞、铝、钨、稀土金属及宝石和大理石等。目前正在开发的有60多个矿床，约占全国已勘探矿床总数的15%。由于矿产资源勘探和开发过程中缺乏相应的资金和技术支持，矿产资源总体开发利用程度不高，目前还主要是进行简单粗放式的原材料开采，缺少集约式的精选、精炼环节。此外，塔吉克斯坦能源资源短缺，目前塔吉克斯坦的燃料供应主要依赖进口，能源供应主要来自水电，占到了国内能源消费总量的80%。因此，能源供应保障安全关系到塔吉克斯坦国民经济的整体发展，《塔吉克斯坦2015年前经济发展规划》中也将实现能源自给确定为塔吉克斯坦发展近期的一项重要工作任务。

随着中国与塔吉克斯坦战略合作伙伴关系的建立，中塔贸易合作日渐深入，新疆与塔吉克斯坦的贸易往来也掀开了新篇章。目前，已有大批中国企业进入塔吉克斯坦市场，并在塔吉克斯坦掀起了一股中国援建热潮。根据中塔双方战略合作协议，中塔两国将在交通基础设施领域加快实施跨境公路和铁路项目，加强边境口岸建设，扩大民航运输合作；在资源能源领域，积极推进矿产、油气资源勘探和开发，探讨电力基础设施、风能、太阳能等方面的合作；在农业领域，积极落实农业技术合作项目，尽快在塔方设立中塔农业技术示范中心和农业产业园区，提升塔方粮食生产能力；在金融领域，将为双方贸易和项目合作及中国企业赴塔投资提供有力的金融支持，鼓励在双边贸易中使用本币结算；在人文领域，中方鼓励更多塔方学生来华学习，塔方欢迎在塔吉克斯坦增设孔子学院，开展丰富多彩的文化交流活动，包括互办文化日、文化节等。目前，有了国家层面的“护航”，中塔两国各界力量正以此为契机，全方位推进务实合作，合作的领域和层次也在不断深入扩展。

（4）中阿合作开始起步，潜力巨大。受战争影响，阿富汗社会局势长期处于相对动荡的局面，国家经济社会发展受到了较大影响，在中亚区域处于发展相对滞后，特别是阿富汗的对外开放和对外进展缓慢。但是阿富汗拥有非常丰富的矿产资源，且绝大部分处于未开发状态。据美国地调局最新评估，阿富汗金属及其他矿产（不含能源矿产）价值超过9043亿美元（见表7－5）。而阿富汗前矿山部长则宣称，其国家矿产资源的实际潜在价值为美国地调局公布的3倍，达到3万亿美元。阿富汗矿产资源以铜、铁、锂等金属矿产为主，另外，金、钴、铌、钼、稀土等也很丰富。非金属矿产比较有名的是作为宝石的天青石等。能源矿产主要分布在与中亚国家接近的北部地区。

表 7－5　阿富汗主要矿产资源潜在价值　　单位：亿美元

矿产资源	潜在价值
铁	4209
铜	2740
铌	812
钴	508
金	250
钼	239
稀土	74
石棉	63
银	53
钾碱	51
铝	44
总计	9043

资料来源：据 USGS 资料及媒体报道整理。

阿富汗位于南亚、中亚、中东和远东这 4 个世界人口最多、资源最丰富地区的交汇点，历史上服务于东西方贸易的中国古代丝绸之路经阿富汗向波斯、中东延伸，中世纪大旅行家和东西方文化的传播者马可·波罗在寻求去往古代中国的征途中留足迹于阿富汗，具有极其特殊和优越的地理位置，也是我国向西开放的重要通道和市场。随着经济全球化和区域经济一体化的兴起和深化，战后阿富汗越来越重视其自身在促进地区政治、经济、文化、安全等方面交流和发展中的区域中心和枢纽作用，在致力于推进战后重建进程的同时，显示出开辟新的现代丝绸之路，将中亚、南亚、西亚等地有机连接起来，重振阿富汗作为地区枢纽的强烈愿望和决心。

据阿富汗中央统计局最新公布数据，近年来阿富汗对中国贸易大幅增长，2011 年度双边贸易额达 7.155 亿美元；其中对中国进口、出口分别为 7.038 亿美元和 1170 万美元，同比分别增长 95.5% 和 46.4%；中国已成阿富汗第二大进口国和第五大出口国。随着中阿之间战略合作伙伴关系的正式建立，两国之间全面持久和平的国际关系日益牢固，中阿两国市场将更加开放。这为中国积极参与阿富汗的战后重建，支持帮助阿富汗恢复经济提供了巨大的政治基础。对新疆特别是南疆来说，由于阿富汗基础设施建设、资源开发、产业发展方面的巨大需求，为区域的建材产品的消化、能源资源的进口加工以及轻工产品的出口加工提供了新的市场空间，双方合作交流的深度和广度将会不断加大。

2. 内部情景

（1）克州是喀克经济圈建设的重要支撑。随着喀什经济开发区的建设发展，喀克经济圈将是整个南疆地区乃至全疆全方位扩大对外开放，促进内地开放型产业向西部转移的重要支撑。从地缘关系看，克州是喀克经济圈的重要组成部分，阿图什、乌恰、阿克陶等县市都在喀克经济圈中扮演着重要的角色，发挥着重要的作用。而且克州、喀什在生产要素布局上具有很强的互补性，克州丰富的矿产资源，水能资源、天然气资源都是喀什发展所急缺且必需的，同时，喀什所具备的丰富的人流、信息流和资金流又是克州加快发展所要依靠的。因此，在喀什对克州辐射带动作用开始显现的同时，克州作为我国向西的战略突出点，对喀克经济圈的支撑和推动作用也将日益重要。

一是发展空间格局的互补。两地州在行政区划上相互交错，中心城市喀什北邻阿图什，城区相距仅 30 公里左右，西邻乌恰，有喀伊高速公路相连，南邻阿克陶，有铁路公路相连，距离甚至比州府阿图什更近，因此，在空间格局上，喀什显著地影响着周边城市的发展方向，阿图什城区将向西、向南拓展，乌恰向东拓展，阿克陶则向北拓展，均可与喀什取得良好的空间关系，成为喀克经济圈的重要支撑和节点。

二是口岸通道的支撑保障。喀什拥有新疆第二大航空港，距阿图什城区仅 38 公里，120 万人次/年的旅客吞吐量，将是未来克州对外航空通道建设的主要支撑，而克州特殊的地理位置又是喀克经济圈扩大对外开放的根本保证，除了伊尔克什坦和吐尔尕特两个目前南疆最大的一类口岸外，红其拉甫和卡拉苏口岸也须经克州出境，喀克经济圈需要喀什发挥核心城市的带动作用，但更离不开克州特殊口岸和通道优势的支撑保障。

三是旅游文化的互补共荣。喀什和克州都是古丝绸之路上的璀璨明珠，具有悠久的历史文化、浓郁的民族风情和深厚的文化积淀，相比之下，喀什的人文景观丰富，但克州除人文景观外，自然景观更具特色。因此，作为南疆旅游线路上资源最丰富最集中的区域，加大两地旅游文化资源的互补整合，将有助于喀克经济圈文化旅游产业的健康发展。

（2）克州在南疆四地州经济社会发展中具有特殊重要作用。克州是新疆的人口小州和经济穷州，即使在南疆四地州，克州与阿克苏、喀什、和田在人口数量、经济总量上也存在明显差距；克州同时又是新疆的边防大州和战略重州，全州拥有 1100 多公里长的边境线，长期以来一直是我国反恐反分裂的前沿。为了实现克州的长治久安和后发赶超，打造希望之州，克州进行了积极的探索和尝试，特别是克州把握了喀什国家级经济开发区建设的大好机遇，主动融入喀克经济圈，积极推进两地优势互补、错位竞争、良性互动，喀克融合发展取得了良好的效果。克州的特殊重要作用主要表现在以下几个方面：

一是克州是南疆地区新的经济增长极。克州是新疆的资源大区、人口小区，人均资源占有量大，丰富的资源将成为克州未来经济发展的强大支撑和保障。①水资源丰富。全州地表水多年平均径流量146.3亿立方米，平原区地下水总补给量23亿立方米，开发利用潜力巨大，境内七大河流理论水能蕴藏量占到全疆的22.3%，仅次于伊犁，别迭里和布伦口水电站的建设以及其他水利水电工程的有序推进，不但能充分满足克州经济社会发展的能源需求，还有效缓解整个南疆地区，特别是三地州的能源短缺问题。②矿产资源开发前景广阔。克州矿产资源种类多，储量巨大，潜在资源价值在3000多亿元，被誉为“南疆聚宝盆”。目前州域范围内采选、建材等产业正在快速发展，冶金、有色金属深加工等产业方兴未艾，丰富的矿产资源是克州乃至整个南疆区域加快推进新型工业化进程雄厚的物质基础和根本保障。③旅游产业发展潜力巨大。克州民族风情浓郁、文化积淀深厚、自然景观多姿多彩，旅游资源独特性强、总量大、类型多、品位高，是新疆著名的集科考、研究、观光、探险、休闲于一体的旅游胜地，也是南疆最主要的旅游目的地，产业开发潜力巨大。

二是克州是新疆守土固边和社会稳定的安全屏障。克州地处祖国最西端，与吉尔吉斯斯坦、塔吉克斯坦接壤，与阿富汗、巴基斯坦等国相邻，全州三县一市均为边境县（市），在漫长的边境线上分布有254个通外山口，是新疆甚至全国的“边防大州、战略重州”。为了维护祖国领土完整，柯尔克孜族人民无怨无悔、不屈不挠、尽心尽责地守护着祖国的千里边疆，充分表现出热爱祖国、热爱家乡、固守边防的特有民族精神和高尚情操，为克州和新疆的边防安全和社会稳定做出了巨大贡献，被誉为“守边民族”。近两年来，随着境外“三股势力”的逐渐活跃，南疆区域的社会稳定形势更加不容乐观，喀什、和田等相继发生了一系列严重暴力恐怖案件，给当地的经济发展，特别是社会安全稳定造成极其恶劣的影响。克州在柯尔克孜族爱国守边民族精神的熏陶和感召下，在全州各族干部群众的共同努力下，长期以来一直保持着相对和谐稳定的社会大局，居民生活环境、投资创业环境祥和有序，呈现出经济发展、民族团结、边防巩固、安居乐业的良好发展环境，不但为克州打造和谐之州奠定了坚实的基础，也使得克州成为国家和自治区打击及抵御“三股势力”分裂破坏和暴力恐怖活动的重要安全屏障。

三是克州是南疆对内对外双向开放的桥头堡。克州区位优势突出，境内有南疆最重要的两个国家级一类对外通商口岸（吐尔尕特口岸、伊尔克什坦口岸），紧邻红其拉甫口岸、卡拉苏口岸和喀什国际空港，是南疆发展对外贸易、国际物流和跨境旅游的核心区域。随着喀伊高速公路通车，喀什国际航空港以及未来中

吉乌铁路和中巴铁路的建设，对内对外开放可依托的公路、铁路、航空综合交通网络更加完善和便捷。尤其是伊尔克什坦口岸下迁以及国家级喀什经济开发区伊尔克什坦口岸园区一系列特殊优惠政策的落实执行，乌恰作为集“口岸—贸易—经济开发区”三位一体的口岸城市，其城市建设和口岸经济发展速度进一步加快。克州正成为我国面向中亚、西亚、南亚、欧洲开放的最重要窗口以及能源、矿产资源国际大通道上重要的集散地和中心枢纽，在南疆地区全方位、多领域、深层次的对内对外开放进程中发挥更加重要的作用。

四是克州是新疆优秀民族文化弘扬的先行区。文化与经济相互影响、相互促进，先进的文化理念引领经济的发展，而经济的发展又能传输扩散先进的文化理念。柯尔克孜族长期以来形成的爱国、守边、团结、勇敢的民族精神和光荣传统构成了今天柯尔克孜族独特丰富的民族文化。作为现代文化的重要组成部分，柯尔克孜民族文化和任何一种优秀的民族文化一样，具有强大的生命力和感召力。因此，加大优秀传统文化传承和保护，鼓励支持少数民族艺术创作、民族文化对外交流，加快少数民族文化事业的发展，利用先进文化的引领作用，将柯尔克孜族热爱祖国、热爱和平、守土固边的民族文化精神发扬光大，对促进整个南疆区域经济发展和社会稳定，推动民族团结进步都将产生积极的作用。

（3）克州是新疆重要的资源开发和储备基地。克州矿产资源丰富，而且矿种较齐全、矿床类型多样，部分矿种储量大、质量较好，还分布有少数特色矿产，开发利用潜力巨大。毗邻的周边国家也是区域能源资源富集地，是我国国际能源资源合作的重点区域之一。依托自身丰富的资源和特殊的能源资源进口通道地位，克州势必成为新疆乃至全国重要的能源资源开发和储备基地。

一是克州优势资源尚未有效开发。克州目前已发现矿种 69 种，产地 457 处，占全国已发现矿种的 40%，占自治区已发现矿种近 50%，优势矿种包括铁、铜、铅、锌、金、石灰岩、石膏、黄铁矿、花岗岩，潜在优势矿产资源有芒硝、湖盐、钒、钛、锡、锰、大理岩、蛇纹岩、煤、矿泉水。但到目前为止，克州的资源开发还处于起步阶段，资源优势还远未转化为经济优势。

二是克州将是未来我国国际能源资源合作的重点区域。由于克州毗邻中亚能源资源富集区，周边国家的煤炭、天然气、铁矿石等均经过克州入境，作为我国能源资源产品进口和能源资源勘探开发和技术服务出口的中转核心区域，克州在国家能源资源战略安全中的地位正在不断提升。因此，以克州为重点突破口，加快新疆与中亚各国进行矿产资源合作开发、加工利用的前景非常广阔（见表 7-6），对未来缓解我国能源供应和战略矿产资源不足有着重要意义。①可以有效缓解我国经济社会发展所面临的资源约束。据测算，扩大新疆及其周边国家资源勘查开发，可以使我国矿产资源的可供性再增加 30%。②有利于新疆及其周边国家的经济社会发展。新疆及其周边国家，把资源优势转换为经济优势，是经济社会可持续发展的必由之路。据测算，扩大新疆及其周边国家矿产资源勘查开发，可以使该地区经济增长速度总体上再提高 3 ~4 个百分点。③有利于我国向西开放战略的实施。加快向西开放战略的实施，影响和带动周边国家共同发展，不仅有利于中国的和平崛起，也有利于新型国际经济秩序的形成。④有利于我国西部大通道的建设。可以在一定程度上促进“以陆制海，以陆防海”战略目标的实现，减少对马六甲海峡的依赖。

表 7 –6　克州可参与合作的中亚国家主要矿产资源

国别	主要矿产资源
吉尔吉斯斯坦	黄金、煤、银、锑、钨、锡等，其中：煤的产量在中亚国家中位居前列，锑产量居世界第三位，锡和汞的产量居中亚及东欧地区第二位；水力发电量在中亚国家中仅次于塔吉克斯坦
塔吉克斯坦	以铀为主，其次有铅、锌、钼、钨、锑等，境内还蕴藏多种建筑材料
土库曼斯坦	主要有石油、天然气、芒硝和碘等
乌兹别克斯坦	主要有黄金、棉花、石油和天然气

第四节　克州参与丝绸之路经济带建设的战略构想

一、总体思路

根据党中央、国务院关于新疆维护社会稳定和长治久安的最新要求以及自治区党委、人民政府对南疆地区工作的具体部署，在共建丝绸之路经济带战略背景下，从克州发展诉求、发展基础和特殊优势出发，紧紧围绕新疆建设丝绸之路经济带核心区的战略目标，在自治区“三通道”（能源、交通、通信三大通道）、“三基地”（大型油气生产加工和储备基地、大型煤炭煤电煤化工基地、大型风电和光伏发电基地）、“五大中心”（交通枢纽中心、商贸物流中心、金融中心、文化科教中心、医疗服务中心）和“十大进出口产业集聚区”（机械装备出口加工、轻工产品出口加工、纺织服装产品出口加工、建材产品出口加工、化工产品出口加工、金属制品出口加工、信息服务业出口、进口油气资源加工、进口矿产

品加工、进口农林牧产品加工等产业集聚区）的战略任务中寻找克州的比较优势和突破方向，进一步转变思想观念、创新合作发展模式，以改善民生，凝聚人心为根本，以促进通道建设为重点，以加强经贸合作和民间文化交往为抓手，以加快推进克州新型工业化、农牧业现代化和新型城镇化为动力，不断提高区域基础设施建设现代化水平和信息化水平，扩大开放的领域和层次。通过区域和次区域合作，积极争取国家金融支持，全面发展与吉尔吉斯斯坦、巴基斯坦等中亚、南亚国家的“政策沟通、道路联通、贸易畅通、货币流通、民心相通”，将克州建设成为丝绸之路经济带上“五通”的热点地区和重要通道，当好新疆丝绸之路经济带核心区建设的先行区和前沿区。通过积极主动地参与丝绸之路经济带建设，将克州的发展融入国家发展战略中，全面提高克州经济社会发展的质量和速度，有效推进区域全面协调和健康持续发展，显著缩小克州与全国、全疆的发展差距，力争如期实现全面建成小康社会目标，为国家丝绸之路经济带总体战略和新疆丝绸之路经济带核心区建设服务。

二、战略定位

克州在国家建设丝绸之路经济带整体战略和自治区建设“丝绸之路经济带核心区”进程中，具有独特的区位、地缘、人文和资源优势。克州要充分把握这一难得的战略机遇，主动作为、认真谋划、准确定位。

1. *南疆参与丝绸之路经济带核心区建设的先导试验区*

克州作为南疆四地州的重要组成部分和喀克经济圈的重要支撑，虽然目前其经济体量还明显小于阿克苏、喀什，特别是主要城市的经济活动的活跃程度远远低于喀什市和阿克苏市，但包括阿图什在内的克州各县市，不仅是古代丝绸之路南道的商贸重镇，在今天依然有着自己独特的优势，是南疆地区最佳的“外引内联、东联西出、西来东去”战略合作平台和国内企业及商家“走出去、引进来”的重要门户。只要牢牢把握丝绸之路经济带核心区建设这一重大历史机遇，将自身发展诉求与国家、自治区整体战略部署有机融合，转变观念、改革创新，整合阿图什、阿克陶和乌恰等县市以及伊尔克什坦、吐尔尕特口岸的资源，充分发挥自身区位、文化、资源，特别是社会和谐稳定的优势，争取先行先试，有能力有潜力率先启动丝绸之路经济带建设，做好南疆区域丝绸之路经济带核心区建设的先导试验区。

2. *新疆推进丝绸之路经济带核心区建设的重要门户区*

克州在自治区丝绸之路经济带核心区建设进程中，具有不可替代的重要作用，随着未来中吉乌铁路、中巴铁路等国际通道的推进建设和南疆铁路向若羌的延伸，特别是中巴经济走廊的逐步形成，克州将成为新疆连接东西、沟通南北的重要枢纽。在建设丝绸之路经济带核心区背景下，克州具备加快与邻国及周边地区共同打造中吉、中塔和中巴经济贸易合作区或者建设边境自由贸易试验区的基础，完全可以充分利用地缘、人文和资源等各种优势，形成并逐步扩大对周边国家的经济辐射力，成为自治区推进丝绸之路经济带核心区建设的战略前沿和重要门户，担当中国与中亚、南亚经贸合作交流的承接点和聚合点，在新疆丝绸之路经济带核心区建设中发挥更大的作用。

3. 国家推动丝绸之路经济带建设的战略支点区

在丝绸之路经济带的整体布局中，克州位处中国通往中亚、南亚的交通要道枢纽地区，建设丝绸之路经济带和中巴经济走廊，都必须以克州为桥头堡和前沿。对于周边及中亚各国来说，参与丝绸之路经济带建设，核心目标就是要在丝绸之路经济带建设过程中，通过全方位合作，达到互利共赢效果。克州正好是我国距离吉尔吉斯斯坦、巴基斯坦等国经济活动区域最近的经济发展区，不但在主要经济领域（农业、制造业、能源、商贸物流、金融、现代服务业等）具备开展双边或多边深入合作的基础与条件；而且借助克州自身悠久的历史文化和特色的民族文化，与吉尔吉斯斯坦等国在语言、艺术、宗教、科技、教育、民间文化等领域交流便捷通畅，合作共赢的发展空间巨大（见图7－3）。因此，无论从经

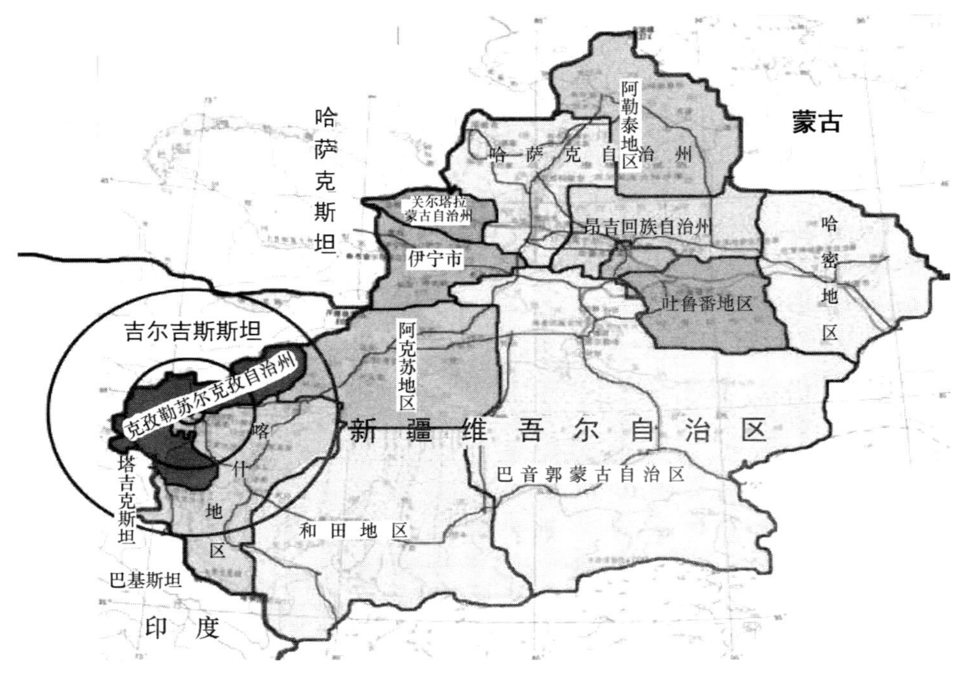

图7－3　克州在新疆对外开放大格局中的示意图

济社会发展的历史及现实出发，还是从克州的特色文化和区位优势考虑，克州都有着撬动丝绸之路经济带建设的良好客观条件，担当国家构建丝绸之路经济带的重要战略支点区，克州责无旁贷。

三、战略目标

克州积极参与国家丝绸之路经济带和新疆丝绸之路经济带核心区建设，要围绕习近平主席提出的“五通”要求，以综合交通通道为展开空间，依托以沿线交通基础设施和阿图什、乌恰、阿克陶、阿合奇等主要城镇，加快域内贸易和生产要素优化配置的区域经济一体化进程，不断提高区域基础设施建设现代化水平和信息化水平，扩大开放的领域和层次。打造丝绸之路经济带核心区的重要门户和战略支点；打造中国面向中西南亚扩大开放的窗口和战略通道；打造中国与中西、南亚文化交流平台和民族风情休闲旅游目的地；打造新疆对外开放重要的商贸物流基地和集散中转区；打造中吉跨境区域国际医疗服务健康基地。

四、战略重点

推进丝绸之路经济带和新疆丝绸之路经济带核心区建设是事关长远的长期战略任务，也是全面贯彻落实第二次中央新疆工作座谈会会议精神的重大举措，对进一步扩大克州对内对外开放、缩小与内地差距有着重要的作用和意义。鉴于丝绸之路经济带建设的系统性和长期性，克州要充分尊重区域发展实际和发展需求，要围绕国家和自治区的整体战略部署，主动作为，重点突破。

一是推进重大通道基础设施建设项目。利用亚洲基础设施投资银行和丝路基金设立的机遇，从国家区域发展的战略需求出发，与周边区域和周边国家合作，积极争取国家资金支持，加快重要通道基础设施建设。

二是推进丝绸之路经济带框架下的中吉边境自由贸易区建设。抓住国家建立跨国家合作示范区（基地）和加快发展自贸区或自贸园区的机遇，将推进中吉边境自由贸易区作为新疆丝绸之路经济带核心区建设的重点启动项目。通过中吉边境自由贸易区的建设，与北疆霍尔果斯中哈国际合作中心一起形成新疆向西开发开放两路并举，双向推进的态势，加快新疆与中亚国家全方位合作进程。

三是推进与丝绸之路经济带沿线的国际能源合作。抓住当前及未来煤炭、石油、天然气以及未来中巴经济走廊输入的石油等能源资源都将在克州汇聚的机遇，争取国家投资或丝路基金支持，进一步增强克州为企业参与境外能源资源开发利用提供服务的能力和水平，增强克州能源产业发展的质量和水平。

四是推进与丝绸之路经济带沿线各国的文化交流。以“玛纳斯”这一世界级文化资源为基础，发挥克州的区位和人文优势，将文化交流作为克州参与丝绸之路经济带建设的重要任务方向，官方和民间力量共同推动，以文化促进民心相通，以文化带动民俗旅游。

五是推进与丝绸之路经济带沿线各国的农业合作。积极探索跨境农业开发合作，以有机畜产品、饲草料进口和农业技术合作以及农业人才技术输出为突破，全方位扩大克州与周边国家的农业深度合作，推进克州特色农牧业发展。

六是推进特色口岸城市和战略支点城镇组群建设。以区域中心城市为重点，与周边地区城镇形成聚合发展态势，合力培育向西开放新城镇组群。要把丝绸之路经济带战略变成“克州行动”，积极推进区域性城市、重点城镇和口岸发展及建设，强化克州在丝绸之路经济带上战略支点和核心驱动的地位。

七是充分释放口岸和园区的政策潜力。以自治区丝绸之路经济带核心区十大进出口产业集聚区建设为指引，围绕伊尔克什坦、吐尔尕特口岸和阿克陶、乌恰、阿图什等地的特色工业园区建设，重点发展金属采选加工、能源资源加工、新型建材等外向型产业，围绕阿图什综合保税区建设，重点发展天然气化工、现代仓储物流、服装服饰加工等外向型产业。

八是打造国际医疗服务新平台。围绕着自治区建设丝绸之路经济带核心区医疗服务中心的目标任务，利用现代化诊疗技术手段，借助援疆医疗资源，发挥克州地缘优势，积极开展面向周边及沿线国家的医疗健康服务，打造国际医疗服务新平台。

九是提升区域金融服务水平。围绕着自治区建设丝绸之路经济带核心区金融中心的目标任务，依托喀什经济开发区金融贸易区发展，有序推进克州伊尔克什坦口岸园区金融功能区建设，进一步创新金融服务方式，提升区域金融服务经济社会发展和扩大开放的水平与能力。

五、战略步骤

第一阶段：从当前到2020年，按照中央第二次新疆工作座谈会和自治区八届七次全委扩大会议以及克州九届四次、五次全委扩大会议精神和战略部署，域内丝绸之路经济带重大项目启动建设，一些项目的国内部分基本建成，为自治区推进丝绸之路经济带核心区建设打下良好基础。

第二阶段：2020～2030年，克州境内重大基础设施建设全面完成，州域经济实力大大增强，长治久安局面基本形成，与周边相关国家的“五通”基本实现，新疆“丝绸之路经济带核心区”建设初具规模，克州围绕“三通道”、“三基地”、“五大中心”和“十大进出口产业集聚区”等核心区内涵开展重大项目全面建成投用，克州在新疆核心区建设中的重要门户作用充分显现。

第三阶段：2030～2050年，全州经济社会发展基本实现现代化，长治久安

成为现实，与周边国家的全方位合作关系牢固紧密，国家丝绸之路经济带建设战略目标基本实现，新疆丝绸之路经济带核心区全面建成，克州在丝绸之路经济带核心区中的重要门户地位和作用更加突出。

第五节 克州参与丝绸之路经济带建设的任务举措

克州参与国家丝绸之路经济带和自治区丝绸之路经济带核心区建设的主要任务就是要在国家的整体战略安排部署下，围绕自治区“三通道”、“三基地”、“五大中心”和“十大进出口产业集聚区”核心区建设内涵，充分发挥自身比较优势，将克州经济社会发展的实际需求与丝绸之路经济带核心区建设有机结合，在国家、自治区政策扶持下，在对口援助省市大力支持下，循序渐进，先行先试，率先发展。

一、发挥地缘优势，加快通道基础设施建设

1. 积极推进对外关键通道的布局和建设

通道特别是铁路通道建设，对推进丝绸之路经济带建设具有重要的牵引和支撑作用，也是近期克州参与新疆丝绸之路经济带核心区建设的重点。中央 2014 年 5 号文件明确指出，国家要积极推进中吉乌铁路和中巴经济走廊建设，地方除积极配合外，还可尝试采取“政府推动、企业为主、市场运作、实现双赢”的办法，吸引企业投资入股，多渠道组织社会力量参与建设。克州要抓住亚洲基础设施投资银行和丝路基金的正式设立的机遇，在加大中央预算内资金投入的基础上，积极争取丝路基金和亚洲基础设施投资银行等市场资金投入，加快推进克州与周边区域和国家对外关键通道建设。

（1）力争优先启动中吉乌铁路国内段建设。从促进南疆地区经济社会发展，扩大我国与周边吉尔吉斯斯坦能源、贸易等领域深层次合作以及加快推进丝绸之路经济带核心区建设发展需要出发，从破解哈萨克斯坦掌控我国单一向西通道的战略需求出发，中吉乌铁路都具有重要的战略意义和价值。基于此，目前国家“一带一路”战略规划已经将研究建设中吉乌铁路列入优先推进项目清单。而且，自治区在丝绸之路经济带核心区建设思路和重点任务中也明确提出，要加快推进中吉乌铁路国内段项目建设工作。因此，克州要从国家区域发展的战略需求出发，借鉴克拉玛依—塔城铁路建设的经验，优先推动中吉乌铁路国内段建设，

积极作为、主动作为，提前谋划。把建设中吉乌铁路作为推动克州经济发展的关键，力争通过中吉乌铁路建设运营，将克州打造成为丝绸之路经济带上重要的“资源西进东销、商品东进西销”资源商品加工的集散基地。

（2）合力推进中巴铁路建设工作。2008 年 4 月，巴基斯坦前总统穆沙拉夫访问中国时提出，要修建一条连接喀什与瓜达尔港的铁路和一条与之并行的输油管道。作为一条极具战略价值的综合运输通道，中巴铁路一旦落成，可以大大拉近中国商品与中东、南亚市场的距离，同时也意味着新疆将拥有一个新的“出海口”，以此为基础，进而辐射整个南亚和中东地区。同时，中巴铁路的建设还能使阿拉伯海沿岸的瓜达尔港成为中国进口中东地区原油的中转站，有效规避马六甲海峡等敏感区域的运输风险，为保障国家能源资源安全提供支撑。依托中巴铁路形成的中巴经济走廊，也会进一步扩大和深化两国经贸合作和人员交流往来，对我国全面扩大对外开放具有重要战略意义。目前，中巴铁路建设的前期工作已开始启动并稳步推进，克州要抢抓机遇，充分发挥区域地缘、资源和人文优势，协同区域各方力量，与沿线相关地区密切合作，为中巴铁路建设创造条件，与自治区共同推进中巴铁路的各项前期工作，力争中巴铁路早日开工建设，彻底打通中巴经济走廊，带动促进包括克州在内的南疆地区经济社会发展。

（3）超前规划推进矿产资源通道建设。新疆是国家确定的我国能源资源陆上大通道及战略基地，加快南疆能源通道建设是我国能源安全的战略选择，克州要超前谋划，积极参与丝绸之路经济带跨国能源暨矿产资源通道建设，研究制定克州境内及连接吉尔吉斯斯坦的矿产、能源资源通道规划，遵循联合内地、开发周边、合作互信、互利双赢的指导思想，采取合作开发为主、贸易为辅的合作方式，采用“基地加通道”的能源暨矿产资源通道建设模式，争取国家的投资，以目前规划与建设的铁路为主轴、以高速公路和管道为副轴，三轴联动，以矿产、能源资源为运输重点，构筑国家面向中亚、西亚能源暨矿产资源安全通道。

（4）完善对外公路和航空通道建设。从长远战略和现实需求出发，规划提升口岸公路等级，同时将口岸公路与区域中心城市有效连接。一是规划建设中巴、中吉高速公路，即北起乌恰中吉边界吐尔尕特口岸，向南到达喀什境内与喀什绕城高速南外环相交，穿越阿克陶境内到达红其拉甫口岸的高速公路，将克州更加紧密地与中巴经济走廊联系在一起。其中，克州境内线路长度约 305 公里，规划为高速公路。二是规划建设中吉高速公路，即东西向横穿克州，连接阿图什、伊尔克什坦口岸至吉尔吉斯斯坦的对外高速通道，并与中巴、中吉高速实现互联互通，加强克州与周边国家的便捷联系，为输入吉尔吉斯斯坦的矿产资源和输出我国的工业制成品，打造南疆能源和矿产资源生产、加工和储备基地奠定基础。

在航空方面，克州要充分依托喀什国际航空港，与喀什地区形成合力，共同申请喀什国际机场开放更多国际航线，加快喀什枢纽机场建设，为方便国际交流交往创造条件，进一步密切克州与外界的联系。同时根据《新疆民航“十二五”发展规划》和《新疆通用航空机场布局规划》，适时启动乌恰县、阿合奇县通勤机场规划建设的相关前期工作，形成以喀什疆内枢纽机场为主干，通勤机场为补充的机场网络体系，有效提升克州的交通通达性和便捷性。

2. 完善区域内部通道网络系统

（1）完善区域内部铁路网规划建设。在谋划与规划对外铁路大通道的同时，要进一步加快区域内部综合交通运输网络体系建设，抓住自治区加快推进阿克苏至喀什铁路增建二线的机遇，尽快启动阿图什火车站的迁建和阿克陶火车站的扩建工作，扩大车站货场用地，提高客货运输能力，适应车站等级功能要求，发挥其城市对外交通枢纽作用；规划建设阿图什至温宿铁路，有效连接阿图什市、阿合奇县、乌什县、温宿县，打通克州连接外部的铁路新通道。

（2）重点做好与喀什交通一体化的对接。围绕区域中心城市喀什，克州需要做好阿图什市、乌恰县、阿克陶县与喀什市交通基础设施的对接，形成与喀什市的交通基础设施一体化，放大自身区位优势和资源优势。要在提升阿图什中心城区西部与喀什北部联系通道等级基础上，规划建设通过阿图什东部与喀什联系的第二通道（喀阿高速），形成围绕阿图什东西与喀什市联系的快速通道；规划建设以乌恰县与S309相交处为西部起点，东端在喀什市与喀什西外环线相连的喀什—乌恰快速联系通道（特区高速连接线），连接并带动乌恰县、疏附县、乌恰工业园、吐尔尕特口岸、喀什疏附工业城等重要节点；规划建设喀什—阿克陶快速联系通道（喀阿高速＋S214），提升康苏—波斯坦铁列克—奥依塔克—阿克陶公路等级，构建喀克经济圈环线快速通道；有序推进边防公路建设。

二、抓住政策优势，推进自贸园区和口岸经济发展

1. 推进中吉边境自由贸易区建设

《中共中央关于全面深化改革若干重大问题的决定》中明确提出，加快沿边开放步伐，允许沿边重点口岸、边境城市、经济合作区在人员往来、加工物流、旅游等方面实行特殊方式和政策。综合考虑新疆沿边口岸经济社会发展现状，以国家建立跨国家合作示范区（基地）和加快发展自贸区（自贸园区）为契机，积极推进中吉边境自由贸易区建设，将其作为新疆“丝绸之路经济带核心区”的重点启动项目。通过中吉边境自由贸易区的建设，形成与霍尔果斯中哈国际合作中心南北呼应，两路并举，双向推进的向西开放开发新态势，加快新疆与中亚国家全方位合作进程。具体操作如下：一是借助江苏园区建设的经验优势，整合

援疆资源、集中援疆力量，将筹备建设中吉边境自由贸易区作为江苏援助的工作重点之一，组织精兵强将，深入研究，及时上报申请，争取国家资金和政策支持，推进建立中吉边境自由贸易区的相关谈判工作，解决自贸区具体选址、关税和非关税政策、投资便利化政策、服务贸易政策等具体相关政策问题。二是要本着先易后难的原则，研究筛选出对中吉双方都有利的合作项目，制订自贸园区合作发展规划，并纳入国家推进与周边国家合作的整体规划中，积极推进实施。三是在丝绸之路经济带框架下，分别在中国新疆（克州）和吉尔吉斯斯坦的伊塞克湖州或者纳伦州（视吉方决定）设立“中国新疆与吉尔吉斯斯坦奥什经贸合作委员会”，由中国国家发改委、财政部、商务部的司级官员、新疆政府、克州政府和吉尔吉斯斯坦的相应部门相应级别官员和纳伦州、伊塞克湖州政府联合组成，适时启动建立中吉边境自由贸易区的谈判。谈判内容应围绕前面所提到的具体选址问题、关税和非关税政策、投资便利化政策、服务贸易政策等相关政策来展开。四是每年分别在新疆乌鲁木齐和吉尔吉斯斯坦的比什凯克召开至少两次会议，主要研究和商定边境自由贸易区合作的政策、规划、项目和协调措施，为行业、企业和地区的合作创造条件。下设联络处负责日常事务，负责研究提出合作开发的规划、计划、项目，拟订合作开发的方针、政策和措施，检查督促合作开发项目的执行，以及与国内外的联系和合作开发信息的收集、服务等。新疆应积极力争让联络处设在克州。五是建立通关和口岸合作、检验检疫、交通运输、贸易与投资、旅游、金融等行业工作小组，具体讨论并筛选近期、中期和远期建设的重点项目事宜。

2. 加快口岸基础设施建设步伐

口岸是克州参与丝绸之路经济带建设最大的优势，也是克州全面扩大对外开放的根本支撑。克州应该高度重视和发挥地缘口岸的优势和作用，政府高位推动，以口岸经济为动力，以口岸城镇与腹地城市为支撑，以内外市场、大通道、综合保税区、边境自由贸易区、经济合作园区（基地）一体化为核心，以服务海关通关一体化为目标，加快口岸基础设施建设，做大做强口岸经济，打造南疆对外开放的重要门户和大通道。一是完善口岸通关查验设施建设。加快口岸海关、边检和检验检疫设施建设，重点加强“一关二检”联检厅、查验场地建设，合理划分联检厅的功能，提高口岸通关能力和效率。按照通关电子化、信息化建设要求，将伊尔克什坦口岸打造成为新疆电子口岸示范窗口，将其他口岸及延伸区相关部门大通关核心流程及物流商务服务程序纳入新疆电子口岸平台，建成统一、高效、稳定、安全的口岸信息服务平台，提高大通关效率，适应海关通关一体化发展需求。积极申请建设吐尔尕特、伊尔克什坦口岸至对方口岸沿线电子监控设施，提升口岸快捷、安全通关能力。二是申请争取国家自治区支持，加快口

岸区域道路、供水、污水处理、供热、环卫、供电等工程建设，强化各功能区基础设施之间的无缝衔接，提升口岸综合功能，提高通关能力。完善口岸配套生活商业设施，加强各功能区基础设施与外部的对接。特别是要合理规划园区布局，积极建设进出口加工区和物流园区，强化转口贸易、保税业务、进出口加工制造、物流、展示批发和商业服务功能，为口岸开发和贸易服务创造条件。

3. 提升口岸支撑服务水平

进一步加强与吉尔吉斯斯坦方面的对话与沟通，依托中亚区域经济合作（CAREC）框架下的海关合作机制和上海合作组织框架下的贸易投资便利化机制平台，配合国家相关部门进一步加强与吉尔吉斯斯坦等中亚国家海关部门的沟通协调。克州可根据州情，制定出台鼓励企业开展加工贸易的相关政策措施，鼓励境内外投资者以独资、合资、合作、参股等多种形式在口岸园区发展加工贸易。在通关过货和人员往来上，创造条件，提供便利，支持境内企业在中亚国家选择合适区域进行煤炭资源开发，满足南疆能源资源缺乏地区的煤炭供应。

4. 加快进出口加工制造业基地建设

以自治区丝绸之路经济带核心区十大进出口产业集聚区建设为指引，以市场为导向，以出口加工制造园区为载体，以招商引资和承接产业转移为推动力，依据克州区域资源环境承载能力，大力培育外向型加工制造业产业体系。加快建设面向吉尔吉斯斯坦等国的出口加工制造基地，建设进口能源、资源的深加工基地。围绕伊尔克什坦、吐尔尕特口岸建设，重点发展轻工商贸、建材、金属加工、能源资源加工、仓储物流等外向型产业，围绕阿图什综合保税区建设，重点发展天然气化工、仓储物流、轻纺加工、冶金等外向型产业，形成高新技术和外向型加工工业为主导的产业体系。

三、发挥区位优势，构建开放型经济发展新格局

1. 优化开放型经济产业发展布局

克州经济发展的突出问题是产业规模小、地域分工趋同性强，这就造成了低水平的恶性竞争，无法建立起有序的区域产业竞争关系，因此，建立起具有地域比较优势和绝对优势的产业发展和地域分工，优化开放型经济产业发展布局，是避免与其他地区恶性竞争的根本。根据克州现行规划，目前基本形成“一体、两翼、三组团”的总体功能分布，“两翼”指面向中亚地区的西向发展翼和面向南亚的南向发展翼。西向发展翼主要是通过与吉尔吉斯斯坦等国家进行联系，依托口岸进行发展，发展外向型产业；南向发展翼主要是通过与巴基斯坦等国家进行联系，扩大对外贸易。但由于喀什市的吸附效应和喀什经济开发区的屏蔽效应，克州经济发展也面临着产业空心化的危险，因此，优化产业发展布局，做大做强

区域特色产业，是克州产业发展的关键。对乌恰来说，依托两大口岸，积极发展本地资源和进口资源的深加工产业，并以此为主导，打造资源进出口加工产业园区，形成专业化的商贸流通渠道，建设具有开放思维的重工业商贸市场，而这是包括喀什以及喀什经济开发区在内的各区域各市场所不具备的；对阿图什来说，充分利用口岸的信息优势和阿图什人善于经商以及商业氛围浓厚的特点，打造以阿图什为载体的商贸物流中心，进而以专业化的市场分工为基础，加快中西南亚地区阿图什商人商圈和市场网络体系建设，以政府搭台、企业唱戏的方式，提前规划发展跨境电子商务和现代物流快递，构建具有区域优势和特色的对外流通市场；对阿克陶来说，要充分发挥紧邻喀什，地处中巴经济走廊中心地段的区位优势，加快阿克陶江西工业园区建设，瞄准中亚、南亚等潜力巨大的新兴市场，开发适销对路，市场竞争力强的金属材料等出口加工产业聚集区；对阿合奇来说，则需要更多地发挥区域宜居环境优势，在丝绸之路经济带战略背景下，主打文化牌、生态牌和旅游牌，积极主动协调争取，整合周边乃至伊塞克湖等国际旅游资源，推动跨境旅游产业的发展。通过区域职能定位和产业分工，进一步优化区域产业发展布局，构建具有克州特色的开放型产业体系。

2. 增强国际市场开拓能力

克州企业规模小，实力弱，走出去开拓国际市场的能力还远远不足。因此，在构建丝绸之路经济带的战略背景下，克州要积极争取先行先试的政策支持，鼓励和帮助本土企业走出国门，提升企业参与国际竞争的能力，要以此来培育新的出口增长点，稳定周边国家等传统市场，并大力拓展西亚、南亚的新兴市场；着力提升出口产品质量和水平，强化贸易政策和产业政策协调，在巩固传统优势的基础上，支持企业形成以技术、品牌、质量、服务为核心的出口竞争优势；要大力发展和健全出口担保、法律援助、信息咨询等中介服务体系，全面实施货物贸易外汇管理改革，大幅压减货物贸易进出口相关手续、流程和成本，不断提高贸易便利化的服务水平。

3. 构筑区域外向型物流中转集散中心

克州的区位条件是发展外向型经济的先天优势，立足城市商业贸易以及开发区现有的优势企业和专业市场，强化政府引导，建立健全商贸物流产业发展机制，鼓励企业由开发建设向开发建设与发展产业并重转变，使企业成为建设市场、开拓市场、经营市场、繁荣市场的主体，通过“企业 + 市场 + 产业”的发展模式，打造企业集团，发展现代物流园区，推进集群发展。一是要根据商贸物流业发展需要，按照专业化、规模化、集约化的要求和“建设一个园区、繁荣一个市场、发展一个产业”的思路，在基础好、条件齐的区域规划建设符合现代物流发展要求的现代物流园区，通过建立完善的园区发展机制和政策，提供便捷高

效的基础设施配套服务，筑巢引凤，发挥园区的集聚和带动作用。二是要进一步优化布局和改造提升现有的商贸城、专业市场，使其更加规范、便利，提高专业化水平，提升服务功能，拓展配送网点；加强物流基础设施建设，重点支持有实力的物流企业建设高水准的仓储、物流、配送基地。积极做好城际配送、城市配送、农村配送的有效衔接工作。三是积极推进阿图什火车站的搬迁扩建工作，并以此为契机，与喀什火车站合理分工、错位发展，依托阿图什的“一区五园”和喀什经济开发区，发挥阿图什的商贸优势，打造面向中亚、南亚的日用品和大宗工业产品储运、加工、中转物流基地，创新发展现代物流，大力发展包括第三方物流（TPL）、第四方物流（FPL）、电子商务物流（ECL）等现代物流业态，大幅提升商贸物流业的发展水平。四是借助物联网、云计算、电子商务等新技术，积极参与覆盖中亚、内地的物流信息网络建设，发挥克州与周边国家语言相通、文化相近优势以及喀什经济开发区和援疆省市资源优势，加快物流公共信息平台和特色产品专业市场交易平台建设，打造重点面向中亚、南亚的跨境电子商务平台，凸显克州在丝绸之路经济带核心区建设中的门户和枢纽作用。

4. 积极推动外向型小微产业园发展

结合口岸集群优势和阿图什的商业优势，以阿图什小微企业产业园、阿克陶城北工业园区、乌恰常州工业园、阿合奇牙朗奇新城为依托，围绕阿图什商人熟悉的服装服饰、民族特色手工业、日用品加工、皮革皮毛产业、食品加工业等重点领域，培育打造面向中亚南亚和西亚的小微产业园。通过准确把握产业发展大势，用好用活差别化政策，一方面做好小微企业的宣传引进和新登记企业的落户工作，另一方面做好已落户企业的服务工作；切实帮助企业协调解决用电、用水、运输等问题，全力以赴帮助企业扩大生产，释放产能，力争企业最大负荷生产。通过规划引导，在发展民族特色产业的基础上，利用先进技术和现代化管理模式，培植和发展高附加值产业，促进小微园区产业结构的优化升级，通过重点扶持一批成长性好的小微企业扩大生产规模，真正实现“壮小”和“扶微”，提高工业整体发展水平和抗风险能力。

5. 打造区域性特色商贸中心

克州阿图什作为古丝绸之路上的商贸重镇，阿图什人有着与生俱来的经商天赋，今天的阿图什商人依然遍布全国和中亚及周边区域，这是阿图什商贸发展的基础，也是克州打造区域商贸中心的重要支撑。因此，克州可充分发挥阿图什商人遍布全国及周边国家，并成功建立较为完善商贸流通网络的优势，采用“商人＋特色商业”的发展模式积极对接国内外产品市场，加快配套基础设施建设，提升金融服务、总部服务、信息服务水平，带动外向型经济的快速发展，逐步将阿图什打造成为在中亚地区有着较强影响力的特色商贸中心城市。

四、依托能源资源优势，打造矿业经济带

1. 积极参与境外合作，保障国家能源资源战略安全

在国家明确新疆能源资源陆上大通道及战略基地的大背景下，克州将是我国与周边国家开展能源资源合作最具潜力的区域之一，其区域性能源中心的地位毋庸置疑，在国家能源安全战略中具有重要的地位和作用。以丝绸之路经济带核心区能源基地和能源通道建设为契机，积极推进克州煤炭、水能加工转化中心建设，打造南疆地区的能源支点和供给中心，将会极大地支撑和促进克州能源矿产资源开发为一体的重工业发展。

中国—中亚自然气管道D线（乌恰线）项目已经正式启动建设，该输气线路设计输量300亿立方米/年，经乌恰入境。同时，克州国家级1000万吨南疆储配煤基地（保税库）建设工作也已经在乌恰展开，煤炭、石油、天然气以及未来中巴经济走廊输入的石油等能源资源都将在克州汇聚。因此，克州要超前谋划，积极争取国家的投资建设，进一步增强克州为企业参与境外能源资源开发利用提供服务的能力和水平；要充分用好2014年中央5号文件明确的特殊优惠政策，积极申请进口能源资源就地加工转化的配额，扩大克州能源产业发展规模，提高能源产业发展水平，为克州建设国家进口能源和紧缺矿产资源的陆上安全大通道以及新疆能源、资源储备加工基地奠定基础，创造条件。

2. 发挥矿产资源丰富优势，打造特色矿业产业园区

克州地跨天山成矿带和昆仑阿尔金成矿带，地质构造条件及成矿地质条件十分优越。全疆十大远景区、15个矿集区中有两个远景区和两个矿集区分布在克州境内，是新疆矿产资源最富集的地区之一。全州目前已探明主要矿产资源储量中，铁矿石2.58亿吨、铜50万吨、铅110.32万吨、锌250万吨、金300吨，潜在经济价值超过3500亿元。此外，与克州接壤的吉尔吉斯斯坦黄金、锑、钨锡、汞、铀和稀有金属等矿产资源也极为丰富，其中，锑储量居世界第三位、独联体第一位，锡产量和汞产量居独联体第二位，能源资源开发合作空间广阔。因此，以具备比较和绝对优势的矿产资源为依托，紧紧围绕州委提出的金属采选冶、清洁能源、新型建材“三大基地”建设目标，科学定位，合理分工，完全有能力打造各具特色、优势突出的矿业产业加工园区。

（1）阿图什重工业园。发挥区域丰富的矿产资源优势，依托园区现有主要采选冶炼企业以及周边的山钢集团等企业的上游产品，积极延伸产业链条，在稳步发展铁矿石采选、铸铁铸件等传统优势产业的同时，加大特种钢等下游产品的引进和开发，不断扩大下游产品种类，提高产品附加值，增强产品的市场竞争力。扶持青松水泥、天山水泥等一批重点企业通过技术创新，延伸产业链等形

式，鼓励企业发展页岩砖、轻集料砌块、建筑用石材、装饰用石膏板等水泥制品下游产业，打造南疆新型建材加工制造基地。

（2）阿克陶重工业园（阿克陶江西工业园）。从国家和自治区建设丝绸之路经济带的整体战略角度出发，发挥阿克陶地处中吉、中巴通道交会点的优势，深入研究"两种资源，两个市场"，在全面扩大开放的战略指引下来确定阿克陶重工业产业发展的定位方向，具体可大力引进以有色金属和黑色金属采选冶炼相关产业以及下游产品为主的企业和项目，通过实施政策倾斜，完善配套设施，加快重点行业重点企业优先发展，培育一批经济拉动作用大、辐射广、带动产业多的龙头行业企业。近期主要建成集资源开采、深加工的矿产资源开发、建材加工基地，远期可打造拥有先进的金属与非金属加工业、高新材料和能源加工产业的南疆重要的进口矿产资源加工基地。最终将阿克陶重工业园区打造成新疆丝绸之路经济带核心区上重要的建材产品出口加工、金属制品出口加工和进口矿产品加工产业集聚区。

（3）乌恰重工业园。主要是依托园区周边和境外丰富的矿产资源，发展有色、黑色金属选、冶、煤化工等重工业产业，以规模大、起点高、环保型的项目为建设重点，做大做强铅、锌、铜采选冶，同时积极推进铜杆、铜材、铅锌产品加工。

五、展示人文优势，发展独具民族特色的新型城镇化

1. 发挥重要战略支点作用，培育向西开放新城镇组群

克州城镇化发展要瞄准丝绸之路经济带发展战略需求，以区域中心城市为重点，与周边地区城镇形成聚合发展态势，合力培育向西开放新城镇组群。要把丝绸之路经济带战略变成"克州行动"，不断提升阿图什市、乌恰、阿克陶、阿合奇等中心城镇的综合经济实力和辐射带动力，积极推进区域性城市、重点城镇和口岸发展和建设，强化克州在丝绸之路经济带上战略支点和核心驱动的地位。在克州城镇体系总体规划确定的分工定位下，按照"一主两翼"（伊尔克什坦口岸园区为主导，阿图什园区和阿克陶园区跟进发展）产业集聚区，形成以城市为基础，承载产业空间和发展产业经济，以产业为保障，驱动城市更新和完善服务配套的新型城镇化发展模式。将阿图什打造成民族团结、社会稳定、经济繁荣、生态文明和全方位对外开放的现代化区域性国际城市，喀克城市圈的副中心城市；将乌恰、阿克陶发展建设成沿边产业新城，使"一市两县"成为丝绸之路经济带和"中巴经济走廊"先导区上有活力、会创新和能辐射带动的重要战略支点城镇组群。

2. 展现特殊区域人文优势，打造独具特色的沿边新城

乌恰作为我国最西端的城市，是我国向西开放的最前沿，也是新疆最具民族

风情和地缘优势的边境县市，借助伊尔克什坦口岸下迁和喀什经济开发区伊尔克什坦口岸园区快速发展的机遇，尽快启动乌恰撤县建市工作，加快推进边境口岸城市和人文城市建设发展。要贯彻实施“以人为核心建设沿边开发开放智能口岸城市”发展战略，落实以“一体两翼”为骨架（县城为中心，城东乌恰工业园区、城西伊尔克什坦口岸园区为两翼），以“五区”（城东工业园区、城南新城区、城西口岸园区、城北金融商贸综合服务区、城中老城区）建设（改造）为着力点的城市发展总体规划思路，走以基础设施建设项目为支撑、以区域特色文化为内涵、以城镇与生态环境相协调为特色、以宜居宜业为根本的新型城市化发展道路。努力将乌恰县建成丝绸之路经济带上的商贸物流驿站、进出口产品加工制造基地、跨境结算金融服务窗口、优势资源转换重点区域以及国际能源大通道、向西开放桥头堡和沿边开发开放示范区，在自治区丝绸之路经济带核心区建设中当好“外引内联、东联西出、西来东去和沟通南北”的最佳窗口和平台。

阿克陶县作为克州的人口大县且分布相对集中，在推进人口、产业集聚，发展特色城镇化上具有先天优势，阿克陶可结合自身资源和产业特点，按照自治区提出的基础设施现代化标准要求，提高基础设施的质量标准，增强服务保障能力。县城要积极发展农产品加工业、旅游业、民族用品制造业和文化产业等特色产业，推进产业结构的优化升级；县城周边要发挥农产品资源丰富和品质优良的优势，以农牧业现代化为支撑，大力发展现代农业、集约农业，加速农村富余劳动力的转移吸纳，实现城乡产业联动；奥依塔克等重点城镇，要充分依托园区，加快人口集聚，提升服务功能，注重环境保护。将阿克陶打造成丝绸之路经济带和中巴经济走廊上的特色产业新城。

阿合奇是典型的边境小城，生态环境脆弱，工业基础薄弱，依靠新型工业化带动城镇化具有一定困难和约束。而且根据自治区主体功能区规划要求，阿合奇县也是以保护性开发为主区域，因此，阿合奇城镇化发展要主打生态环境和民族文化这一特色品牌，走特色化、差异化发展的道路。形成跨区域合力，与阿克苏合作推进别迭里口岸开通工作，争取在阿合奇实施跨境旅游免签政策，开展多种形式的影视、摄影以及休闲度假等活动，将阿合奇打造成新疆知名的边境特色旅游城市。

六、加强文化交流，构建“民心相通”示范区

1. 扩大玛纳斯文化的影响，建设《玛纳斯》国际研究中心

《玛纳斯》是一部具有深刻人民性和思想性的典型英雄史诗。不仅流传于中国新疆，也流传于吉尔吉斯斯坦、乌兹别克斯坦和阿富汗等柯尔克孜人聚集的地区。吉尔吉斯斯坦、哈萨克斯坦、俄罗斯、乌兹别克斯坦以及英国、德国、法

国、日本、美国、澳大利亚等国都有专门从事《玛纳斯》研究的机构和人员。作为《玛纳斯》的发源地和传承地，克州要利用好这一重要的资源，一方面，要进一步提升“玛纳斯国际旅游文化节”的规格和档次，扩大其在国际间的交流合作，将“玛纳斯国际旅游文化节”打造成国家级的知名旅游文化节庆活动，全面扩大克州的文化影响力；另一方面，要加强对以《玛纳斯》为代表的柯尔克孜族文化的传承保护研究工作，定期组织举办《玛纳斯》国际学术研讨交流活动，以《玛纳斯》为纽带，密切克州与相关国家和地区在文化交流上的关系，增强克州在我国文化国际交流合作中的地位和作用。

2. 利用旅游资源和区位优势，建设丝绸之路经济带旅游强州

克州有350余处景区、景点和文物古迹遗址，形成了以帕米尔高原风光为主线，“四区五线”（“四区”即帕米尔高原风光旅游区，丝绸之路民俗风情旅游区，边境口岸旅游区，史诗玛纳斯、猎鹰文化旅游区；“五线”即帕米尔高原风光探险之游，边境口岸出境游，丝绸之路历史文化体验之旅，柯尔克孜族玛纳斯史诗、猎鹰文化之旅，祖国大地送走最后一缕阳光之旅）为重点的发展格局，优质旅游资源极为丰富。同时，与克州紧邻的吉尔吉斯斯坦又拥有伊塞克湖这一世界级的旅游疗养胜地，克州可充分利用此得天独享的优势，加快跨境旅游集散服务中心建设，全面带动区域旅游业发展。

一是大力发展区域特色旅游。要充分凸显克州“万山之州、豪迈之州、闲暇之州和开放之州”的特点，努力将克州打造成以原始自然景观为支撑，人文休闲深度体验为亮点的国际性旅游目的地。以旅游发展促进城市功能完善，按照国际旅游城市标准进行配置，建设和完善城市旅游公共服务体系，承担西域城市观光、民俗体验、商务会议、特色餐饮、休闲娱乐、游客集散、落地自驾等旅游综合服务功能，建设旅游设施完备、功能配套完善的旅游综合服务中心。重点建设阿图什民俗风情文化主题公园，将其打造成为克州的旅游名片，合力建设丝绸之路文化和民族风情旅游目的地。

二是积极发展边境观光旅游。借助共建丝绸之路经济带战略平台，通过自治区，加强与国家相关部门的沟通协调，在“上合组织”层面争取将吉尔吉斯斯坦等周边国家列入中国公民出境旅游目的地国家；争取落实第三国游客开放政策和3～5日免签政策，吸引境外游客经克州到新疆旅游；重点是整合克州和周边吉尔吉斯斯坦等国的旅游资源，围绕伊塞克湖国际旅游胜地，规划设计跨国旅游线路，发挥克州旅游集散中转地的作用，打造中国高端消暑旅游目的地，同时进一步开放边境旅游购物，促进克州商务旅游、边境旅游大发展。

三是推进旅游产业发展与完善城市基础设施和提升城市品位相融合。按照大项目带动大发展的思路，加快策划实施重点旅游景区、民俗文化旅游示范村、旅

游小镇和旅游特色村（居）街区等重大项目建设，以此带动和促进城市基础设施发展。充分发挥旅游业综合性强、关联度广、外向度高、带动性大的特点，加快商务、会展、休闲度假等综合服务设施建设，打造城市标志、凝练城市文化，在满足游客需要的同时，促进城市配套服务功能逐步完善，城市形象更加鲜明突出，城市品位愈富内涵。

3. 发挥民间交流的影响和作用，构建“民心相通”的示范区

克州的主体民族柯尔克孜族与毗邻的吉尔吉斯斯坦主体民族同根同族，有着天然的渊源，民间交往频繁，传统友谊源远流长，与吉尔吉斯斯坦等周边各国开展区域间经济合作有得天独厚的人文优势，是我国特别是新疆实施文化“走出去、请进来”交流融合发展最具优势的区域，克州要以自治区建设“丝绸之路经济带核心区”文化科教中心为契机，创新策划，高水平办好各种特色文化节庆活动和专项赛事，通过举办以民族传统手工艺品为主的中外旅游产品博览会、亚欧文化交流座谈会、自行车或马术表演赛等国际体育邀请赛事活动，促进旅游、经贸、文化活动的交流与合作，进一步加大与疆内外、国内外的文体交流合作，努力打造精品文化品牌，搭建东西方文化交流平台，向全国乃至全世界推介克州特色地域民族文化。在继续强化本地民众参与性、互动性的同时，体现国际性、开放性、时尚性，构建丝绸之路经济带上“民心相通”的示范区。

七、创新合作模式，开辟对外开放合作新领域

1. 发挥企业主导作用，打造外向型农业发展新模式

克州农业在经济总量中所占比重最轻，但却是农牧民增收致富的重要途径之一，在丝绸之路经济带核心区建设中，克州要立足区位优势和特色资源，积极探索跨境农业开发合作：一是瞄准疆内牛羊肉等畜产品的巨大市场空间，加大与周边塔吉克斯坦、吉尔吉斯斯坦等国在畜牧业领域的合作。利用周边国家丰富的优质草场资源和相对完善的动植物检疫程序，以丝绸之路经济带建设为契机，在确保检验检疫安全的前提下，积极协助自治区向国家争取开放周边国家畜产品市场，放宽对周边国家畜产品的进口管制。一方面，可以直接进口对方优质畜产品，增加供应以满足疆内市场需求；另一方面，还可以鼓励支持本地企业走出去，开展畜牧业领域的深度合作，通过合作参与优良饲草加工、共建畜牧产品养殖与加工基地等方式，推动当地发展集养殖—检疫—加工—销售等全产业链于一体的现代畜牧业，增加当地人民收入，促进经济社会发展，实现互利共赢。二是要充分发挥克州资源技术的相对优势，加强与周边国家的农业技术合作和农业人才技术的输出力度，建立中国农业合作中心（示范区），提高周边国家的农业生产水平。三是要发挥克州的地缘优势，与周边国家和相关区域合作建立涵盖生

产、储运、加工、装卸、运输以及出境各个环节的农产品进出口“绿色通道”，扩大克州及周边特色农副产品出口，增加国内市场急需农产品的进口。

2. 丰富医疗健康服务资源，打造国际医疗服务新平台

围绕着自治区建设丝绸之路经济带核心区医疗服务中心的目标任务，积极开展面向周边及沿线国家的医疗健康服务，打造国际医疗服务新平台。一是尽快制定和完善相关配套政策，吸引外资、民营医疗机构落地克州，补充和丰富克州的医疗健康服务资源。二是充分借助对口援疆的资源和力量，在阿图什以及乌恰等地的重点医院和特色医院设立国际部，开展针对周边国家的国际医疗服务，通过简化手续开通面向国外患者的专业服务通道和服务平台，为国外患者就诊和治疗提供便捷服务，推动区域旅游医疗服务业发展。三是以中医、民族医为重点，开展双边互派医药科研专家、医药科技人员的互访和医药科研高级人才、急需人才的培养工作，组织双方医疗机构建立对口的互利合作关系，进一步扩大克州，扩大新疆医疗健康服务的影响力。

3. 完善金融服务体系，提升区域综合金融服务水平

围绕着自治区建设丝绸之路经济带核心区金融中心的目标任务，依托喀什经济开发区金融贸易区发展，有序推进克州伊尔科什坦口岸园区金融功能区建设，不断创新金融服务方式，提升区域金融服务经济社会发展和扩大开放的水平与能力。一是争取在南疆地区率先向外资和民营资本开放金融业。要在包括克州在内的南疆地区率先允许外资和民营资本进入金融业，设立外资独资、中外合资及民营的银行、证券、保险等金融机构。二是提高克州国有商业银行机构层级，并推动完善县域机构布局，尽快将工行阿图什支行和建行阿图什支行升格为地区分行；鼓励和支持国有大型商业银行积极拓展金融服务网络，逐步在县城设立分支机构。三是丰富银行组织体系，积极争取新疆银行挂牌开业后在克州设立分支机构，待国家开发银行、进出口银行喀什分行设立后，积极争取在克州设立分支机构，鼓励国有商业银行、股份制银行、援疆省（市、自治区）的城市商业银行和农村商业银行在克州发起设立村镇银行。四是推进货币互换和人民币跨境结算。中吉两国目前推进货币互换基础和条件比较完备，要积极争取国家推进并扩大货币互换规模，进一步完善人民币跨境结算相关政策，依托喀什金融贸易发展区，推进克州伊尔克什坦口岸园区金融功能区开发，推进与周边国家货币互换和人民币跨境结算，以此降低流通成本，增强抵御金融风险能力，提高区域国际竞争力。五是要大规模推进金融人才援疆。金融是现代经济的核心，在建设丝绸之路经济带中具有先导和引领作用。新疆金融发展最大的“瓶颈”是人才，第四次援疆工作会议明确要求，增加金融等专业人才援疆数量。克州要充分利用好这一政策优势，争取中央单位和援疆省市在人才援疆计划中增加金融专业人才。

第六节　克州参与丝绸之路经济带建设的机制措施

一、构建长效保障机制

区域经济合作是世界经济发展的主流趋势，丝绸之路经济带建设本身也是区域经济合作的具体体现。因此，克州参与丝绸之路经济带建设必须也要坚持共生共荣的合作融合发展理念。共生，“不是独惠其身，而是兼济区域，形成多赢”，即需要从大区域的整体高度而非一州一市一县的本位角度来突出比较优势，错位规划、布局发展。共荣，即强化整体优势，提高南疆四地州的整体竞争力。南疆区域经济社会发展和丝绸之路经济带核心区建设的诸多事项、问题，都绝非一州一地可以解决，需要各利益主体共同协作、共同建设。合作才能共赢，共建方可共享，区域多边和双边的合作只有建立共同协商、评判的标准，服从于科学发展观、市场经济规律和区域合作规律，才能达到在合作中竞争、竞争中合作，最终实现良性互动发展。

1. 区域全面战略合作机制

深度持久的战略合作是南疆四地州发挥自身优势，形成合力，共同参与丝绸之路经济带建设的必然要求，建议本着“政府推动、市场运作、优势互补、互惠互利、协调发展”的原则，强化各地政府层面的交流沟通，通过政府的引导和服务，共同搭建以企业为主体的合作交流平台，共同营造开放、公平、竞争、有序的市场环境，促进要素合理流动，资源优化配置。要充分发挥各地比较优势，积极改善合作环境，突出重点，大力提升合作水平，着力提高合作效益，不断增强区域经济发展整体实力。必要时可考虑签订四地州区域战略合作协议，明确合作内容，突出合作重点，强化组织形式，落实保障措施，强化权利义务，构建南疆四地州全方位、多层次、宽领域的共赢合作发展新格局。

2. 上合组织框架下跨境区域经济合作机制

为了更好推动南疆四地州经济社会发展和对外开放，积极参与丝绸之路经济带建设，体现南疆四地州在丝绸之路经济带建设中的重要地位，体现克州门户、枢纽和战略支点的特殊作用，使本区域更快更好地融入丝绸之路经济带建设中，可联合建议自治区向国家争取，建立上合组织框架下南疆四地州区域与周边各经济体的合作机制，为区域与各经济体进行国际区域经济合作创造条件。

3. 东中西互动发展的对口援助机制

对口援助是克州大建设、大开放、大发展的强大动力，“一带一路”战略的推进实施更为密切江苏、江西与克州的经济联系提供了便利。援助双方要以此为契机，把参与丝绸之路经济带建设当成共赢的事业，合力创新东中西互利共赢发展新机制，要突出克州与江苏、江西在丝绸之路经济带建设发展过程中互补与连接，要将江苏、江西作为克州参与丝绸之路经济带建设的强大支撑，适时调整援助的重点和方向，加大针对性更强的援助与合作。

4. 四地州区域发展规划指导机制

要紧紧抓住2014年中央5号文件精神，在实施丝绸之路经济带战略背景下，尽快启动《南疆四地州区域协调发展战略规划》的研究编制工作。以自治区丝绸之路经济带核心区建设目标为指引，通过整体战略规划的编制，进一步厘清南疆四地州战略定位，确立发展目标，创新发展模式，依据各地在丝绸之路经济带核心区建设中的优势和地位，确定各地州的发展重点和方向。

5. 资本要素的合理配置机制

克州在参与丝绸之路经济带建设过程中要特别注意与周边区域协调，建立资本要素的合理配置机制。一是建议自治区充分考虑克州在参与丝绸之路经济带核心区建设中的特殊需求，进一步优化金融机构在克州的布局，确保资金与重大交通、能源、水利等基础设施项目有效对接。支持区域特色产业，促进克州产业结构优化调整，不断增强服务区域经济发展的能力，为区域经济融合发展提供全方位的金融服务。二是大力扶持区域内符合条件的企业上市融资、再融资和发行企业债券。三是加快发展保险业，推进保险市场主体多元化，全面提升保险业的保障功能、融资功能和社会管理功能。四是积极发挥社会资本的作用，尽快研究制定鼓励社会投资的相关实施意见，放宽对社会资本的限制，鼓励和支持社会资本进入生态环保、农业水利、市政设施、交通、能源设施、信息等更多投资领域，深化和拓展政府与社会资本的合作（PPP模式）。

6. 产业协调聚集发展机制

克州要充分发挥自身资源优势，与喀什以及兵团共同构建高新技术和新型工业区、现代高效农业区，特色产业聚集区以及生态文明示范区。重点推动区域产业差异化、集群化发展，努力放大产业集聚效应、园区协同效应，搭建上下游衔接的产业链，建立一体化的公共科技服务平台。共同构建文化与旅游有机融合的旅游文化圈，将区域打造成世界知名旅游目的地。充分发挥经济圈的辐射带动作用，共同构建南疆西部现代商业圈，打造国际购物中心和区域金融服务基地，共同推动国际商务会展中心等南疆中央商务区发展。

7. 人才要素的合理配置机制

人才是克州扩大对外开放，参与丝绸之路经济带核心区建设最有活力的生产要素，要根据产业发展需要，加快现代化高素质人才队伍建设，实现人才要素区域内的合理流动和优化配置尤为关键。一是要加强克州经济社会发展急需的人才队伍建设，围绕加快建设新型工业化、农牧业现代化、新型城镇化、信息化和基础设施现代化的需要，重点推进工业、农牧业、基础设施建设、对外经贸、旅游、科技等领域人才队伍的建设；二是要发挥教育科研在人才建设方面的基础性作用，针对产业发展的特点，加大区域内人才培训力度，同时充分借助江苏、江西优质丰富的教育培训资源，采用“请进来、走出去”的方式，加速自身人才的培养建设；三是建立区域内人才合理流动激励机制，坚持不求所有，但求所用，最大限度地为人才提供施展才能的平台，实现人才使用效率最大化。

8. 生态环境保护共建机制

要实现克州在国家、自治区和南疆区域丝绸之路经济带建设中的战略定位，必须坚持“生态立区、环保优先”和“资源开发可持续、生态环境可持续”的发展理念，建立生态环境保护共建机制，着力构建区域生态环境保护工作新格局。一是把改善生态环境融入丝绸之路经济带建设的各项工作和任务之中，并将克州良好的生态环境作为克州参与丝绸之路经济带建设的重要资本，加大宣传。二是严格建设项目环境管理工作，把主要污染物排放总量控制指标作为新改扩建项目环境影响评价审批的前置条件，严禁在水源涵养区、饮用水源保护区、自然保护区、风景名胜区等生态敏感区域进行矿产资源勘探和开发，进一步健全矿山环境治理和生态恢复责任机制，规范石油、煤炭、金属、建材等矿山开发建设活动，确保各项环保措施和生态恢复方案落实到位。三是在重点领域要完善或推行相关的生态补偿制度，建立生态补偿标准体系，明确生态补偿的资金来源、补偿渠道、补偿方式和保障体系，确保克州区域内各主体功能区均能享受生态环境保护带来的利益与机遇。

二、争取特殊政策支持

丝绸之路经济带是国家扩大对外开放的重大战略，是一项涉及整体性、全局性、长远性、重大性目标的长期战略任务，各地都要服从国家整体的战略需求。但是就克州来说，因为发展的基础差、难度大，需要国家和自治区给予相应的政策倾斜和优惠，才能有助于克州在参与丝绸之路经济带建设过程中发挥更加重要的作用。

1. 深化对外开放政策

一是支持喀什经济开发区伊尔克什坦口岸园区设立专项发展资金；允许将10年内经济开发区各类国家财税收入全部留在开发区，用于支持基础设施建设和产业发展。

二是加大对吐尔尕特口岸、伊尔克什坦口岸转移支付金投入力度，增加对口

岸基础设施建设投入。

三是将口岸进出口关税和海关代征的进口环节增值税，以中央财政转移支付方式或者通过列支专项方式全额留在当地，按照企业和财政一定比例分成，支持当地企业发展。

四是争取国家和自治区的各项外经贸发展专项资金（包括西部外经贸发展专项资金、中小企业国际市场开拓资金、机电和高新技术产品研发资金、出口专项资金、农产品贸易促进资金以及财政专项转移支付等）向克州倾斜，鼓励促进克州外经贸高速发展。

五是支持克州积极申报边境经济合作区、综合保税区或保税物流中心。在用地保障上，承接加工贸易转移和物流用地均按工业园区用地政策执行，重点项目建设，经批准，可一事一议或特事特办。

六是允许护照办理实行按需申领，积极与吉尔吉斯斯坦协商签订互免签证协议，或者缩短当地办理有效签证的时间，延长居留时间。

2. 促进产业发展政策

一是支持克州推进钢铁、有色金属、油气等产业开发转化进度，优先支持克州布局建设矿产资源深加工、进出口加工、天然气化工项目，打造新疆重要的金属采选冶炼、清洁能源和新型建材基地，提升优势资源转化率。争取国家对克州黑色有色金属采选冶炼、天然气化工、水电等产业在项目核准和备案准入限制方面给予差别化产业政策支持。

二是制定出台对农副产品出口龙头企业发展、基地建设及农副产品出口质量安全保障体系构建等方面的扶持政策。按照扶优扶强的原则，加强对克州现有的涉农企业在项目审批、征占土地、产品购销、资金贷款、财政贴息、税收返还、技术信息、交通运输、水、电、路配套等方面实行优惠和倾斜，降低企业生产运营成本，增强企业的市场竞争力。

三是争取国家质监总局、农业部与吉尔吉斯斯坦等周边国家尽早签署动植物检疫议定书，为外贸企业进口牧草、牛（羊）肉、水果、蔬菜、蜂蜜等产品，开辟“绿色通道”。

四是将吉尔吉斯斯坦纳入我国旅游目的地国家，对中吉两国公民出入境旅游实行互免签证和3日游通行证过境旅游政策。

五是在旅游发展基金项目上对克州予以倾斜，增加对景区景点配套基础设施建设项目的投入，促进克州旅游资源开发。

3. 创新金融服务政策

一是完善银行业、证券业保险业金融机构在克州设立地级分支机构，支持新型农村金融机构、股份制商业银行、对口援疆省份的地方性商业银行在克州设立分支机构，在准入条件和资金等方面给予更多的倾斜政策。

二是赋予克州与差别化产业政策相配套的差别化信贷政策，单独切划信贷规模，提高不良贷款容忍度，并适度下放信贷审批权限，商业银行单独设立绩效考核办法，确立信贷增速不低于GDP增速，存贷比不低于全疆平均水平的考核目标，扩大融资规模，拓宽融资渠道。对符合条件的加工贸易、物流等企业增加授信额度，满足克州产业承接转移和产业优化升级的信贷资金需求。

三是在克州开展外商投资企业借入人民币外债尝试突破外债规模“投注差”管理试点，提高外商投资企业借入人民币外债的额度，积极推进资本账户开放的制度创新和管理创新；开展外债管理试点，境外企业在境外金融机构的人民币融资可直接调回境内使用，不纳入外债管理。

四是在口岸推行人民币现金出入境管理方式改革试点，由限额管理试行申报管理；允许开展个人境外投资业务，简化个人境外投资手续，适当放宽个人境外投资限额。

4. 扩大人文交流政策

一是加大对克州非物质文化遗产的传承保护工作，支持建立克州非物质文化遗产保护（玛纳斯保护研究）中心，并将此项目列入国家公共文化建设项目中。

二是加大对克州广播电视和柯语译制基础设施和专业技术人才引进的支持力度，支持克州电视台、电台编制面向吉尔吉斯斯坦的电视、广播专题节目并上星播出，提高节目在本地和吉尔吉斯斯坦的覆盖率，扩大我国对吉尔吉斯斯坦的文化传播和影响。

三、自身积极主动作为

1. 统一思想认识

克州全州要尽快统一思想认识，全面贯彻落实第二次中央新疆工作座谈会会议精神的重大举措，按照自治区《推进新疆丝绸之路经济带核心区建设实施意见》和《推进新疆丝绸之路经济带核心区建设行动计划（2014～2020）》等任务要求，结合克州实际，按照自治区确定的发展目标，务实有效地加快推动相关工作：一是积极融入并分担国家及自治区有关丝绸之路经济带的战略部署，从全局出发，整合各方面的资源，凝聚各方面的智慧，结合丝绸之路经济带核心区提出的“三基地”、“三通道”、“五大中心”和“十大进出口产业集聚区”内容，制定引导资源开发利用和产业发展的专项规划，制定适应区内外市场竞争的产业战略、贸易战略和激励政策。二是从全局和战略高度，加强对国家、自治区重大战略宏观规划的研究工作，超前谋划，寻找克州发展诉求与国家、自治区等整体战略部署的契合点，争取将克州更多发展诉求纳入国家整体战略。

2. 优化发展环境

要从自治区建设丝绸之路经济带核心区的总体目标出发，从克州参与丝绸之路经济带核心区建设的重点任务出发，从进一步扩大对外开放的实际需求着手，认真落实好国家和自治区在财税、金融、土地、产业、人才等各方面的政策措施，切实转变政府职能，减少行政审批事项，落实商事登记制度改革，放宽准入条件，规范行政审批程序，提高服务效率，认真兑现政策承诺，进一步改善投资环境。要通过提升贸易和投资便利化水平，积极为克州的企业和产业"走出去、引进来"设置绿色通道。通过政府层面或民间交往等各种渠道，争取与周边乃至丝绸之路经济带沿线国家城市建立友好城市，扩大克州对外开放交往领域和层次。

3. 推进通关便利化

认真落实新党办发〔2014〕10号文件精神，加快推进在阿图什市设立海关、出入境检疫机构进程。积极适应海关通关一体化改革要求，实行国际贸易"单一窗口"受理，全面推进"一次申报、一次查验、一次放行"，完善电子口岸建设，加快推进通关无纸化改革。实行分类通关制度，提高对高资信企业的通关便利服务水平。通过提供"提前申报、预约通关、加急通关、非侵入式查验、延伸监管"、"24小时预约报检报关验放"服务，使外贸企业享受报检报关便利。

4. 搭建合作交流平台

充分利用"喀交会"、"亚欧博览会"、"玛纳斯国际文化旅游节"、"吉尔吉斯斯坦—中国新疆出口商品展洽会"等平台，建立与周边国家交流合作的长效机制；以论坛、推介会等各种形式，搭建与周边国家政府相关部门，仓储物流、对外贸易龙头企业以及与州外疆内地州、对口援疆省份进行项目、产业、招商引资、信息交流、经济技术合作及区域合作的平台；加强与毗邻国的区域协作，与吉尔吉斯斯坦奥什州、纳伦州互设商务机构，与毗邻国地方政府之间建设高效务实的协作机制，及时解决商贸和人员往来中的问题，深化与中亚国家的交流合作，着力培育开放型经济发展新优势。

5. 强化信息服务

建立和完善适应于开放型经济发展需要、互联通畅、覆盖面广的信息服务网络，以跨境陆地、边境口岸、沿线城镇光缆建设为重点，与周边有条件的国家建成直达跨境陆地光缆，逐步实现与周边国家通信的互联互通。加快边境口岸、沿边城镇的信息网络设施建设，把乌恰县、阿图什市建设成为面向中亚的通信枢纽和区域信息汇集中心。充分发挥贸促会、驻吉商务代表处的桥梁和纽带作用，深入分析、研究周边国家政策、法律、环境、市场需求，提高信息服务水平，为企业开展经贸交流、投资合作、开发资源、承揽工程、开拓市场、扩大进出口提供政策指导、法律咨询、手续办理、权益维护等商务服务。

第八章 丝绸之路经济带核心区建设的县域案例

第一节 奇台概况

奇台县位于新疆维吾尔自治区东北部，天山北麓，准噶尔盆地东南缘，县城西距乌鲁木齐市195公里，是新疆昌吉州的边境县，有对蒙古国开放的国家级一类口岸——乌拉斯台口岸。县域总面积1.93万平方公里，辖8镇7乡，驻有农六师奇台中心团场和北塔山牧场。县域总人口30万，其中，少数民族人口占总人口的25%。有全国唯一的塔塔尔族乡。

县域农业资源优势突出。全县有9条河流，年径流量4.85亿立方米，地下水动储量2.5亿立方米。有可耕地200万亩，年播种面积187万亩，是全国“优质小麦、大麦之乡”、“粮食生产百强县”、“国家级商品粮基地县”、“全国粮食生产先进县”、“全国粮食生产先进县标兵”，是新疆重要的粮食基地，是新疆重要的面粉、制糖、酿酒、番茄酱、麦芽、淀粉、蔬菜、皮革等优质农副产品生产加工基地，也是新疆农区畜牧业示范县，国家生猪调出大县和天山北坡地区重要的牛羊育肥基地和肉品供应基地。

县域矿产储量丰富，开发前景广阔。有煤、花岗岩、铁、金、银、铜、芒硝、石墨、石灰石、膨润土、珍珠岩等20余种矿产资源。特别是煤炭资源储量丰富，远景储量约3000亿吨，是目前已探明全国最大的整装煤田，是新疆实施煤电煤化工产业发展战略的主战场。花岗岩矿藏储量巨大，石材质地优良，“卡拉麦里金”品牌享誉区内外，现已建成自治区级特色产业园区——闽奇石材产业园。其他矿种品位较高，矿体稳定，适宜规模化开发。

奇台旅游资源独具特色，历史积淀深厚。汉代属西域都护府，清乾隆三十八年（1773年）建县，是古丝绸之路北道上的交通枢纽和重要商埠，曾与哈密、乌鲁木齐、伊犁齐名，并称新疆四大商业都会，有“金奇台”、“旱码头”之美誉，现存汉疏勒城、唐朝墩古城、清东地大庙、将军庙、杏林泉等多处遗址。南部天山风光秀美，景色宜人，有世界最长的天山怪坡和风景如画的国家AAAA级景区江布拉克。中部人文荟萃，文化底蕴深厚，有国家级工业旅游示范点——古城酒史馆。北部将军戈壁壮美奇特，硅化木·恐龙国家地质公园堪称世界之最，曾发掘出世界上最大的恐龙化石，被誉为“恐龙之乡”，现已成为新疆旅游强县。

作为古丝绸之路上的商贸重镇和交通枢纽，在千年丝路上一直闪耀着璀璨的光芒。今天，在建设丝绸之路经济带的新历史机遇下，更好地挖掘利用自身优势，将区域发展需求和自治区、国家整体战略布局相结合，积极行动起来，融入并参与丝绸之路经济带建设中，是奇台实现后发赶超、科学跨越的有效路径，更是奇台维护社会稳定和长治久安的根本选择。

第二节 奇台参与丝绸之路经济带建设的现实作用

一、奇台参与丝绸之路经济带建设的重要意义

历史上，奇台作为古丝绸之路新北道上的重要驿站，为丝绸之路贸易往来和文化交流提供了重要的支撑和保障，为古丝绸之路新北道繁荣做出了重要贡献。今天，在新的丝绸之路经济带战略构想中，奇台再一次被赋予重要的地位和角色，而且凭借着特殊的地理位置和区位优势，奇台不仅是丝绸之路经济带北通道的重要节点城市，还是天山北坡经济带的重要支撑和未来天山北坡城市群发展的重要组成部分，是连接丝绸之路经济带新疆段北通道和中通道的关键区域。可以预见，在丝绸之路经济带战略实施推进过程中，奇台的地位必将更加重要，作用必将更加突出。因此，把握丝绸之路经济带建设的重大战略机遇，抢占发展先机，对提高奇台县在整个区域经济发展中的地位，创造良好的发展环境，具有十分重要的意义。

一是参与丝绸之路经济带建设，使奇台的发展视角跳出原来的一城一域，实现与国家战略的有机结合，为奇台以国际视野、世界眼光谋划奇台县全面持续发展提供了空间和平台，也为奇台更好地发挥和利用自身优势，参与国家全面扩大向西开放战略创造了条件和基础，更为奇台充分激活各类生产要素、释放改革发展红利提供了动力和支撑。奇台参与丝绸之路经济带建设，必将助于

进一步提升其在新疆乃至全国区域发展和对外开放格局中的战略地位和作用。

二是参与丝绸之路经济带建设，使奇台资源优势能够最大程度地得以发挥，特别是经济转型发展和结构升级调整过程中，奇台可借助国家力量，发挥自身优势，在向西开放战略实施过程中积极创新发展模式，营造良好发展环境，促进产业转型升优化级，实现经济发展方式的转变和经济发展质量的提高，增强奇台持续、健康、协调的科学发展能力。

三是参与丝绸之路经济带建设，使奇台对外开放的深度、广度进一步增加。奇台是丝绸之路经济带北通道上的关键区域，也是联结中国新疆与蒙古国的战略要冲，在区域经济格局中的地位突出。因此，积极融入国家构建丝绸之路经济带发展战略，将会进一步放大奇台历史文化、区位条件以及产业基础等优势在扩大对外开放进程中的作用，为推进奇台与国内、国际两个市场合作交流奠定了坚实基础。

二、奇台参与丝绸之路经济带建设的现实作用

丝绸之路经济带建设，强调政策沟通、道路联通、贸易畅通、货币流通和民心相通，逐步形成区域大合作格局。奇台县作为丝绸之路上重要节点城市，辖区内资源储量丰富、产业基础坚实、文化积淀深厚，“五通”建设势必会进一步激发奇台县各类资源要素潜力，为县域生态环境的不断改善、产业结构的不断优化和文化传承的不断扩大创造条件，有助于“生态美县、产业立县、文化兴县、富民强县”发展战略的早日实现。

丝绸之路经济带建设是新疆面临的战略机遇，也是奇台实现后发赶超的历史机遇。参与丝绸之路经济带建设，在国家整体发展战略的实施带动下，必将会有效促进奇台新型城镇化、工业化、信息化、农牧业现代化和基础设施现代化建设水平的快速提高，实现“五化”协调发展。

奇台是丝绸之路经济带北通道上的重要节点城市，但同时也是生态环境相对脆弱的地区，正确处理好经济发展与环境保护的关系，走“两个可持续”发展道路意义重大。构建丝绸之路经济带，进一步扩大我国对外开放的层次和水平，扩展我国的发展空间，正是新疆，也是奇台创新发展方式，转变发展思路的最佳机遇，在国家的整体布局下，加强生态综合治理，加大生态补偿力度，有助于奇台县坚持“环保优先、生态立县”和“两个可持续”理念，有助于两型社会的建设发展，为进一步推进“厚德、开放、创新、和谐、美丽”的奇台创造了条件。

以构建丝绸之路经济带为契机，尊重市场经济发展和运行的基本规律，瞄准国际国内市场需求，把握全球技术进步的方向和产业发展及其结构演进的趋

势，优化投资结构，深化对内对外交流合作。结合奇台县生产要素的综合优势，在面向国内外市场的同时，密切关注丝绸之路经济带沿线地区市场需求变化的动向，科学制定产业发展规划布局，有助于奇台县做大做强“四大支柱产业”，培育、发展、壮大现代产业体系，优化结构、提升质量，增强产业发展竞争力。

第三节 奇台参与丝绸之路经济带建设的现实基础与环境分析

一、现实基础

1. 文化积淀深厚

奇台历史悠久，独具特色的地方文化源远流长，奇台的历史就是不同民族、不同文化撞击、交融和荟萃的历史。早在新石器时代，奇台就已有人类活动，并形成原始村落；4000 年前奇台与内地的民族社会开始了密切的联系。至西汉神爵二年（公元前 60 年），设西域都护府，包括奇台在内的西域大部地区正式归入中央政府管辖；由于奇台地处五路要冲，“山通南北套，地接上中台，日落明驼走，风生驿骑来”，受益于奇台特殊的交通枢纽位置、便捷的交通运输条件和丰富的物产资源，虽历经唐、宋、元、明等时代的变迁，但古城奇台一直是沟通我国内地和中亚、西亚的交通要冲，是中原文化和西域文化及西方文化交流荟萃之地，长期保持着其特有的繁荣和昌盛，也成为了古丝绸之路上著名的商埠驿站、军事重镇和西域历史上少有的名城之一。至今奇台境内仍保留着大量的历史文化古迹，向世人昭示着古城的文明与辉煌，奇台也因此于 2013 年底成功创建自治区历史文化名城。这深厚的文化积淀也是未来奇台持续发展的灵魂和支撑，传承和发扬古城文化，也将是奇台参与丝绸之路经济带建设最为可靠的基础和保障。

2. 商贸地位突出

奇台的商贸地位突出，是举世闻名的丝绸之路新北道上的商业重镇，特别是唐代开始，从西京长安通往北庭都护府然后至中亚西欧各国的交通干线途经于此。中国的丝绸、瓷器和特色农副产品经此运往西方各国，西方各国的珊瑚、玛瑙、水银、玻璃等特色产品也经此运至内地，奇台也成为古丝绸之路新北道上著名的商埠重镇和商品中转集散地。清乾隆三十八年（公元 1773 年）建县后，奇台商贸重镇地位更加突出，驼队由小到大陆续跟进，使古城成为天山北路的商业活动和边贸繁荣区，山西货物屯集于此，蒙古诸联盟亦来贸易，形成了北疆大聚落，清道光四年（公元1824年），古城设立税局，直接由陕甘总督派员，抽分税课。到了同治五年（公元1866年），光绪年间，奇台商铺多达700余家，经商人数达4300多人，经营商品多达上千种，经营地区对内做到了京、津、晋、绥，对外扩展到俄罗斯及西亚一带。催生了奇台具有地方特色的商业文明，直接影响新疆尤其北疆地区的经济发展和繁荣。奇台与哈密、乌鲁木齐、伊犁并称新疆四大商业都会，被称为“古城子”、“金奇台”、“旱码头”，关里关外俗语称道“想要挣银子，走趟新疆古城子，走进古城子，跌倒拾银子”，奇台因此成为新疆最富饶的地区之一，被誉为古丝绸之路上耀眼的明珠。

3. 区位优势明显

奇台县位于天山北麓，准噶尔盆地东南缘，距首府乌鲁木齐195公里，是天山北坡经济带东部区域中心城市、丝绸之路经济带上重要的节点城市和乌鲁木齐2小时经济圈核心城市之一303省道和228省道在此交会，整体区位优势明显。奇台还是我国的边境县市之一，通过国家一类口岸乌拉斯台口岸与蒙古国实现了有效联通，地理位置独特。随着乌准铁路、大奇高速公路的建设通车，哈密—将军庙铁路新疆等一系列重点交通工程的启动实施，奇台将通过便捷的铁路、公路实现与乌鲁木齐、阿勒泰、哈密、克拉玛依、库尔勒、阿克苏、喀什等疆内主要城市的有效连接，同时借助上述交通干线和区域中心城市，沟通上海、四川、福建、山东等东、中部地区，形成连接中国东部、中部大动脉。奇台地处丝绸之路经济带北通道和天山北坡经济带接合部位，未来的区位优势将更加突出，商贸物流产业的发展前景广阔。

4. 资源储量丰富

农业资源优势突出。境内有可耕地200万亩以上，年播种面积187万亩，主要农作物有小麦、玉米、大麦、甜菜、土豆等，已建成优质小麦、大麦、甜菜、土豆、番茄、蔬菜生产加工基地，是自治区认证的绿色无公害农产品基地县，也是自治区和国家商品粮生产基地县、全国粮食生产百强县，国家优质小麦、大麦之乡。2008~2011年连续4年先后荣获全国粮食生产先进县、全国粮食生产先进县标兵等称号。矿产资源高度富集。境内有煤、花岗岩、铁、金、银、铜、芒硝、石墨、石灰石、膨润土、珍珠岩等20余种矿产资源。其中，预测煤炭资源量3000亿吨，占准东煤炭资源储量的75%，是目前全国最大的整装煤田。除煤炭以外，花岗岩矿藏储量巨大，石材质地优良，“卡拉麦里金”品牌享誉国内外，闽奇石材产业园获得“中国石材（花岗岩）产业基地”荣誉称号。旅游资源特色鲜明。辖区内已初步形成“三区”旅游大格局。南部高山草甸自然景观

风光秀美，有美丽的江布拉克景区和世界最长的圣坡；中部庙宇会馆人文景观历史悠久，现存有汉疏勒城、唐朝墩古城、清东地大庙、将军庙、杏林泉等多处遗址，有国家级工业旅游示范点——古城酒史馆；北部戈壁大漠史前文化景观壮美奇特，有硅化木·恐龙国家地质公园，恐龙化石和硅化木园堪称世界之最，被誉为“恐龙之乡”。2009 年，奇台还成功创建新疆旅游强县。

5. 综合实力增强

经过多年来的快速发展，2013 年，奇台县 GDP 已突破百亿元大关，财政收入迈入 10 亿元门槛，产业结构演变为 38.8∶38.9∶22.3，其中，第二产业比重首次超过第一产业，三次产业结构更加趋于科学合理，产业基础不断夯实。在煤炭、物流、石材等领域初步培育发展了一批具有一定优势和竞争力的企业，一大批国内知名企业入驻准东经济开发区、天山东部物流园区和闽奇石材产业园，大量项目、资金和人流的进入，为奇台经济发展带来新的活力。同时以民生建设、人才援助、产业对接等为重点的对口援疆为奇台经济社会发展带来了新机遇。对口援助资金、项目的安排，使得全县两居工程及教育、卫生等民生工程顺利推进，有效改善了全县百姓的居住、生产、生活条件，提高了公共服务水平；形式多样、务求实效，协同推进的干部、人才对口援助工作，使奇台人才培训和培养工作力度不断加大，将丰富的人力资源变为人才资源创造了条件；此外，对口援助奇台的福建省和福州市也是我国海上丝绸之路的起点之一，在对外开放，发展外向型经济上具有丰富的经验，在国家丝绸之路经济带和海上丝绸之路整体战略统筹布局下，奇台将在“一带一路”建设中具有更加特殊的优势。

6. 区域地位提升

中央新疆工作会议以来，中央对新疆经济社会发展的支持力度持续加大，特别是支持新疆的差别化产业政策提供了强有力的政策保障。对奇台来说，随着“两大通道”工程项目的推进，一批项目已经即将通过审批立项，为奇台县经济发展奠定了坚实的基础。而且《新疆城镇体系规划（2012～2030 年）》已将奇台县列为自治区 18 个绿洲中心城市和乌鲁木齐都市圈的次中心城市，并作为自治区“十二五”首批撤县建市的县城名单，将奇台建设发展的目标定位为：准东国家级煤电煤化能源基地的配套服务基地和乌鲁木齐都市圈东部次中心城市，重点发展煤炭能源化工、农产品加工、旅游和商贸物流业。同时，昌吉州也将奇台县列为全州 3 个支点城市之一，进行全方位多角度的扶持发展。在准东国家级经济开发区和国家级煤炭基地崛起发展的带动下，奇台在区域经济格局中的地位正在快速提升。

二、制约因素

1. 人文资源挖掘不够

奇台作为古丝绸之路上重要的文化名城，拥有得天独厚的人文资源，众多的历史遗迹、民俗文化和独具地方特色的地域文化都是奇台长期繁荣发展的灵魂和支柱。古往今来传承不断的屯垦文化、商贸文化、驮运文化、军事文化等，都是未来奇台持续发展的丰富资源和不竭动力，在奇台的发展历史中扮演着不可或缺的重要角色，若通过深度挖掘、梳理及有效展示，可转化为极具吸引力的旅游资源，但奇台在加快推进“五化”进程中，对上述的区域特色文化和人文资源挖掘还远远不够。主要表现在以下几个方面：在人文资源挖掘整合方面，由于缺乏整体设计、深度挖掘不够，除酒文化挖掘较为充分外，其他人文资源挖掘或点式，或浅层，有些如“金奇台”、“旱码头”甚至有所淡化，乏善可陈，人文资源远没有彰显其光芒；在运作推介方面，对于奇台县史前文化、汉文化、农耕文化、商贸文化、餐饮文化、民俗民间文化等地域特色文化，缺乏一个明确的定位，目前还更多地停留在口号上，对文化资源的内涵挖掘不够，产品开发缺乏个性，未形成规模、特色和品牌，文化对经济的影响和作用还尚未显现，虽已创建自治区历史文化名城，但文化对区域发展的支撑、引领作用还未充分发挥，“文化兴县”战略任重道远。

2. 区域创新能力不足

奇台长期以来是新疆乃至全国的农业大县，农业一直是县域产值的主要构成部分，直到2012年工业产值才略微超过农业，上升至第一位，因此，奇台在研发创新方面的发展相对滞后于其他地区，特别是科技创新研发方面的投入不足，致使区域自主创新能力不强。以科技研发创新代表性最强的指标——工业企业R&D（研究与实验发展）经费支出占主营业务收入比重来看，按照国际上通用的研发投入强度，设定的标准值为3%，但2012年奇台县工业企业R&D（研究与实验发展）经费支出占主营业务收入比重仅为0.005%，比昌吉州全州水平还要低0.075个百分点，研发投入不足，直接导致企业核心竞争力不足、市场开拓能力不足，最终影响整个区域的创新发展能力，无法实现对周边区域的辐射、带动和影响作用。

3. 公共服务保障水平不高

近年来，奇台县在公共服务方面做了大量工作，但是受制于自身经济社会发展水平和发展阶段的限制，县域的公共服务发展起步较晚，社会事业整体发展水平还比较滞后，区域内部差异明显、城乡发展不平衡、社会保障水平不高，影响社会和谐稳定的因素还比较多，公共服务供给与人民群众的新期待还不相适应，

与各族群众发展的需求和愿望还存在较大差距，与奇台作为天山北坡经济带东部区域中心城市的地位更加不相符合。

4. 水资源支撑不足

奇台县是我国西北地区典型的天然—人工复合型绿洲，南部为山地丘陵，中部为平原，北部为沙漠戈壁区与北塔山山区，受北冰洋冷空气和大西洋西风环流的影响，冬季常有较强冷空气入侵，夏季常有干燥炎热天气出现，属典型的温带大陆性半荒漠干旱气候，年平均气温5℃，降水量分布不均，山区多，平原少，其中南部山区年降水量550～660毫米，中部平原地区176毫米，沙漠地区小于150毫米。此外，由于奇台县地势较低，山体海拔在4000米以下，不利于冰川发育，冰川面积不大，对河流的补给作用较小，雨水及融雪水是山区河流的主要补给来源，因此奇台县发源于山区的山水河流程较短，常流水的河流一般分布在冲积—洪积平原南部，自西向东有白杨河、根葛尔河、达坂河、吉布库河、碧流河、宽沟河、中葛根河、新户河和开垦河9条山水河，其中较大的河流主要分布在南部山区。河流多年平均流量为14.66立方米/秒，多年平均来水量为4.65亿立方米。平均引水量2.9亿立方米，综合引水率为62.3%。地下水补给量3.51亿立方米，年可开采量2.46亿立方米（含兵团），实际开采3.3亿立方米（含兵团），超采0.84亿立方米。水资源短缺日益突出。特别是随着奇台县煤化工产业的大规模发展，对水资源的需求量大幅增加，使奇台水资源短缺问题更是雪上加霜。

5. 基础设施水平滞后

近年来，奇台县基础设施建设虽然取得了一定成效，但因历史欠账多，水利、道路、供排水、排污、绿化、亮化等方面的基础设施仍然相对滞后。水利方面，境内重点河流缺少控制性水利枢纽工程，骨干输配水工程、应急防洪减灾工程建设严重滞后；道路方面，奇台县与乌鲁木齐市、昌吉市的城际交通网及市域内交通体系尚不完善，面向蒙古国的口岸建设滞后，通道“瓶颈”问题十分突出；城乡建设方面，供排水、排污、绿化等基础设施依然非常薄弱，滞后于城市建设。特别是奇台对外通道和信息建设水平远不能与当前大开放、大开发的总体形势相适应。

三、条件环境分析（SWOT分析）

在分析上述发展基础和制约因素的基础上，进一步梳理奇台参与丝绸之路经济带建设的环境条件，通过SWOT态势分析法，确定奇台未来的发展方向和选择（见表8-1）。

表 8－1　奇台参与丝绸之路经济带建设的 SWOT 分析

指标		评判内容	结论
内部条件分析（SW）	优势（Strength）	1. 特色资源丰富 2. 区位优势凸显 3. 社会环境稳定（投资环境良好） 4. 后发优势明显	充分利用
	劣势（Weakness）	1. 生态环境脆弱 2. 水资源短缺 3. 经济转型升级困难	努力克服
外部环境分析（OT）	机遇（Opportunity）	1. 丝绸之路经济带建设重要战略机遇 2. 县改市工作的积极推进 3. 准东国家重要的煤化工基地建设	紧紧把握
	挑战（Threat）	1. 生态环境保护压力加大 2. 周边县市同质化发展竞争压力加剧	积极应对

从发展条件和环境分析可以看出，奇台县在今后的发展中，优势大于劣势、机遇大于挑战，应选择增长性战略，加快发展。充分发挥自身的优势，紧紧把握面临的发展机遇，努力克服劣势制约，积极应对或避免来自各方的挑战，积极争取中央和国务院的特殊政策支持，加大对口支援力度，将外援和自力更生有机结合起来，提高科技水平，加快经济社会转型发展，完全有基础、有条件再现古城在丝绸之路的历史辉煌。

第四节　奇台参与丝绸之路经济带建设的基本思路

一、发展思路

以构建丝绸之路经济带为契机，将奇台县置于国家向西开放的大战略、自治区快速发展的大环境中去谋划，放大优势、借力发展，不断拓展新的发展空间。围绕自治区丝绸之路经济带核心区“三基地、三通道、五大中心和十大进出口产

业集聚区”建设目标，全面深化改革，加快转变经济发展方式，构建符合奇台实际的现代产业体系和开放型经济发展模式，要充分发挥奇台的区位、资源优势，主动融入乌鲁木齐都市圈，与周边区域开展全方位、深层次交流合作，努力形成“资源共享、优势互补、互惠互利、合作共赢”的发展格局；通过创新体制机制，加快开放步伐，扩大开放领域，提高开放水平，突出发挥奇台的人文资源优势，主动作为，寻找商机，深入推进与丝绸之路经济带沿线国家在经济、贸易、文化、旅游等相关领域的合作；要牢牢把握丝绸之路经济带核心区建设的战略机遇，以构建丝绸之路经济带北道综合交通枢纽为目标，加快完善国际交通基础设施建设，为区域贸易往来和生产要素自由流动创造条件，进一步增强奇台在丝绸之路经济带上的竞争力和影响力，最终在参与丝绸之路经济带国家战略的进程中实现奇台的科学跨越和后发赶超，与全国同步实现全面建成小康社会目标。

二、发展定位

奇台融入丝绸之路经济带建设要紧紧围绕“富民强县”这一核心目标，立足区域资源、区位、政策、环境、文化等方面优势，围绕丝绸之路经济带核心区“三基地、三通道、五大中心和十大进出口产业集聚区”建设目标和内涵，坚持“生态立县、产业强县、文化兴县”的发展战略，打响“丝路古城、历史名城；商贸重镇、物流新港；准东高地、旅游胜地；经济强县、美丽奇台”四张城市名片，以文化引领、商贸升级、开放驱动、合作共赢、产业支撑、融合发展和生态宜居为重点，进一步提升奇台在区域经济格局中的地位和作用，将奇台建设成为丝绸之路经济带北道重镇、天山北坡东部区域中心城市、天山北坡东部区域现代物流中心、新疆现代煤产业发展配套服务基地、新疆天山东部旅游圈重要的特色旅游节点和目的地、新疆有机农畜产品生产加工基地。

三、发展目标

1. 远景目标

紧紧抓住构建丝绸之路经济带，全面扩大向西开放的战略机遇，借助新疆在丝绸之路经济带和新亚欧大陆桥上核心区的优势，因地制宜，突出特色，充分挖掘奇台人文、资源、区位以及整体的政策等优势，搭建发展平台、改善发展环境、提升发展能力，在参与丝绸之路经济带建设的进程中，基本将奇台建成市场高度开放、要素集聚能力和对外辐射能力较强、投资环境优良、居住环境优越的区域中心城市和丝绸之路经济带上的重要战略节点城市。

2. 阶段性目标

丝绸之路经济带建设是一个长期、复杂、艰巨的战略任务，发展愿景也不可能一步到位，需要分阶段、分步骤实施。根据我国经济社会发展的总体蓝图和国家丝绸之路经济带发展战略规划，奇台参与丝绸之路经济带建设发展大致可分为三个阶段目标：

第一阶段——突出重点，共同推动。在建设丝绸之路经济带核心区共识下，积极融入自治区、昌吉州丝绸之路经济带建设中，寻找与周边区域利益契合点，进一步拓展合作渠道共同推动。可以从有合作潜力的基础设施、文化旅游等方向寻求突破，实现协同发展。到2020年，基本构建起完善的对内对外开放新平台，力争与周边区域合作领域得以扩展、合作内容得到深化、合作机制初步形成，为下一步的深层次发展奠定基础。天山北坡东部区域中心城市、区域现代物流中心和新疆有机农畜产品生产加工基地以及新疆现代煤产业发展配套服务基地、天山东部旅游圈重要的特色旅游节点和目的地建设初具规模，奇台城市的区域影响力逐渐显现。

第二阶段——融合发展，提升影响。通过与周边区域各方的共同努力和合作发展，全面实现基础设施完善、公共服务优质、生态环境良好、社会大局稳定发展局面，全面形成互利共赢、多元平衡、安全高效的开放型经济体系，构建我国向西开放的新通道和新平台。到2025年左右，成功将奇台县打造成为丝绸之路经济带北道重镇，天山北坡东部的现代物流中心，新疆有机农畜产品生产加工基地、现代煤产业配套服务基地以及建筑建材生产、交易、展示中心，奇台县在丝绸之路经济带上的影响力和竞争力持续增强。

第三阶段——特色鲜明，永续发展。经过前两个时期的跨越赶超，基本形成具有鲜明奇台特色、符合奇台发展需求的现代化基础设施和综合交通体系，成功构建具有较强国际竞争力的现代产业体系，形成完备的区域集聚、辐射功能的市场体系以及与国际接轨的对外开放规则和制度体系，城市软硬综合实力进一步增强，成功步入区域中心城市不断成熟和品质提升阶段，顺利实现奇台宜居宜业、永续发展。

第五节　奇台参与丝绸之路经济带建设的重点任务

一、传承文化精髓，打造丝路历史文化名城

文化是民族的血脉，是人民的精神家园，文化引领着经济社会的发展方向，

催生着区域强大的发展动力。传承奇台文化精髓，坚持文化自觉、文化自信、文化自强，是奇台打造丝绸之路经济带历史文化名城的必然选择，也是奇台永续发展的根本灵魂所在。奇台要继续发挥多元文化荟萃的优势，扩大交流开放，实现文化兴县。

1. 全面践行先进文化

先进文化是引领社会经济发展的方向和动力，奇台在丝绸之路经济带建设进程中，要抓住自治区“以现代文化为引领”的战略要求，始终牢牢把握现代文化、先进文化的发展方向，利用各种媒体形式，加大宣传引导，牢固树立核心价值观，将奇台的地域特色文化与先进文化有机融合，将奇台“四张城市名片”和建设“五个奇台”的现实要求融入文化建设、文化发展和文化繁荣的过程中，让文化意识和文化理念扎根百姓心中，传递正能量，扩大影响力，为实现奇台社会稳定和长治久安提供思想保障和精神动力。

2. 积极发展产业文化

文化产业的发展是新疆的短板，更是奇台的短板，新形势下奇台要充分把握新机遇，发挥自身优势，将产业与文化有机结合，坚持“政府主导、企业主体、市场化运作”模式，利用资源优势和政策优惠，引进一批有品牌、有活力、有竞争力的文化企业参与奇台文化产业的发展，同时还要大力挖掘奇台当地的力量，营造良好的文化发展环境，提供必要的资金和政策支持企业打造各具特色的企业文化。在科学规划建设文化产业园区和文化产业基地的同时，抓住奇台成功创建自治区历史文化名城的机遇，重点在“城、园、河、址、街、镇”六个文化节点上找突破、做文章，加快实施一批文化产业项目。即城：重点打造疏勒古城、新疆酒城；园：重点打造甘肃、直隶会馆文化创意产业示范园；河：重点打造水磨河和靖宁河景观带；址：重点打造老满城、唐朝墩古城、吐虎玛克古城等遗址公园；街：重点打造古城商业街、特色小吃街；镇：打造半截沟疏勒新城、老奇台历史文化名镇及大泉塔塔尔民俗文化村。在加大自身宣传推广的基础上，奇台还要积极主动地联合周边吉木萨尔等县市，整合区域文化资源，共同挖掘古丝绸之路上的珍贵历史文化遗产，合力包装宣传，进一步将其知名化、规模化、产业化，最终成功打造成今天奇台丝绸之路经济带北道重镇建设的重要支撑。

3. 大力弘扬民族文化

奇台自古以来就是多民族聚居的区域，民族文化丰富多彩，哈萨克族的阿依特斯阿肯、回族的花儿、维吾尔族的十二木卡姆、汉族的大秧歌等都是当地喜闻乐见的文化形式，还有部分如新疆曲子戏等，也在奇台显示出非常深厚的根底和旺盛的生命力，这些不同形式的民族文化的繁荣发展不仅是奇台区域多民族融合交流的产物，也是奇台各民族的团结和谐最佳表现。奇台要充分发挥这一优势，进一步加大对民族文化、民俗文化的挖掘利用，要发挥政府的规划引导作用，为民族文化和民俗文化的持续发展创造条件，要从战略的高度出发，将弘扬优秀的、先进的民族文化作为打造丝路历史文化名城的重要着力点，高度重视，可考虑设立专项的民族文化发展基金，定期举办反映民族文化、民俗文化的各种文体娱乐活动，提高各族群众的参与度，将一体多元的民族文化和极富地方特色的民族文化有效地传承保护、发扬光大。

4. 深入挖掘饮食文化

奇台是新疆著名的美食之乡，也是新疆饮食文化的典型代表。菜肴的精湛技艺和名优小吃，自古就声名远播，奇台的饮食文化作为一种历史存在，显示了奇台在古丝绸之路的地位和辉煌，是奇台对多种文化兼容并蓄、海纳百川的体现。对奇台饮食文化的深入挖掘和传承提高，就是对奇台特色文化的保护和利用，也是奇台参与丝绸之路经济带建设发展的一种优势和契机。奇台要继续挖掘保护，要在建立非遗保护名录、扶持传承人、评选名优小吃以及培育发展餐饮龙头企业，发挥饮食文化对区域经济发展的带动作用的基础上，可借助福建对口援建的机遇，学习借鉴福建沙县小吃的经营策略以及其他区域的成功经验，走连锁化、规模化、品牌化经营的模式，进一步创新丰富奇台饮食文化的内涵，大胆地“走出去”，走出奇台，走出新疆，走出中国，向世界展示奇台的饮食文化，扩大奇台的知名度。

5. 加强文化资源保护力度

文化资源丰富、文化积淀深厚是奇台打造丝路历史文化名城最大的优势，而加强文化资源保护力度就是奇台最重要的责任。奇台要充分做好各类文化资源的梳理统计工作，根据不同文化形式的特点，物质文化方面要全面加强保护工作，重点做好文物保护单位、历史风貌、环境保护、历史建筑的保护。对历史文物古迹点的保护，要划定保护区范围与建设控制地带；对历史风貌的保护，要风貌评级，区别保护；对环境保护，要将环境保护纳入国民经济与社会发展计划和年度计划，在经济发展中防治环境污染和生态破坏；对历史建筑保护，要根据建筑价值评估结论，结合环境因素分析，将保护区内的建筑分为类别保护。要及时建立奇台城市历史文化遗产管理信息系统，借助城市地理信息系统，将历史建筑、历史文化街区和文物系统等对象的基础数据纳入查询管理的数据库中，创造条件将保护规划相关成果纳入城市地理信息系统。对非物质文化，要创造条件，提高民众的参与热情，增强文化的传承基础。

二、加大基础投入，优化发展环境

丝绸之路经济带建设的核心是实现“政策沟通、道路联通、贸易畅通、货币

流通、民心相通”。具体对奇台来说，“五通”建设不仅是目标，更应该是奇台融入并参与国家和自治区整体战略的重大机遇，奇台需要牢牢把握这一历史机遇，努力将自身的发展需求与国家的整体战略部署紧密结合，积极争取基础设施建设投入，积极营造良好发展环境，为实现丝绸之路经济带的“五通”目标和奇台在丝绸之路经济带上的目标定位创造基础和条件。

1. 交通基础设施

抓住丝绸之路经济带北通道建设机遇，加快奇台交通事业和交通产业发展，进一步完善交通基础设施建设，提升通道服务地方经济社会发展的支撑水平。在铁路方面，积极对接国家和自治区铁路规划，积极推动北屯—阿勒泰—富蕴—准东铁路、将军庙—哈密（三塘胡、淖毛湖）—额济纳铁路、乌将线扩能和乌哈第二通道（滋泥泉子至奇台段）等干线铁路建设，推动将军庙—黑山—芨芨湖铁路、准东煤田南环线（芨芨湖至乌将线）、大井—喇嘛湖梁—石材产业园区等支线铁路或专用线建设；启动芨芨湖至喇嘛湖梁至县城 52 公里道路建设及货场建设项目；做好准东将军庙—芨芨湖—喇嘛湖梁—石材产业园区铁路专用线建设前期准备工作。公路方面，加快推进奇台县一级客运枢纽工程建设；启动江布拉克西环线道路建设项目。统筹抓好客运、货运、外运三个重点，立足丝绸之路经济带北道重镇的战略定位，积极与自治区和国家综合交通运输体系规划对接，谋划建设以高速公路、铁路（城际、轻轨）、机场等为主的立体交通网络，加快推动奇台至乌鲁木齐、昌吉的城际轨道交通项目，研究开展奇台连接阿勒泰塔克什肯口岸、吉木乃口岸、巴克图口岸以及霍尔果斯和阿拉山口口岸便捷通道建设的研究工作，积极准备奇台支线机场的各项前期工作，全面提升奇台的交通服务水平，进一步凸显奇台县中心城市的区位优势。

2. 水利基础设施

借助中央、自治区、高度重视和支持水利事业发展的大好政策机遇，适时修改完善《关于加快水利改革发展的实施意见》，突出抓好县域重点水利工程建设，确保奇台县可持续发展的水资源供应保障。积极推进大中型灌区续建配套及节水改造建设，加快碧流河水库建设和引水入城工程建设，力争启动白杨河水库和开垦河水库建设。完善水资源管理制度，严格落实定额管理和“三条红线”制度（建立水资源开发利用控制红线，严格实行用水总量控制；建立用水效率控制红线，坚决遏制用水浪费；建立水功能区限制纳污红线，严格控制入河排污总量），提升高效节水智能化、自动化水平，结合奇台县作为自治区水价水权改革县市的机遇，当好全疆的水价水权改革试点的排头兵，在水价水权改革中进行有益探索，尽快制定和建立工业反哺农业、城市反哺农村的相关政策和机制，不断提高用水的综合效益。加大末级渠系建设力度，大力推广农业高效节水灌溉技术，力争用5年时间，将农业用水比例降至85%以下。进一步推进工业用水的技术改造升级，完善废水回收和中水利用的配套基础设施，全面提高县域工业用水利用率，满足新型工业化发展和生态用水需求。

3. 园区基础设施

积极参与融入丝绸之路经济带核心区“十大进出口加工产业集聚区”的建设，发挥奇台的区位和资源优势，创新产业援疆模式，瞄准周边国际市场，积极承接东部，特别是福建产业转移，扩大向西出口，发展加工贸易，将奇台打造成新疆面向中西亚及欧洲市场的、重要的机械装备、新型建材和轻工以及农副产品进出口加工产业集聚区。园区建设要充分考虑产业发展特点，从产业发展需求出发，加快园区基础设施建设，提高园区承载能力，提升园区综合服务水平。要在高标准规划建设园区的基础上，依托准东煤电煤化工产业园和奇台现有资源、基础优势，坚持经济发展、资源节约、环境保护的原则，统筹考虑产业布局和功能布局，按照“一区四园、点轴生长”的发展模式，优化园区功能布局，推进园区产业发展规划与土地利用规划、城市总体规划充分衔接，全力推进产业园区提质升级，力争实现园区环境优美、基础设施完备，配套功能齐全，全面增强对投资商的吸引能力。同时，还要从奇台财力实际出发，通过政府引导，依靠市场运作投资模式解决园区建设的资金困难。要按照“谁投资，谁受益”的原则，政府作引导，尽快成立工业园区开发区产业发展有限公司，并作为园区基础设施和项目建设的投融资主体，实现园区建设市场化运作，使工业园走自我发展之路。公司可以土地使用权、基础设施项目所有权和经营权出让为条件，实施特许经营，通过招、拍、挂等形式，开发园区商业用地，提升土地价值，参与企业改制、向银行贷款等市场化运作筹集资金，多渠道引入社会资金参与奇台县产业园区的发展建设。近期要重点推进中葛根水库引水入园、将军庙南延至芨芨湖引水入园工程和喇嘛湖梁污水处理厂项目建设，积极推进产业园区110千伏、石材矿区10千伏配送电工程，启动将军庙至产业园区铁路专用线前期工作。通过完善园区配套功能，提升园区承载能力，理顺园区运行体制，创新园区管理服务，为投资者创造良好的投资环境。增强其在丝绸之路经济带北道的区域竞争力。

三、发挥资源优势，增强产业支撑能力

产业是城市和区域经济发展最大的支撑，也是奇台参与丝绸之路经济带建设的基础。把握新疆丝绸之路经济带核心区建设的重大历史机遇，构建符合奇台实际、体现奇台特点的现代产业体系则是奇台参与丝绸之路经济带核心区建设，发挥其特殊战略作用的重要途径。要按照优化发展农业、集约发展工业、创新发展服务业的理念，坚持培育龙头企业、创造自主品牌、坚持绿色有机和提高综合效

益四大取向，发挥奇台的资源优势，不断增强产业对可持续发展的支撑能力。

1. 做大做强四大支柱产业

（1）能源化工产业。要抓住自治区建设国家“大型油气生产加工和储备基地、大型煤炭煤电煤化工基地、大型风电基地和国家能源资源陆上大通道”的机遇，坚持“统筹规划、环保优先、集约高效、有序发展”的原则，依托准东煤电煤化产业园，高起点、高标准、高效益开发建设一批规模大、产品附加值高、产业链长、竞争力强的大型煤炭、煤电、煤化工企业和企业集团，形成煤炭、煤电、煤化工上下游产业一体化发展格局，将奇台建成新疆重要的西煤东运、西电东送、西气东输基地，逐步形成煤炭、煤电煤化二千亿元产业集群，加快准东煤电煤化工项目建设进度。一是认真组织实施中石化牵头的煤制天然气示范项目和“疆电外送”特高压直流输变电工程，争取外送电源2015年并网发电、煤制天然气2017年并网送气。二是积极争取2014年华电集团牵头的准东煤炭分质综合利用示范项目建设，加快推进启动准东第二条“疆电外送”特高压直流输变电工程及其配套电源建设。三是紧紧把握国家节能降耗和减少碳排放的最新精神和要求，抓住“疆电外送”机遇，加快准东至华东±1100千伏特高压直流输电通道外送配套可再生能源的相关研究工作，启动奇台风光火打捆外送风电、光电规划和开发建设方案研究，推进奇台70万千瓦风电和100万千瓦光电外送项目建设。四是全面规划，加快发展蓝山屯河、星光化工、华阳科工、京能煤基多联产等煤化工企业以及下游精细化工产业。要按照自治区确定的煤电项目2015年建成投产和煤制气项目2017年建成投产的要求，倒排工期，加快项目建设进度，推进蓝山屯河、天山电力等项目年内建成投产。

（2）装备制造。瞄准新疆丝绸之路经济带核心区建设“机械装备出口产业集聚区”目标，围绕“疆电外送”和“西气东输”两大通道建设，立足于奇台县产业发展实际，以煤炭及石油开采、煤化工、输变电、可再生能源、农牧机械等产业发展需求为重点，坚持自主创新与引进消化吸收相结合，推动奇台可再生能源装备、输变电装备、农牧机械、石油和化工装备、矿山机械装备等先进装备制造产业发展。以喇嘛湖梁工业园为重点，着力引进空冷、管道、大型钢结构等配套装备制造企业，发展火电、煤制气以及其他化工机械装备制造，加大与疆内金风科技、汇通集团以及疆外深圳中集、广东粤水电、杭氧集团、海陆重工、上海电气等20多家国内大型装备制造企业对接洽谈力度，全面落实2014年粤水电集团年产4万吨钢结构制造生产项目和海陆重工配套煤化工重钢结构生产制造项目，逐步提升煤电煤化工机械装备制造产业的辐射能力。形成以准东为起点，大力拓展全疆的煤炭、天然气设备市场，并逐步向丝绸之路经济带沿线的疆外以及周边中亚、南亚、中东、欧洲地区发展，最终不断提升产品市场占有率和出口附加值，将奇台县建成服务新疆，面向中亚，辐射欧亚的先进装备制造业。

（3）建筑建材。要以打造中国西部石材加工贸易展示中心和新疆重要的建材产品出口基地为目标，加快新疆建材博览城项目建设，着力培育和引进一批异型材加工、薄板加工、废料综合利用加工企业，延伸产业链条，推动石材产业转型升级。逐步建立建筑建材企业与疆内外重大项目协作合作机制，促进其做大做强，打响中国奇台丝绸之路国际石材品牌知名度。加快整合现有优势资源促进产业升级，充分利用水泥、石材、煤电煤化工固体排放物，大力发展资源综合利用、固体排放物循环利用为基础的新型建材业，加强疆内外以及周边国家技术交流与合作，实现新型建材业的发展新突破，力争建成面向疆外、辐射周边国家的新型建筑建材基地。特别是要积极融入丝绸之路经济带核心区建设，抓住机遇，在建设中国西部石材加工贸易展示中心的基础上，积极争取在奇台设立新疆乃至中国西部的网上石材交易平台，最终将奇台打造成面向中亚、辐射整个丝绸之路经济带的集交易、仓储、加工、配送、信息、融资等多种服务功能于一体全方位国际性石材采购基地。

（4）农副产品生产加工。奇台要充分发挥农业生产的优势，按照区域化布局、专业化生产、规模化经营、产业化发展的要求，以市场为导向、效益为核心，大力引进“农字号”龙头企业，依托县域农产品生产基地和正在建设发展的食品加工园区、天山东部农产品物流园等平台载体，形成农民专业合作社和龙头企业为主体的产、加、储、销一体化发展格局，提升农业经济的综合效益和整体竞争力。依靠奇台优质小麦生产，着力发展新疆最大的面粉生产和销售基地，在形成面粉生产销售规模化的基础上，积极引进一批以制糖、麦芽、酿酒、粮油食品、有机肥料、畜产品、保健食品、蔬菜保鲜、养殖业等农副产品加工为主导产业，推动农牧产品就地转化升值，着力打造成劳动密集型、产供销一体化的设施农业基地，成为乌昌地区重要的蔬菜基地、应急储备和贮藏保鲜集散中心。要大力发展外向型的绿色、有机农业，加强产品认证工作，增强农产品品牌意识，积极探索外向型农业发展道路，从品种选定、种植管理、加工储运、市场营销等方面入手，加快奇台特色农产品发展步伐。充分发挥工业园区集聚效用，切实提高农牧产品精深加工和转化增值能力，同时加强与天山东部农产品物流中心衔接，通过立足奇台县固有的农业优势资源，实现“市场+加工企业+基地（农户）”的产业化经营模式，促进区域化布局、专业化生产、一体化经营、社会化服务、企业化管理的产业化经营格局，为奇台优质农副产品走向全国、走向世界奠定基础。

2. 创新发展现代服务业

（1）文化旅游业。要充分地挖掘奇台的历史文化积淀和区域特色文化，紧

紧围绕新疆建设丝绸之路经济带重要的国际性文化科教中心目标，按照“国际化、人文化、标准化、特色化”的要求，不断提升奇台县文化旅游业发展层次，将奇台的文化旅游产业发展融入自治区丝绸之路经济带文化旅游建设发展的大局中。不仅要使文化旅游业成为奇台当地增加就业、富民增收的重要手段，更要使文化旅游产业发展成为奇台提升区域影响力和竞争力，打造丝绸之路经济带北道重镇的重要表现。具体就是要以创建江布拉克国家5A级景区为核心，在“科学规划、功能互补、突出特色、景城共享”的思路下，一是打造南部山区世界自然遗产观光区，打响“融入自然、净化心灵”品牌，重点完成游客集散中心、景区接待中心、25公里观光步道、观景台、星级旅游厕所、停车场等景区配套设施建设；二是打造中部农区现代农业田园观光区，打响“阳光田园、幸福生活”品牌，重点抓好吉布库镇至江布拉克景区与碧流河乡、半截沟镇至江布拉克景区两条生态大道打造和农家乐整村推进工作；三是打造中部城区古城历史人文观光区，打响“游古城、品文化、尝美食”品牌，重点围绕“吃、住、行、游、购、娱”六要素，形成城区一日游、两日游黄金线路；四是打造北部沙漠地带史前文化观光区，打响“畅游地质公园，放飞大漠心情”品牌，重点加快硅化木·恐龙沟国家地质公园基础设施建设，完成旅游公厕、木步道、石步道、停车场、观景台、门禁系统、休息厅等基础设施，形成旅游接待能力。同时，奇台还要从自身的文化资源入手，加快推动文化、旅游产业深度融合发展，包括积极开展江布拉克万亩旱田农业文化遗产申报工作；传承古城特色餐饮文化，以奇台蒸饼、奇台黄面凉皮等本地特色饮食为代表，打造古城美食街区；探索以马术、赛车、滑雪场、探险等为主的新型娱乐产业在奇台发展的业态和模式，不断丰富奇台旅游内容，进一步提升奇台县文化旅游内涵，提升文化旅游发展质量。最终将奇台打造成新疆东部重要的旅游节点和目的地。

（2）现代物流业。作为自治区确定的区域性中心城市，奇台在天山东部区域具有发展现代物流无可比拟的优势和条件。随着一批物流项目的打造、建设和投入使用，奇台现代物流产业也迅速崛起，目前已经成为推动县域经济快速发展的“加速器”。在新疆建设丝绸之路经济带核心区的战略契机下，综合交通枢纽中心和商贸物流中心的建设势必会给奇台现代物流业发展带来新的空间。从奇台现实的产业结构和发展潜力看，大力发展现代物流业，对于推动和提升相关产业的发展，提高当地经济运行质量和效益，增强经济实力和企业竞争力具有十分重要的意义。因此，奇台要紧紧围绕建设“天山北坡东部区域现代物流中心”的定位目标，将现代物流作为奇台参与丝绸之路经济带核心区建设和未来产业优化升级的重要抓手，营造环境，搭建平台，加快发展，将奇台打造成新疆，特别是天山北坡东部重要的，集商品集散、物流中转、贸易代理、公铁联运于一体的综合现代物流枢纽。重点做好以下工作：一是采取切实有效的措施，促进现代物流业发展。鼓励交通运输、仓储配送、货运代理、多式联运企业通过兼并、联合等形式进行资产重组，发展具有一定规模的物流企业；支持物流企业利用境内外资本市场融资或募集资金发展社会化、专业化的物流企业，积极拓宽融资渠道。二是加强对现代物流工作的综合组织协调。建立由奇台县发改委牵头，经信委等有关部门和行业组织参与的全县现代物流工作协调机制，加强综合组织协调，提出现代物流发展政策、协调奇台县现代物流发展规划、研究解决发展中的重大问题，营造有利于现代物流业发展的良好环境，组织推动现代物流业发展。三是加强基础性工作，为现代物流发展提供支撑和保障。要加快制定和推进物流基础设施、技术装备、管理流程、信息网络的技术标准，尽快形成协调统一的现代物流技术标准化体系，提高物流信息化水平；加强对物流企业从业人员的岗前培训、在职培训等，通过不同方式和各种渠道，培育市场急需的物流管理人才，提高从业人员素质。

（3）商贸流通业。围绕新疆丝绸之路经济带核心区和准东经济技术开发区建设，按照“科学布局、业态互补、专业分工、形成商圈”的原则，整合提升奇台商贸物流业发展的质量和水平。要以丝绸之路经济带新疆段北通道建设为契机，进一步完善奇台作为枢纽节点的铁路、公路、航空、管道和通信设施在内连接中国—中亚的交通走廊硬件设施建设，促进奇台县与丝绸之路经济带的各个城市之间资源要素流通和贸易往来，确保奇台县在丝绸之路经济带交通走廊中的畅通。加快建设以高速公路、铁路（城际、轻轨）、机场等为主的立体交通网络，重点围绕新建奇台机场项目，加大与自治区相关部门的对接力度，超前谋划启动做好机场道路建设等前期基础工作；积极推动将军庙至工业园区货运专线铁路建设工作；加快奇台县一级客运枢纽工程建设，提高交通运输支撑服务能力。大力实施“消费拉动”战略，优化行业发展环境，大力培育专业大市场，启动大型汽车城、现代物流区、建筑建材市场等项目，要按照“规范、整合、提升”的要求，促进商贸流通业繁荣发展。积极与自治区口岸办、外办、商务厅的部门对接，进一步提升乌拉斯台国家一类口岸的地位和作用，不断加大口岸基础设施和配套生活设施建设，积极发展对蒙贸易，参与国家商贸通道建设，发挥奇台在丝绸之路经济带和中蒙俄经济走廊对接融合的特殊区位优势。

3. 培育发展新兴产业

（1）金融服务业。以新疆建设丝绸之路经济带核心区和重要的国际性金融中心为背景，积极配合昌吉州开展“新疆金融创新示范区”建设，健全金融服务体系，以服务准东经济开发区为主要目标，兼顾周边县市金融发展需要为内容，着力打造天山北坡东部区域金融商务区，促进金融服务业又好又快发展。一是以扩大融资规模和提高资金效率为目标，大力发展金融产业，鼓励各类金融机

构在奇台县设立法人机构、分支机构、积极发展民营银行、村镇银行、小额贷款、担保等新型金融机构，着力构建多层次的金融组织体系。二是着力打造天山北坡东部区域金融商务区，建立功能完善、品种齐全、便捷高效的金融服务体系，增强金融服务聚集辐射和带动效应，不断创优金融服务环境，为准东开发建设和奇台县域经济社会发展提供方便、快捷、优质的金融保障服务。三是加强企业上市工作，积极支持有条件的公司上市，拓宽融资渠道，满足多元化的金融服务需求。四是重视资本市场建设，积极推进金融市场创新，提高政府与企业运用多种手段融资能力。同时尽快建立银政企对接协调机制，缓解中小企业融资难问题。五是大力发展互联网金融，打造金融新业态、新模式。拓宽互联网企业进入金融领域渠道，引导和支持传统金融机构依托互联网转型升级。

（2）健康产业。健康产业是以生物技术和生命科学为先导、与人类健康关系紧密的相关产业的统称①。加快健康产业发展，既是推动奇台经济发展，优化国民经济结构，增加就业，扩大消费的重要途径，也是满足人民群众日益增长的卫生保健的现实需求，更是奇台参与丝绸之路经济带核心区建设，合力打造丝绸之路经济带医疗服务中心的重要举措。奇台县要充分发挥县域文化、健康资源丰富的优势，尽快编制《奇台县健康产业发展规划》，通过加强顶层设计，强化规划指引，超前谋划奇台健康产业发展，构建具有奇台特色的健康产业体系。要以健康消费带动经济增长为动力，以发展健康产业提升全民健康水平为宗旨，面向涵盖健康、亚健康和患病各类人群，与休闲、旅游、文化、体育、传媒等领域相结合，打造具有资源和要素配置能力于一体的健康服务产业园区，围绕健康产业项目，打造“健康奇台”。加快健康产业“联动发展”。发挥奇台县医药资源和旅游资源对健康产业的支持、促进功能，壮大健康产业。

四、加快推进新型城镇化，建设天山北坡东部区域中心城市

1. 坚持“以人为本”原则，加快推进新型城镇化发展

从奇台的发展实际和打造丝绸之路经济带北道重镇的目标定位出发，科学、有序、健康地推进奇台新型城镇化建设发展。要按照中央城镇化工作会议“以人为本”精神，认真贯彻实施《新疆城镇体系规划（2012～2030）》和《自治区推进新型行动（2010～2020）》，科学统筹奇台新型城镇化发展相关规划的完善和修订工作，坚持“五化”同步发展，科学布局、突出特色，引导城镇化建设发展。一是尊重科学规划，突出顶层设计。按照“以人为本、突出特色、精雕细刻”的要求抓好城市建设。坚持老城区展现历史文化名城风貌，新城区彰显奇台

① 主要涉及医药产品、保健用品、营养食品、医疗器械、休闲健身、健康管理、健康咨询等多个生产和服务领域。

改革开放风采，重点实施五大工程（基础设施现代化工程、绿化工程、亮化工程、美化工程、城乡一体化工程）。二是注重以人为本，以人为核心。围绕改善民生和完善功能，以加快小城镇和乡村建设为重点，认真研究落实户籍、住房、基本公共服务等配套政策，有针对性地开展试点工作，推进农业人口向城市有序转移，努力做到“进得来、稳得住、能就业、有保障”，不断提升城镇化发展质量。三是进一步推进产城融合发展。以吸引就业、完善服务、增加收入为目标，加强城市总体规划与产业规划的有效衔接，合理布局城市支撑产业，通过奇台产业园“一园三区”带动园区周边乡镇的发展。四是充分认识到奇台撤县设市工作的重要意义，认真履行责任，加快形成“撤县建市”的强大合力，以建设丝绸之路经济带核心区为契机，加强与上级民政部门的沟通，主动邀请国家民政部、自治区民政厅专家到奇台县调研，提出合理申报方案，力争早日获批。

2. 推进“六城联创”工作，建设天山北坡东部区域中心城市

要根据丝绸之路经济带新疆段北、中、南三大通道重点城市和关键节点城镇布局方案，紧抓国家打造乌昌石城市群发展机遇，加快推进奇台撤县设市工作，通过有效提高产业支撑能力、基础设施建设水平和公共服务保障能力，着力打造天山北坡东部区域中心城市，充分发挥区域中心城市和特色城镇辐射带动作用。一是要围绕丝绸之路经济带北道重镇的定位，推动实施“美丽奇台行动计划”和“城乡居民收入倍增计划”，突出强基础、兴产业、惠民生，加快经济社会快速发展，推进“六城联创”（即创建自治区历史文化名城、自治区文明县城、自治区园林城市、自治区节水型城市、国家卫生城市、国家森林城市）和“撤县设市”工作的有序开展，为建设天山北坡东部区域中心城市提供抓手。二是紧紧围绕乌昌石城市群，按照“六城联创”的发展定位，坚持以人为本，统筹推进城乡一体化发展，从“点—线—圈—面”的空间发展引导思路出发，整合奇台县域社会经济发展的空间要素，形成“一核、两圈、三园、四轴、多点”的奇台县域空间结构，提升生活品质。三是创新管理服务。坚持人性化、精细化理念，启动“智慧城市”建设，力争早日纳入国家试点，积极推进城市管理创新，不断提升奇台县城市品位。

3. 实施“品牌奇台”战略，打造区域开放发展新平台

以现代文化为引领，以现代城市为载体，围绕奇台“丝路古城、历史名城；商贸重镇、物流新港；准东高地、旅游胜地；经济强县、美丽奇台”四张名片和“厚德、开放、创新、和谐、美丽”五个奇台做好设计及规划，积极推进“品牌奇台”建设，打造支撑奇台发展，促进奇台开放的新平台。一是坚持以文化为魂、资源为基、市场为标的原则，充分展现“思路明珠旱码头、美丽故城金奇台”的魅力，体现金奇台、大舞台、赢在奇台的“奇台品牌”形象。二是本着

产城结合、兵地融合、统筹城乡一体化发展的规划思路，以“让城市更有文化、让文化体现价值”、“让城市更有特色、让特色体现以人为本”、把城市建在“绿荫中、田园中、公园中、花园中”为理念，创新发展模式，不断加快国家森林城市、国家生态园林城市和中国历史文化名城的建设步伐。三是要在“品牌奇台”的基础上，进一步地宣传推广奇台，利用奇台特有的城市名片在国家和自治区的整体战略部署中寻找定位，将奇台的发展诉求和国家战略有机融合，使奇台的新型城镇化建设和对外开放互为动力，相互促进。

第六节　奇台参与丝绸之路经济带建设的措施方略

一、统一思想认识，强化规划引领

丝绸之路经济带作为国家扩大对外开放的重大战略，是一项涉及整体性、全局性、长远性、重大性目标的长期战略任务，需要从政府战略管理的高度统筹改革与发展的全局，使改革与发展按照预期目标迈进，各地都要服从国家整体的战略需求，奇台也不例外。因此，全县要尽快统一思想认识，全面贯彻落实第二次中央新疆工作座谈会会议精神的重大举措，按照自治区《推进新疆丝绸之路经济带核心区建设实施意见》和《推进新疆丝绸之路经济带核心区建设行动计划（2014～2020）》等任务要求，结合奇台实际，按照自治区确定的发展目标，发挥自身优势和职责特点，提前着手，尽快制定具体行动方案和措施，务实有效地加快推动相关工作：一是积极融入并分担国家及自治区有关丝绸之路经济带战略部署，从全局出发，整合各方面的资源，凝聚各方面的智慧，研究提出奇台县参与丝绸之路经济带建设的发展思路；二是结合丝绸之路经济带核心区提出的“三基地、三通道、五大中心和十大进出口产业集聚区”内容，找准奇台参与的重点和方向，制定引导资源开发利用和产业发展的专项规划，制定适应区内外市场竞争的产业战略、贸易战略和激励政策；三是从全局和战略高度，加强对国家、自治区和昌吉州重大战略宏观规划的研究工作，超前谋划，寻找奇台发展诉求与国家、自治区等整体战略部署的契合点，争取将奇台更多的发展诉求纳入国家整体战略。

二、争取政策扶持，积极推进落实

构建丝绸之路经济带是重大的国家战略。目前，国家的《丝绸之路经济带和海上丝绸之路建设战略规划》正在编制过程中，自治区建设丝绸之路经济带核心区的整体战略规划也将启动，随着上位规划的发布实施，必将有一系列的政策支持和资金安排。奇台要在此过程中主动作为、超前谋划，找准角色，选准定位，及早与自治区和国家相关部门沟通衔接，多管齐下，多领域、多层次争取政策和资金支持，特别是要针对通道不畅问题，一是要积极争取国家在规划编制、审批核准及投资安排、资金补助、贷款贴息等方面给予支持，创新融资方式，扩大融资规模，加大转移支付力度，合理组织项目要素，推进通道建设。二是要在国家、自治区、昌吉州共建丝绸之路经济带战略构想背景下，建议国家、自治区和昌吉州从战略全局和奇台县的发展实际出发，加快“两大通道”建设（疆电外送和西气东输）进程，尽快发挥社会经济效益。

三、强化人才培养，储备人力资源

丝绸之路经济带建设作为一项复杂的系统工程，人力资源是其成功实施最为重要的支撑保障。奇台也要树立“人才是第一资源”的发展观念，尽快制定专项规划，大力推动人力资源开发和人才队伍建设，实现人才队伍建设与奇台融入丝绸之路经济带核心区建设互相促进、共同发展。一是制订高层管理人员培训计划，通过轮岗，短训、挂职、学位培养，与区内外或国外机构对口交流等多种形式，重点加强外经贸法律法规政策、进出口贸易业务知识、国际物流、电子商务、商务外语等方面的培训，提高管理人员素质。二是整合相关职业技术院校和其他各类教育培训资源，根据园区和企业需要，建立不同类型的培训或实践基地，重点培训一大批专业技术人才和技术工人。三是加强中高级管理人才基地建设，推进奇台与重点高校、研究机构的合作，重点培养和培训中高级管理人才，国际经贸人才和企业家。四是抓紧研究人才激励政策，留住现有人才，引进急缺人才，优化人才结构，提高人才竞争力。

四、加强分工协作，推进区域融合

丝绸之路经济带战略构想的实施不是一城一地的事情，也不是单打独斗能够完成的，奇台要打造丝绸之路经济带北道重镇，必须要充分将奇台的发展与周边区域县市、兵团的诉求统一考虑，相互衔接，要统筹规划、周密安排、协调运作，加强与周边区域的合作分工，更加主动自觉地以全局战略高度来谋划奇台的跨越式发展和长治久安。一是优化区域分工，完善合作机制。把产业转移和产业合作作为区域合作的主线，按照优势互补、协同发展原则，构建乌昌地区合理分工的产业体系，建设面向全疆乃至整个丝绸之路经济带的优质农产品基地、能源原材料基地、交通物流基地和旅游休闲供应基地。二是融合兵地优势，发展区域

合作。打破行政壁垒，建立沟通协调机制，立足兵地资源优势，进一步加强兵地双方在重点领域合作与开发，加快交通、水利、通信等基础设施一体化建设，推进上下游产业和配套产业互动，促进兵地融合优势互补、联动发展，共同把奇台打造成兵地共建、兵地共享、兵地共融的典范。三是搭建合作交流平台，密切区域合作，开展多种形式的经贸合作活动，定期举办区域合作发展论坛，推进企业跨地区合作。四是推进与天山北坡经济带在交通、能源等基础设施建设及科技、金融、信息平台、生态保护等重点领域的合作，加快构筑一体化的区域综合交通运输体系，建立相对稳定的能源供需关系。

五、完善体制机制，优化发展环境

要从建设丝绸之路经济带核心区的总体目标出发，从奇台参与丝绸之路经济带核心区建设的重点任务出发，从奇台长远永续发展的实际需求出发，进一步完善政策机制，落实好国家和自治区在财税、金融、土地、产业、人才等各方面的政策措施，切实转变政府职能，减少行政审批事项，规范行政审批程序，提高服务效率，认真兑现政策承诺，进一步改善投资环境。要通过提升贸易和投资便利化水平，积极为奇台的企业和产业“走出去、引进来”设置绿色通道：一是设立产业发展专项资金，建立信贷风险补偿基金，缓解企业融资难题、降低融资成本，尽快制定重点产业发展指导意见，承接加工贸易转移办法，外贸促进资金管理实施细则以及产品出口及加工贸易奖励等政策法规；二是积极整合和利用各种资源，帮助企业了解投资目的地政治、经济、社会、人文环境及相关政策，鼓励县域企业及个人到境外开展投资合作、承揽工程和劳务合作，做好“走出去”本地企业的信息服务、风险预警、司法援助；三是通过政府层面或民间交往等各种渠道，争取与周边乃至丝绸之路经济带沿线国家城市建立友好城市，扩大奇台对外开放交往领域和层次。

参考文献

[1] 阿布都伟力·买合普拉. 基于丝绸之路经济带框架的新疆现代物流业发展路径 [J]. 中国流通经济, 2014 (9): 34-39.

[2] 艾斯海提·克里木拜. 新疆对外开放的回顾与展望 [J]. 实事求是, 1997 (1): 5-8.

[3] 白永秀, 王颂吉. 丝绸之路经济带: 中国走向世界的战略走廊 [J]. 西北大学学报 (哲学社会科学版), 2014 (4): 32-38.

[4] 白永秀, 王颂吉. 丝绸之路经济带的纵深背景与地缘战略 [J]. 改革, 2014 (3): 64-73.

[5] 白永秀, 吴航, 王泽润. 丝绸之路经济带战略构想: 依据、目标及实现步骤 [J]. 人文杂志, 2014 (9): 25-31.

[6] 曹保明. 丝绸之路文化身份的多元价值 [N]. 中国艺术报, 2014-04-21.

[7] 查新明. 新疆维吾尔自治区双向开放开发战略研究 [D]. 中央民族大学硕士学位论文, 2011.

[8] 陈德峰. 构建丝绸之路经济带新疆核心区的战略思考 [J]. 新疆社科论坛, 2014 (4): 16-22.

[9] 陈联. 伟大的丝绸之路 [J]. 东欧中亚研究, 1996 (5): 75-81.

[10] 陈霞. 丝绸之路的开通及其对新疆历史的影响 [J]. 西域研究, 2013 (3): 10-16+154.

[11] 陈耀. 丝绸之路经济带建设要围绕"西向开放"做文章 [J]. 区域经济评论, 2014 (2): 85-87.

[12] 陈涛, 王习农. 共建丝绸之路经济带路径探析 [J]. 新疆社科论坛, 2014 (3): 56-59.

[13] 程云洁. 丝绸之路经济带建设给我国对外贸易带来的新机遇与挑战 [J]. 经济纵横, 2014 (6): 92-96.

［14］丁笃本．丝绸之路古道研究［M］．乌鲁木齐：新疆人民出版社，2010.

［15］丁晓星．丝绸之路经济带的战略性与可行性分析——兼谈推动中国与中亚国家的全面合作［J］．人民论坛·学术前沿，2014（4）：71－78.

［16］丁兴安．丝绸之路经济带建设中的中亚因素探析［J］．新疆社科论坛，2013（6）：29－30＋33.

［17］冯维江．丝绸之路经济带战略的国际政治经济学分析［J］．当代亚太，2014（6）：73－98＋157－158.

［18］冯宗宪．中国向欧亚大陆延伸的战略动脉——丝绸之路经济带的区域、线路划分和功能详解［J］．人民论坛·学术前沿，2014（4）：79－85.

［19］甘钧先．“丝绸之路”复兴计划与中国外交［J］．东北亚论坛，2010（5）：65－73.

［20］高志刚．新疆参与新丝绸之路经济带建设面临的问题与政策建议［J］．区域经济评论，2014（2）：92－94.

［21］龚新蜀，马骏．“丝绸之路”经济带交通基础设施建设对区域贸易的影响［J］．企业经济，2014（3）：156－159.

［22］龚缨晏．远古时代的“草原通道”［J］．浙江社会科学，1999（5）：59－65”.

［23］贵浩，张建伦．推动丝绸之路经济带产业合作探讨［J］．亚太经济，2014（6）：105－108.

［24］郭磊．新疆外贸、FDI 对经济增长的影响研究［D］．新疆财经大学硕士学位论文，2014.

［25］郭晓兵，高志刚．新疆丝绸之路经济带核心区建设探析［J］．新疆财经大学学报，2014（2）：21－27.

［26］韩文慧．20 世纪以来“丝绸之路”研究述评［J］．渭南师范学院学报，2014（14）：54－59.

［27］何伦志．东西协同立足新疆直面中亚走向世界——对构建丝绸之路经济带战略的认知［J］．新疆大学学报（哲学·人文社会科学版），2013（6）：4－8.

［28］何茂春，张冀兵．新丝绸之路经济带的国家战略分析——中国的历史机遇、潜在挑战与应对策略［J］．人民论坛·学术前沿，2013（23）：6－13.

［29］何义霞．丝绸之路经济带：战略考量、前景展望与建设思路［J］．当代世界与社会主义，2014（4）：76－80.

［30］贺茹．唐代丝绸之路中外文化交流研究［D］．西北农林科技大学硕士学位论文，2014.

[31] 胡鞍钢，马伟，鄢一龙. 丝绸之路经济带：战略内涵、定位和实现路径 [J]. 新疆师范大学学报（哲学社会科学版），2014（2）：1-11.

[32] 胡文康. 新疆“丝绸之路”及其环境变迁 [J]. 干旱区研究，1990（4）：1-8.

[33] 胡颖岚. 新疆对外开放度与经济发展关系研究. 新疆财经大学硕士学位论文，2013.

[34] 黄平晁. 实施面向中亚扩大对外开放战略的几点思考 [J]. 新疆金融，2007（12）：27-29.

[35] 惠宁，杨世迪. 丝绸之路经济带的内涵界定、合作内容及实现路径 [J]. 延安大学学报（社会科学版），2014（4）：60-66.

[36] 姬肃林，李学习. 向西发展扬长避短——试谈新疆对外开放的发展方向 [J]. 新疆大学学报（哲学社会科学版），1987（3）：6-10.

[37] 纪宗安. 丝绸之路新北道网络及城镇考述 [J]. 新疆大学学报（哲学社会科学版），1996（3）：46-53.

[38] 纪宗安. 丝绸之路与中西经济文化交流 [J]. 暨南学报（哲学社会科学），1994（3）：67-75.

[39] 贾百俊，李建伟，王旭红. 丝绸之路沿线城镇空间分布特征研究 [J]. 人文地理，2012（2）：103-106.

[40] 蒋新卫. 改革开放以来新疆对外开放战略的演进与发展 [J]. 新疆财经，2010（6）：33-38.

[41] 李春芳. 丝绸之路对河西开发的影响 [J]. 甘肃理论学刊，2004（5）：86-88.

[42] 李建民. 丝绸之路经济带、欧亚经济联盟与中俄合作 [J]. 俄罗斯学刊，2014（5）：7-18.

[43] 李建民. 丝绸之路经济带合作模式研究 [J]. 青海社会科学，2014（5）：56-60.

[44] 李建伟，王炳天. 丝绸之路沿线城镇发展的动力机制分析 [J]. 城市发展研究，2012（12）：43-48.

[45] 李金叶，舒鑫. 丝绸之路经济带构建中新疆经济定位的相关思考 [J]. 新疆大学学报（哲学·人文社会科学版），2013（6）：18-22.

[46] 李明伟. 丝绸之路贸易研究 [M]. 乌鲁木齐：新疆人民出版社，2010.

[47] 李宁. 试析丝绸之路经济带的区域经济一体化 [J]. 西北民族大学学报（哲学社会科学版），2014（3）：120-124.

［48］李琪．“丝绸之路”的新使命：能源战略通道——我国西北与中亚国家的能源合作与安全［J］．西安交通大学学报（社会科学版），2007（2）：77－83.

［49］李琪．中国与中亚创新合作模式、共建丝绸之路经济带的地缘战略意涵和实践［J］．陕西师范大学学报（哲学社会科学版），2014（4）：5－15.

［50］李强．西北丝绸之路文化与跨国民族文学研究［J］．世界文学评论，2012（2）：34－41.

［51］李新英．新疆构建向西开放新格局的国内外宏观环境分析［J］．新疆社会科学，2012（3）：31－36＋141.

［52］李雪梅，闫海龙，王伯礼．丝绸之路经济带：新疆的布局和策略［J］．开放导报，2014（2）：29－32.

［53］李艳．新疆对外开放战略回顾与实施效果评价［J］．实事求是，2010（6）：35－37.

［54］李忠民等．“丝绸之路”经济带发展研究［M］．北京：经济科学出版，2014.

［55］李中耀等．丝绸之路经济带：机遇与挑战——立足新疆的视角［J］．新疆大学学报（哲学·人文社会科学版），2013（6）：1－3.

［56］连雪君．传统的再发明：“新丝绸之路经济带”观念与实践——社会学新制度主义在地区国际合作研究中的探索［J］．俄罗斯研究，2014（2）：91－114.

［57］林梅村．丝绸之路考古十五讲［M］．北京：北京大学出版社，2006.

［58］刘昌龙．新疆兵团在丝绸之路经济带战略中的地位和作用［J］．兵团党校学报，2014（3）：28－32.

［59］刘迪，舒林，范阅．丝绸之路经济带：概念界定与经济社会综述［J］．西部金融，2014（9）：62－70.

［60］刘甲金．新疆对外开放的态势［J］．新疆社会科学，1988（1）：24－27.

［61］刘以雷等．新形势下新疆兵团经济改革发展大思路［M］．北京：社会科学文献出版社，2010.

［62］刘育红．“新丝绸之路”经济带交通基础设施、空间溢出与经济增长［D］．陕西师范大学博士学位论文，2012.

［63］刘志中．“新丝绸之路”背景下中国中亚自由贸易区建设研究［J］．东北亚论坛，2014（1）：113－118＋127.

［64］柳丰华．新丝绸之路与当代中亚的地缘政治［J］．国际论坛，2007

(6)：66－71＋79.

［65］马合木提·吾布力，阿不都克尤木·萨拉木．对外开放与新疆经济发展［J］．实事求是，2003（6）：44－46.

［66］马莉莉，王瑞，张亚斌．丝绸之路经济带的发展与合作机制研究［J］．人文杂志，2014（5）：38－44.

［67］马莉莉，张亚斌，王瑞．丝绸之路经济带：一个文献综述［J］．西安财经学院学报，2014（4）：63－69.

［68］孟戈，祝晓云．新疆边境贸易六十年［J］．实事求是，2009（6）：36－39.

［69］庞昌伟．能源合作：丝绸之路经济带战略的突破口［J］．新疆师范大学学报（哲学社会科学版），2014（2）：11－18.

［70］皮坚．丝绸之路对外贸易走向衰落研究［D］．湖南大学硕士学位论文，2011.

［71］祁若雄．对外开放政策在新疆的成功实践［J］．当代中国史研究，2009（5）：153－160＋253.

［72］秦放鸣，孙庆刚．新疆在丝绸之路经济带建设中的定位和选择［J］．新疆大学学报（哲学·人文社会科学版），2013（6）：14－17.

［73］裘品姬．实施新疆开放战略构建对外开放新格局［J］．宏观经济管理，2011（5）：61－62.

［74］任群罗，文亚妮．中国新疆与中亚五国对外经济发展水平比较［J］．新疆财经，2011（2）：61－67.

［75］邵育群．美国“新丝绸之路”计划评估［J］．南亚研究，2014（2）：58－70＋158.

［76］盛晓阔．新疆边境地区县域经济对外开放研究［D］．新疆师范大学硕士学位论文，2010.

［77］石云涛．汉唐间丝绸之路起点的变迁［J］．中州学刊，2008（1）：183－193.

［78］石云涛．丝绸之路与汉代香料的输入［J］．中原文化研究，2014（6）：59－66.

［79］孙慧．进一步扩大中国新疆向西开放［J］．新疆大学学报（哲学·人文社会科学版），2013（6）：23－27.

［80］孙壮志．丝绸之路经济带：打造区域合作新模式［J］．新疆师范大学学报（哲学社会科学版），2014（3）：36－41.

［81］唐立久，穆少波．中国新疆：丝绸之路经济带核心区的建构［J］．新

疆师范大学学报（哲学社会科学版），2014（2）：19－24.

［82］王保忠，何炼成，李忠民．“新丝绸之路经济带”一体化战略路径与实施对策［J］．经济纵横，2013（11）：60－65.

［83］王大方．论草原丝绸之路［J］．前沿，2005（9）：14－17.

［84］王贵荣，庞岩．对新疆加快向西开放优势的再认识［J］．新疆财经大学学报，2012（1）：30－35.

［85］王海运．丝绸之路经济带构想的背景、潜在挑战和未来走势［J］．欧亚经济，2014（4）：5－58＋126.

［86］王海运．建设丝绸之路经济带促进地区各国共同发展［J］．俄罗斯学刊，2014（1）：5－10.

［87］王海运．丝绸之路经济带建设的大构想［J］．新疆师范大学学报（哲学社会科学版），2014（6）：39－44＋2.

［88］王宏丽．新疆外向型经济发展水平评价［J］．实事求是，2011（5）：37－40.

［89］王南．关于中国“西进”的若干思考［J］．亚非纵横，2013（3）：27－33＋60＋62.

［90］王宁．新疆2001～2010年对外贸易发展状况分析［J］．对外经贸，2013（1）：48－50.

［91］王习农，陈涛．丝绸之路经济带内涵拓展与共建［J］．国际商务（对外经济贸易大学学报），2014（5）：23－30.

［92］王习农．向西开放战略与建立中国—中亚自由贸易区［J］．实事求是，2012（2）：36－38.

［93］王晓泉．建设丝绸之路经济带的战略思考［J］．经济导刊，2014（3）：84－90.

［94］王志远．丝绸之路经济带的国际战略内涵解析［J］．新疆财经，2014（3）：5－11.

［95］卫玲，戴江伟．丝绸之路经济带：超越地理空间的内涵识别及其当代解读［J］．兰州大学学报（社会科学版），2014（1）：31－39.

［96］吴兆礼．美国“新丝绸之路”计划探析［J］．现代国际关系，2012（7）：17－22.

［97］徐建伟，赵芸芸．“丝绸之路”背景下我国与中亚国家产业合作的重点研究［J］．开发研究，2014（5）：17－21.

［98］徐小杰．“丝绸之路”战略的地缘政治考量［J］．国际石油经济，2014（11）：1－7＋109.

[99] 徐小杰．“丝绸之路”战略构想的特征研究［J］．俄罗斯研究，2014（6）：162－180.

［100］薛东前等．文化交流、传播与扩散的通道——以中国丝绸之路为例［J］．西北大学学报（自然科学版），2013（5）：781－786.

［101］闫海龙，甘昶春．加快推进新疆沿边经济带开发开放的思考与建议［J］．经济研究参考，2013（65）：48－51.

［102］闫海龙，胡青江．关于推进新疆丝绸之路经济带“核心区”建设的思考与建议［J］．经济研究参考，2014（61）：54－60.

［103］闫海龙，胡青江．丝绸之路经济带框架下新疆向西开放的前景与潜力［J］．党政干部学刊，2014（11）：50－54.

［104］闫海龙，胡青江．新疆对外经贸合作发展的制约因素及对策建议［J］．新疆农垦经济，2014（12）：47－51.

［105］杨伯达．“玉石之路”的布局及其网络［J］．南都学坛，2004（3）：113－117.

［106］杨富学，彭晓静．丝绸之路与宗教文化的传播交融［J］．中原文化研究，2014（5）：36－44.

［107］杨雷．美国“新丝绸之路”计划的实施目标及其国际影响［J］．新疆社会科学，2012（5）：70－75.

［108］杨蕤．五代、宋时期陆上丝绸之路研究述评［J］．西域研究，2011（3）：126－135＋142.

［109］杨恕，王术森．丝绸之路经济带：战略构想及其挑战［J］．兰州大学学报（社会科学版），2014（1）：23－30.

［110］杨恕．中国西部地区需要什么样的新丝绸之路——从北京的战略构想到兰州的现实诉求［J］．人民论坛·学术前沿，2013（23）：14－19.

［111］杨引官，李学习，刘希和，林春熙．进一步扩大新疆对外开放对策研究［J］．实事求是，1996（4）：36－39.

［112］杨引官，孟戈．新疆对外开放三十年［J］．中共伊犁州委党校学报，2008（4）：45－49.

［113］杨引官．努力发展新疆开放型经济新格局［J］．中共乌鲁木齐市委党校学报，2002（1）：26－29.

［114］于光军．建设丝绸之路经济带与“21世纪海上丝绸之路”研究热点述评［J］．内蒙古社会科学（汉文版），2014（6）：9－12.

［115］于倩，陈果．中国古代西北丝绸之路贸易兴衰的经济学探讨［J］．丝绸之路，2013（2）：9－12.

［116］袁黎明．简论唐代丝绸之路的前后期变化［J］．丝绸之路，2009（6）：57－61.

［117］袁新涛．丝绸之路经济带建设和21世纪海上丝绸之路建设的国家战略分析［J］．东南亚纵横，2014（8）：3－8.

［118］原帼力．新疆扩大对外开放的战略思路［J］．新疆财经，2002（5）：22－24.

［119］张春林．丝绸之路经济带框架下促进新疆对外开放与经济发展的建议［J］．中国经贸导刊，2013（33）：16－19.

［120］张德芳．西北汉简中的丝绸之路［J］．中原文化研究，2014（5）：26－35.

［121］张德广．新丝绸之路与上海合作组织［J］．西安交通大学学报（社会科学版），2007（6）：1－3.

［122］张福新，李国东．丝绸之路经济带的战略意义及举措［J］．新疆农垦经济，2014（8）：30－34.

［123］张洁．中国周边安全形势评估（2014）［M］．北京：社会科学文献出版社，2014.

［124］张少华．试论丝绸之路的文化意义［J］．理论观察，2005（6）：74－75.

［125］张文木．丝绸之路与中国西域安全——兼论中亚地区力量崛起的历史条件、规律及其因应战略［J］．世界经济与政治，2014（3）：4－27＋155.

［126］张宜婷．汉唐间丝绸之路与文明互动的图景［N］．中国文物报，2015－07－14.

［127］张瑛．试论丝绸之路的历史作用［J］．丝绸之路，2014（14）：40－43.

［128］张中理．新疆丝绸之路西行国际货运班列的组织与实施［J］．铁道货运，2014（10）：13－17＋8.

［129］赵东波，李英武．中俄及中亚各国“新丝绸之路”构建的战略研究［J］．东北亚论坛，2014（1）：106－112＋127.

［130］赵华胜．丝绸之路经济带的关注点及切入点［J］．新疆师范大学学报（哲学社会科学版），2014（3）：27－35＋2.

［131］赵华胜．美国新丝绸之路战略探析［J］．新疆师范大学学报（哲学社会科学版），2012（6）：15－24＋115.

［132］赵妍．丝绸之路经济带战略构想与新疆发展［J］．人民论坛，2014（32）：218－220.

［133］支小军．丝绸之路经济带沿线兵团城镇空间结构优化与功能布局［J］．新疆农垦经济，2014（5）：25－30.

［134］周剑虹．文化线路保护管理研究［M］．北京：科学出版社，2013.

［135］周明．地缘政治想象与获益动机——哈萨克斯坦参与丝绸之路经济带构建评估［J］．外交评论（外交学院学报），2014（3）：136－156.

［136］周英虎．新疆在丝绸之路经济带中的地位、作用、问题与对策［J］．广西财经学院学报，2014（3）：54－56＋79.

［137］朱显平，邹向阳．中国—中亚新丝绸之路经济发展带构想［J］．东北亚论坛，2006（5）：3－6.

［138］Rudelson J. J.，Rudelson J. B. A.. Oasis Identities：Uyghur Nationalism along China's Silk Road［M］. Columbia University Press，1997.

［139］Loughlin P. H.，Pannell C. W.. Growing Economic Links and Regional Development in the Central Asian Republics and Xinjiang，China［J］. Post－Soviet Geography and Economics，2001.

［140］Wriggins S. H.. The Silk Road Journey with Xuanzang［M］. Basic Books，2004.

［141］Clarke M.. China's Integration of Xinjiang with Central Asia：Securing a "Silk Road" to Great Power Status［J］. China and Eurasia Forum Quarterly，2008.

［142］Kuchins A. C.，Sanderson T. M.，Gordon D. A.. Afghanistan：Building the Missing Link in the Modern Silk Road［J］. The Washington Quarterly，2010.

［143］Lin C.. China's New Silk Road to the Mediterranean：The Eurasian Land Bridge and Return of Admiral Zheng He［J］. ISPSW Strategy Series：Focus on Defense and International Security，2011.

［144］Liu X.. A Silk Road Legacy：The Spread of Buddhism and Islam［J］. Journal of World History，2011.

［145］Maochun H.，Jibing Z.. Analysis of the Influence of the New Silk Road Economic Belt on National Strategy—China's Historical Opportunities，Potential Challenges and Solutions；People's Tribune［J］. Frontiers，2013.

［146］Ziegler C. E.. Central Asia，the Shanghai Cooperation Organization，and American Foreign Policy：From Indifference to Engagement［J］. Asian Survey，2013.

［147］Millward J. A.. The Silk Road：A Very Short Introduction［M］. Oxford University Press，2013.

［148］An－gangi H. U.，Wei M. A.，Yi－long Y. A. N.. Academy of Research in National Situation, Qinghua University; Urumqi Economy and Tecnology Development District; Connotation, Definition and Passage of "Silk - road Economic Belt" Strategy [J]. Journal of Xinjiang Normal University (Edition of Philosophy and Social Sciences), 2014.

[149] Yan L.. The Strategic Choice of Hexi New Energy Base under the Framework of the Silk Road Economic Belt: Based on the SWOT Analysis//Applied Mechanics and Materials, 2014.

[150] Dumitrescu G. C.. The Silk Road Economic Belt—A Strategic Opening of the Chinese Economy [J]. Journal of Global Economics, 2014.

后 记

丝绸之路经济带是在古丝绸之路基础上形成的新区域经济带，它东连亚太经济圈，西接发达的欧洲经济圈，是“世界上最长、最具有发展潜力的经济大走廊”。自2013年9月习近平主席提出这一重大倡议以来，引起了世界的广泛关注。如果说，古丝绸之路连接了亚欧大陆乃至非洲所有对人类影响深远的古代文明，是贯通亚欧非大陆的经济发展大动脉；那么，今天的丝绸之路经济带建设，势必将重塑21世纪的国际经济秩序大格局，对未来的人类社会发展和世界经济变迁有着举足轻重的现实意义。

新疆地处丝绸之路要冲，是我国全面向西开放的前沿窗口，周边与八国接壤，是我国边境线最长、陆路口岸最多的省区之一，也是连接丝绸之路经济带国内段和国际段的重要枢纽。作为丝绸之路经济带建设的核心区，新疆不仅具备参与丝绸之路经济带建设的政策优势、人文优势、区位优势、资源优势和后发优势，还有着潜力巨大的发展空间，是丝绸之路经济带建设的重要参与者和受益者。习近平主席提出倡议后，新疆维吾尔自治区党委书记张春贤高度重视，及时安排部署自治区发改委牵头开展丝绸之路经济带相关研究工作，笔者有幸全程参与了研究，主要成果——《丝绸之路经济带框架下促进新疆经济发展和对外开放的建议》、《新疆丝绸之路经济带核心区建设行动计划（2014~2020年）》得到了有关领导的肯定。

丝绸之路经济带作为21世纪可能会改变世界经济格局和秩序的一个重大战略构想，有着极其重要的研究价值。新疆作为国家明确定位的丝绸之路经济带核心区，更需考虑如何将国家战略与自身发展需求有机统一，在参与丝绸之路经济带建设、打造丝绸之路经济带核心区进程中，最大限度地释放发展的潜力，引领带动区域发展，促进扩大区域合作。作为全新背景下的全新命题，这应该也必须为一个区域经济研究人员所关注。因此，以笔者所主持的新疆维吾尔自治区软科学项目——《丝绸之路经济带建设背景下新疆沿边地区开放开发研究》（项目编号：201542107）为支撑，在前期研究的基础上，期望能较为系统地反映丝绸之路经济带战略构想以及新疆在参与建设、发挥自身作用方面的内容。

在本书写作的过程中，数据涉及较大。在资料收集及调研过程中，得到了自治区党委政策研究室、自治区科技厅、自治区统计局、自治区交通厅、自治区商务厅等相关行业厅局的大力协助，笔者在此由衷表示感谢。

研究工作复杂艰辛，能完成今天的初步成果，特别要感谢新疆发改委张春林主任、甘昶春副主任、经济研究院李韧院长在研究工作中给予的大力支持，也要感谢新疆发改委经济研究院丝绸之路经济带研究课题组成员在工作中的密切配合，还要感谢一直以来对笔者无私帮助的经济管理出版社杨雅琳老师。毫不夸张地说，这本书是大家集体智慧的结晶。

丝绸之路经济带研究涉及了历史、文化、经济、政治、安全，是一个宏大的、极其复杂的国际区域合作新构想。研究其中，才更加发现其难度之大，超乎想象，虽然我们能参考借鉴很多同行的智慧，但是更好地、更有高度地将国家战略与新疆对外开放和经济社会发展实际紧密结合，还需要更加持续深入的探索。因此，本书仅仅是抛砖引玉，就是为了能有更多的人关注丝绸之路经济带建设、关注新疆的对外开放和经济社会发展。受制于笔者自身水平及时间限制，书中观点难免会有待商榷的地方，敬请各位读者批评指正。

闫海龙

2015 年 1 月 8 日